無縁声声

日本資本主義残酷史

平井正治

〈新版〉

藤原書店

〝新しい日本人〟──新版に寄せて

高村　薫

原風景としての釜ヶ崎

わたくしは実は、釜ヶ崎にとても近いところで生まれた。幼少から父母とともに阿倍野のカソリック教会に通い、帰りにはよく天王寺公園や動物園に連れていってもらった。動物園の正門は、道路一つ隔てて新世界に面しているが、わたくしの目はいつも、動物園よりも、道路の反対側の方に惹かれていた。阿倍野のターミナルでは、何よりも傷痍軍人の姿に目を奪われ続け、近鉄百貨店の屋上では、遊戯施設よりもフェンス越しに望む灰色の町並みに見入った。

六歳でその地を離れ、千里山という古くからの住宅地に引っ越したまま、現在に至っているが、三十も半ばを過ぎてから、阿倍野界隈で見たものが、わたくしの原体験だったことに気づいた。

勤め人をしていたころ、しばしば仕事をさぼっては、大阪港のあちこちの岸壁へ行き、港湾の荷役作業をよく眺めた。新今宮の駅から見える府立労働センターの建物が異様で、ときどき西成にも足を運んだ。とくに目的があったというのではない。わたくしは何者かと考え続けていた時代、ほかに足の向くところがなかっただけである。

従って、本書の風景はわたくしには懐かしいものが多いのだが、だからといって、わたくしがいつも遠目に眺めていた船の底で、バナナやアスベストや鉛の荷役作業がどういうふうに行われていたのか、本書を読むまで知るよしもなかった。西成の朝も何度も見たことはあるが、手配師の実態まで目が届かなかったのは言うまでもない。府立労働センターの地下にあるシャワー室も知っているが、なんと、もとは風呂になるはずだったとは。

いや、わたくしはそんなよもやま話に惹かれたのではない。関西や西成をまったく知らない人でも、本書を開いてすぐ、著者には戸籍がない、というくだりを読むに至って《え？》と思うだろう。わたくしもそうだった。西成に縁もゆかりもない人でも、まずはそうして本書に引き込まれる。

半世紀前からの〝新しい日本人〟

西成で暮らしている人々が皆そうであるように、著者にももちろん立派な出自がある。戦前、日本人の大半が経験せざるを得なかった世情混乱の中で、著者もまた一家離散、丁稚奉公、逃亡、その日暮らしといった経験を重ねる。戦中戦後、二十歳前後だった著者は、いったい幾つの職業を渡り歩いてきたことか。悲壮感どころか、まさに才気が身を助ける痛快さ、常に先の見通しを立てている賢明さ、そして奔放とも言える自由に満ちている。著者は多分、半世紀前から新しい日本人だったのであり、今もなお、時代は著者に追いついていない。

ともあれ、著者は戦後すぐ、松下電器に入社する。そして、当時の労働者の意識の最大公約数のような形で労働運動に関わり、共産党に出会う。旧国鉄の労働争議に端を発し、日本じゅうの労働組合が決起して、二・一ゼネストに向かう時代である。

しかし著者は、労働運動に精根を傾けつつも、内部闘争に明け暮れていた当時の共産党の体質に疑問を抱くだけの、個人の思考も失ってはいなかった。黙って去るのではなく、徹底的に党の在り方を批判した末に除名されたというのは、著者の生き方そのままである。著者は、長年労働運動に携わってきた人として括るには自由過ぎる。

要は、個人だ、ということだろう。今なお時代が著者に追いついていないというのは、そういう意味である。既存の労働運動や市民運動が、なにがしかの政治的思想的なスローガンの臭いが抜けないのに比べて、著者が労働者の組合を率いて、『賃金を百円上げろ』と迫るのは、自らの身体の疲労や、今日の生活費という切実さにおいて、政治勢力でもある大手労働組合のそれとは、似て非なるものである。

著者は、自らの意思で定住した西成の住人として、六〇年代から今日まで、関西で施工された公共事業の多くを、自らの身体で経験してきた。現場の日雇い労働者の目から見た数々の博覧会場の建設、新幹線や高速道路の工事、阪神大震災の復興工事、どれもこれも、まさに目から鱗が落ちるような視点であるのだが、しかし、わたくしが目を奪われ続けたのは終始、著者個人の人生の在り方だった。

義務や使命といった大上段の建前でなく、己の頭と身体に忠実であることが、隣人や自分の尊厳を守る戦いになり、また他者への献身に結びつく。著者は、いわゆる運動家ではない。戦後五十年を、そういう形で自身の身の丈に合ったやり方で生き抜いてきた結果、一人の人間として充足し、消耗し、達観している。

著者は無縁仏になりたいという。自分の人生の後に何も残したくないと願うことに悲哀はなく、むしろ聡明な最期なのだと本書に教えられた。そうして、著者も語るように、西成に代表されるこの国の最底辺はいつまで続くのかという問題が、なお最後に残るのである。

（たかむら・かおる／作家）

歴史に彼らの声を刻みつけよ——新版に寄せて

稲泉　連

「語り」の力強さ

本書を読んでいると、自分の目の前で著者が懇々と話をしてくれているような気分になる。そうした気持ちを呼び起こす「語り」の力強さが、その言葉の一つひとつに満ちているからだろう。

著者の平井正治氏は、本書の初版が出版された十三年前の時点で、約三十年間を釜ヶ崎のドヤで暮らし、一人の日雇労働者として、また労働運動の活動家として生き続けてきたという。

日本における最底辺の労働現場の観察者であり、その当事者でもある彼は、本書のプロローグとして、〈これ四十年ぶりに明かす話なんですけど、僕、平井やないんです〉と語っている。この冒頭からの言葉の凄味に、私は一読者としていきなりがつんとやられてしまった。

若かりし頃、共産党員として活動していた平井氏は、〈個別の人間を監視〉するための制度だとして、住民登録法への反対運動を繰り広げていたことがあった。〈反対運動しといて、それでヌケヌケと登録するのは無責任〉だと筋を通し、いまのいままで住民登録をしたことがない。

あるとき、それを見かねた母親が彼に運転免許を取らせようと思い、区役所に手続きに行ったことがあった、という。

〈ところが区役所では、科料を払えというので、おふくろは「手続きがおくれただけや、なんでうちの子の登録するのに罰金払わなあかんのや」と手続きせんと帰ってきて、「ショウちゃん、こんな訳で手続きせんと帰ってきた」と言う。ここらが僕のおふくろのエライところや。僕は嬉しかった。そういうこともあって、住民登録はまだしてない。それで釜ヶ崎におったら、別に住民登録がなかっても、何の差し障りもないんです。

釜ヶ崎へ来たときつくったのが平井正治で、ずっとそのまま今日まで来た〉

そうして語り始められる平井氏の半生、そして彼が社会の底辺から徹底して見つめた日雇労働の現場の光景には、自分はこの本を読まなければならない、とただただ感じさせる迫力がある。

日雇い労働者の現実

本書が誕生するきっかけを作った山田國廣氏によれば、平井氏はドヤの三畳一間の壁に労働運動史などの資料や本を大量に積み上げ、大人二人が座って話すこともままならない部屋に暮らしながら、昼は日雇労働者として生き、夜になると研究に明け暮れる生活を送ってきたという。

その中で彼が当事者として見つめてきた現実は、いったいどのようなものであったか。

手鉤（てかぎ）も跳ね返る冷凍の魚介類の塊を、零下二十五度の船内で運び続ける港湾労働。防塵マスクが支給されることもなく、アスベストの舞う現場で働く人々。そして公共工事の現場や暴力手配師の手口……。

〈午前中ニコニコ、午後ガミガミ〉という言葉が出てくる。午前中は労働者に優しく接して働かせ、仕事の見込みがつく午後になると今度は厳しく怒鳴りつけ、賃金を支払う前に逃げ帰るよう仕向ける、という意味だ。

日雇労働者の立場は常に弱い。何らかの事情で故郷を追われ、家族を捨てた人も多い。給与は何重にもピンはねされ、手を変え品を変え都合よく利用されては、文字通り使い捨てられていく。

しかし私たちが普段「繁栄」と呼んでいるものを下支え、その土台の多くを作ったのは、まさにそうした彼らではなかったか。高度経済成長期、万博のために行なわれた〈突貫工事〉で、どれだけの名もなき労働者が亡くなったか。バブル崩壊後の不況の中で、同じようにどれだけの労働者の権利が蔑（ないがしろ）にされたか……。一九七九年生まれの私にとって、その歴史の最深部にあった現実――彼らの労働の現場がどのようなものであったか――は深く知ることのなかったものだった。

〝筋を通す生き方〟

本書を読み進めると、釜ヶ崎の日雇労働者の人々が、どんな時代においても経済活動の歪みを押し付けられてきたことが分かる。

景気が良ければ急な工事で安全対策が不十分な現場で危険にさらされ、悪ければ雇用の調整弁としてあっさりと切り捨てられてしまう、というふうに。下請けに次ぐ下請けの中で、末端の日雇労働者の権利は軽視されてきた。そんななか、〈いつもやられたらやられっぱなし、やられたらしまいだ〉という思いを胸に抱きながら、彼らはその日その日を必死に生きようとしていくのである。

平井氏はその生々しい現実・構造に対して抵抗し、職業に対する差別を許さない。労働環境の改善を訴え、ときには数百円の賃上げのために何年もの闘争を繰り広げる。あくまでも弱者からの視点で世の中を見つめ、〝筋を通す生き方〟をどこまでも貫き通すのだ。例えば阪神・淡路大震災の後、避難所を追い出されて深夜の被災地をさ迷うホームレスに、「釜ヶ崎へ一緒に行こう。そこから仕事に行け。飯場行きの仕事で、とにかくその晩からめしは食えるから」と声をかけるシーンなどは、胸を衝かれずにはいられない。

「無縁者」の声を語り継ぐ

そして、ここで強く指摘しておかなければならないのは、「日本資本主義残酷史」とサブタイトルにある本書が、日雇労働者の「残酷物語」を描こうとしたわけでは決してなく、また、社会に対するある種の告発のためだけに書かれたわけでもないことだ。

一九六一年の第一次釜ヶ崎暴動以来、釜ヶ崎に住み始めた平井氏は、その後の経済成長の時代からバブル崩壊後にいたるまで、自ら現場の港湾労働者として「歴史」を身体に刻みつけてきた。だからこそ彼が物語る釜ヶ崎の歴史には、日雇労働者の厳しい現実だけではなく、その喜びや悲しみ、誇りや怒り、そして、脆さと表裏一体のたくましさが溢れんばかりに描かれていく。そうした人々とともに生きてきた彼は、自らも家族を捨てた一人として、いつか「無縁者」のまま死んでいきたいとさえ語るのである。
「無縁者」の声を同じ視点から聞き取り、それを語り継ぐこと。時間の経過とともに、眩(まばゆ)さばかりが強調されがちな歴史の中に埋もれ、次第にかき消されてしまう人々の見た光景にこそ、その時代の真実がある。最底辺から見上げなければ、決して目には映らない本質がある。だからこそ、歴史に彼らの声を刻みつけよ――。

平井氏は釜ヶ崎の日常や日雇労働の現場、労働運動のシーンを一つひとつ語ることによって、繰り返しそのことの重要性を伝えようとしているように見える。彼が問題視してきた釜ヶ崎の現実や日雇労働者が搾取されていく構造は、どのような時代にあっても様々な形で再生産され、繰り返されるものであるからだろう。

その意味で十三年前に出版された本書が、新装版として復刊されることには大きな意義がある。長く読み継がれる本になって欲しい。

（いないずみ・れん／ノンフィクション作家）

無縁声声〈新版〉　目次

第1章　生い立ち有為転変　13

第2章　若い命のかぎり　69

第7章 震災が見せた神戸の素顔 261

終章　平井正治さんを囲んで　339

無縁声声

日本資本主義残酷史

〈新版〉

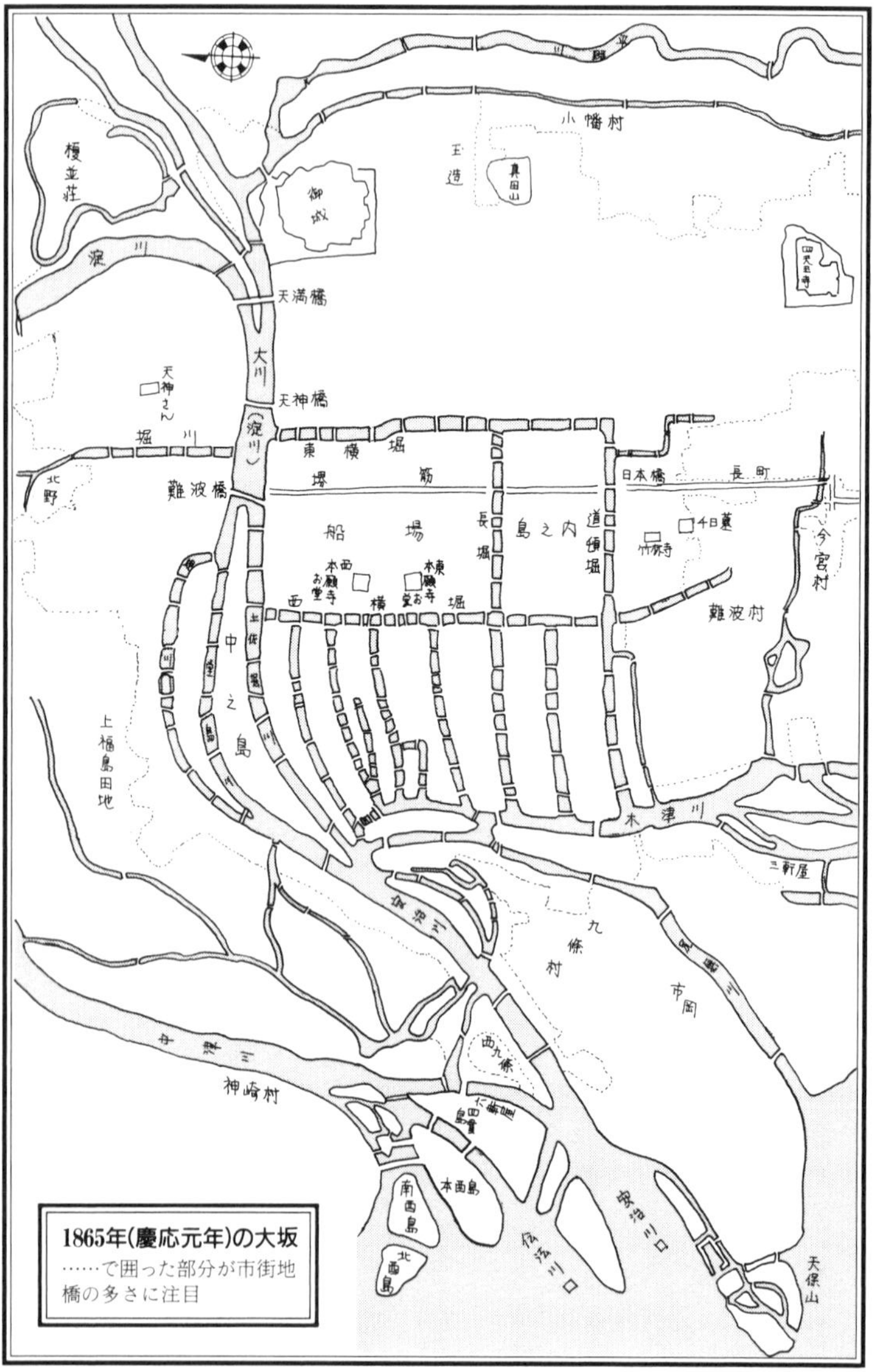

1865年(慶応元年)の大坂
……で囲った部分が市街地
橋の多さに注目

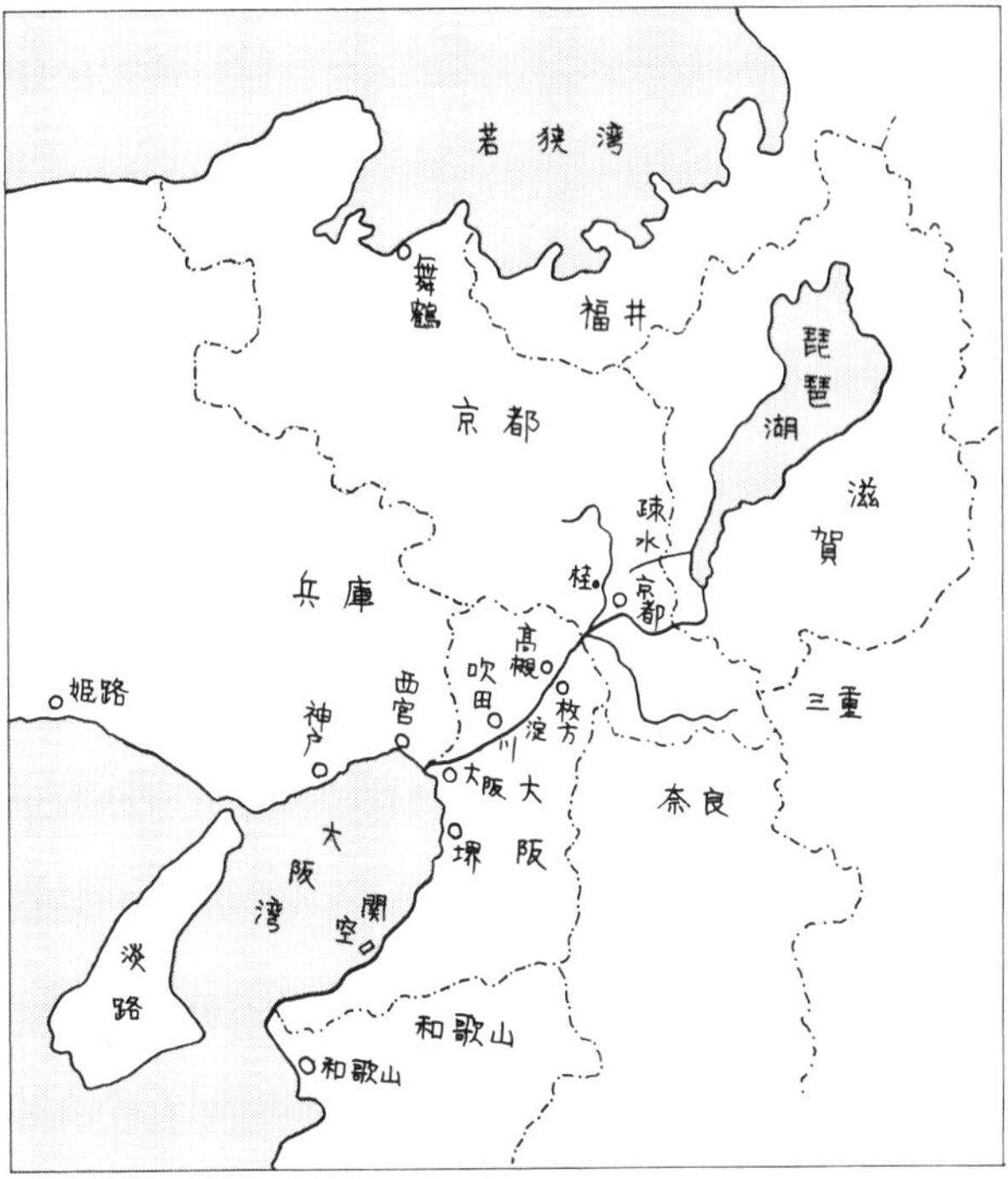

大大阪博覧会の時拡張された市域
（白い部分）

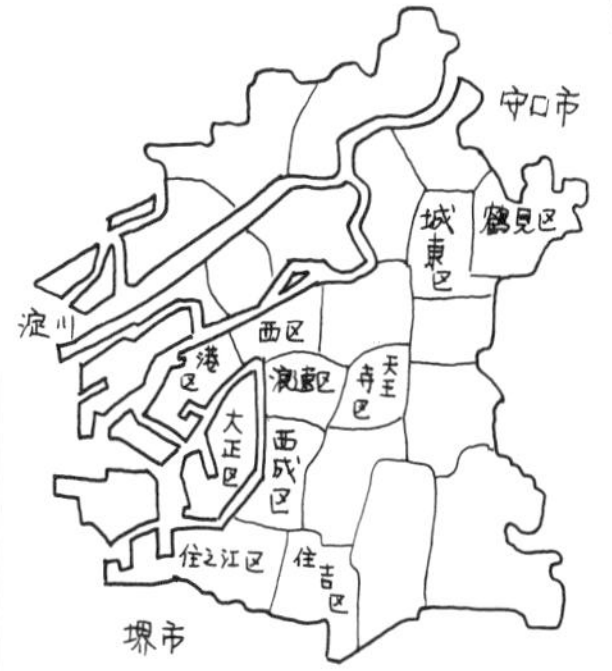

現在の大阪市

第1章

生い立ち有為転変

これ四十年ぶりに明かす話なんですけど、僕、平井やないんです。

一九五三、四年（昭和二十八、九年）、住民登録法、それと外国人登録法と、この二つがアメリカの占領政策の最後の頃にでて来ました。

住民登録法というのは、個別の人間を監視するための、日本軍が占領地で住民票を出させたのと同じ、そういう制度なんです。その時にビラも撒いたし、壁新聞も貼ったし、講演会もやったしというこことで、僕はかなり強烈な反対運動をやったんです。結局、そのことで、僕そのまま住民登録してないんです、その時に。当時まだ食管法の米の通帳というのがありまして、それも全部、何もかもみな捨ててしもうた。反対運動しといて、それでヌケヌケと登録するのは無責任で、当時は、そういう同志が共産党にはいました。

共産党は選挙のために、住民登録をいつの間にかなし崩しに登録していったんです。僕はそのまま登録せずに、ずっと来たんです。共産党をやめてから、リンチでケガもしていたし、しばらくおふくろのところに居たとき、おふくろが僕に仕事をさせようと思って、自動車の免許でもとれば、ということで、大阪の区役所へ住民登録の手続きに行ったらしい。ところが区役所では、科料を払えというので、おふくろは「手続きがおくれただけや、なんでうちの子の登録するのに罰金払わなあかんの

トピック　住民登録・外国人登録

や」と手続きせんと帰ってきて、「ショウちゃん、こんな訳で手続きせんと帰ってきた」と言う。ここらが僕のおふくろのエライところや。僕は嬉しかった。そういうこともあって、住民登録はまだしていない。それで釜ヶ崎におったら、別に住民登録がなかっても、何の差し障りもないんです。

釜ヶ崎へ来たときつくったのが平井正治で、そのまま今日まで来た。

大坂の産業と底辺労働者の住む長町

生まれたのは一九二七年（昭和二年）十一月三日。今は文化の日。僕の生まれたころは明治節です。明治天皇の誕生日。戦後、明治節とは言えんから、文化の日ということになった。

僕が生まれたのは大阪市で、当時は南区。僕が育ったところは日本橋東の日東町（にっとう）やけど、明治の博覧会以前には長町（ながまち）というた。地図（一七ページ）見たらわかるように南北に細長い町や。明治の博覧会で長町がどう変わったか。

江戸時代の中頃から、日本橋筋、道頓堀を渡ると一丁目から五丁目まで日本橋、六丁目から九丁目までが長町というふうに町奉行が名前を変えてしもうた。この六丁目から九丁目に木賃宿という、今の日雇い労働者なんかが住む宿があったんです。日本橋には旅篭がありました。

宿と旅篭とどう違うかいうと、一般の旅行者は旅篭に泊まる。大坂の町には離農逃散、飢饉なんかで逃げてきた人やね、そういう人やら、いろいろ難民が仕事と生活を求めて集まって来るので、ずい

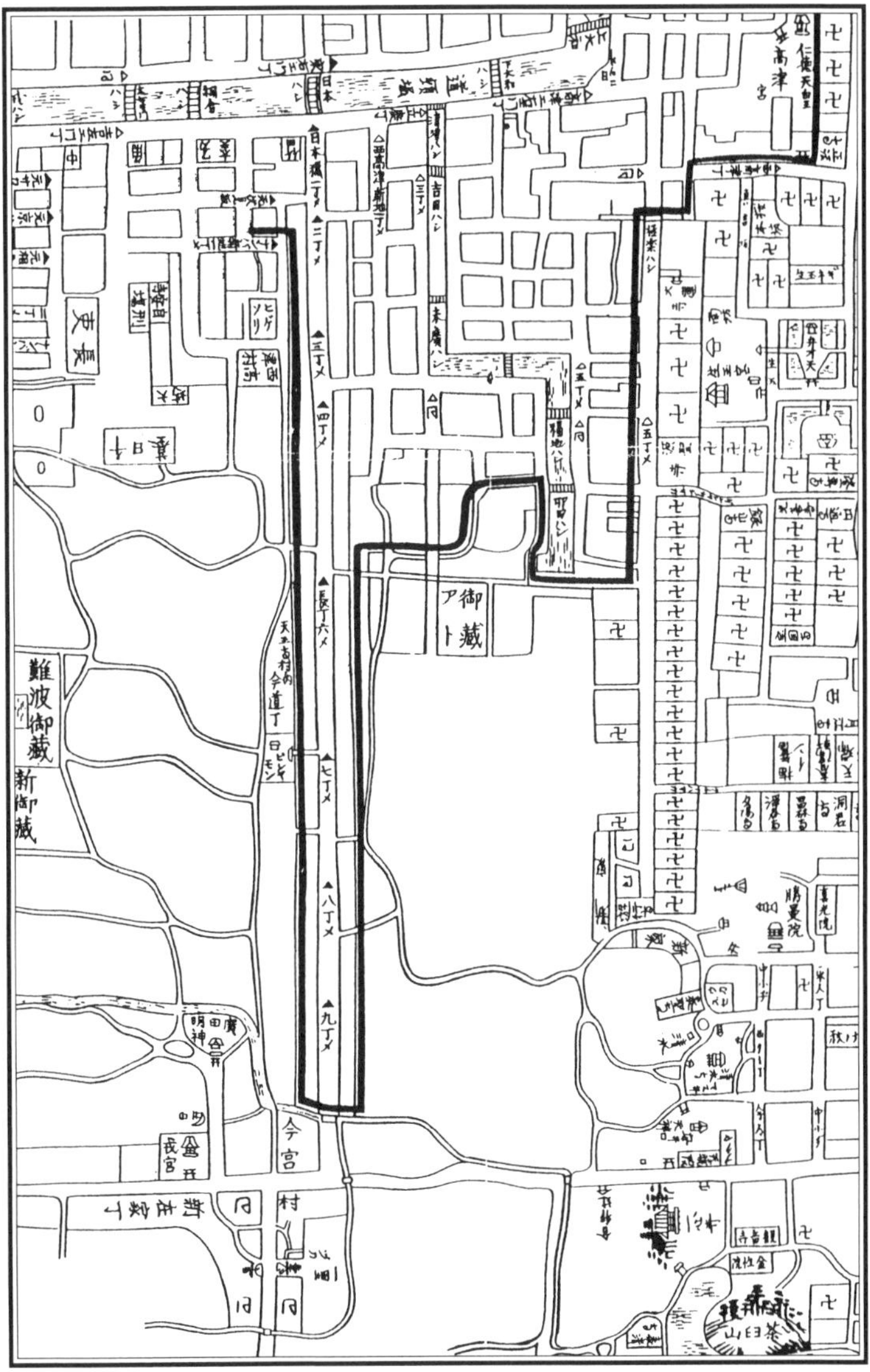

仁徳天皇
高津宮
日本橋一丁メ
二丁メ
三丁メ
四丁メ
五丁メ
長町六丁メ
七丁メ
八丁メ
九丁メ
御蔵
アト
難波御蔵
新御蔵
廣田
明神
今宮
村
勝鬘院
茶臼山

ぶん野宿労働者が増えて来た。石丸石見守という大坂町奉行が、長町の六丁目から九丁目まで、木賃宿を一ヶ所に集めたんです。「大阪市史」に、「町奉行所布令」というのがあります。野宿してる人を一ヶ所に集めて、働ける者には仕事をさせた。野宿者の中には盗賊の類がおるかもわからん、それの取締りもせんならんから、大坂市内で野宿は禁止した。これは江戸中頃のことです。

その頃の大坂は、油絞りと、それから米相場が立つぐらいの米の集散地で、米に関する労働、米を搗いたり、運んだり。それから酒屋。大坂近辺には酒造業がたくさんあった。主として油屋と酒屋と米屋、この三つが三大業で。大坂は海運があったから、そういうものを生産したら、商品になるわけです。

大阪周辺の農村というのは、一般の農村やなしに、商品農業、商品にして売るためのものを栽培するということが、江戸時代からずっとあった。規模の大きいので言えば、鴻池新田。大和川を付け替えして河内平野を干拓したところ。最初は米を作ろうとしたんやけど、干拓地であんまり米は採れん。そこで、その頃に盛んになってきた綿を作った、河内木綿です。河内から大和にかけて木綿産業が発達する。綿を作ったら、綿の中に綿実という種がある。その種を炒って、搾め木にかけて絞ると、油が取れる。油でずいぶん儲け出す。江戸時代は米の石高で禄をはかった。米はきっちり管理されて取られるものは取られるけど、油や綿は米ほどやない。

大坂で商業農産物ができてくる時代に、江戸の町づくりがはじまる。徳川幕府が大名屋敷を建てて、あれは人質です。江戸の人口がどんどん増えていって、大名屋敷やら灯りをようけ使う。治安上の問題があるから、灯油の消費量が増える。

関東方面では昔から、気候の関係もあるけど、菜種とか、綿実とか、そういう産物があんまりない。技術もない。関西は古くから都会地やったから、油はどんどん消費したから油絞りの技術があった、それでずっと大阪周辺の村で菜種と綿実油をつくるようになった。

油は、最初は神社とか寺の灯明油から始まる。それが途中から食用油に使うようになり、経済力もでてきたから、どんどん消費量が増えてくる。江戸でも油の需要がこうして増える。江戸の油切れというのは、今日の大停電のようなもので、幕府は油の製造と運輸に保護を加えた。

今の大和川の川筋というのは、柏原市で南から流れてくる石川と合流して河内に流れ込んでいて、度々洪水を起こした。それまでも、度々溢れて被害を起こしておった。それで宝永元年（一七〇四年）に堺の方へ大和川の川筋をつくり替えた。柏原市から下流は新大和川です。これは徳川幕府の新田開発の事業です。それで河内平野の部分を、長瀬川とかいくつかの川に整理して、干拓して、鴻池新田ができる。あのへんに行くと、町名が新田ばかり。

米はつくると年貢米で幕府に取られる。新田開発でやったところは、土地がまだやせてるから、あんまりええ米は取れん。それで綿を栽培する。そうすると綿で売れるし、綿の加工業がやれる。油絞れる、油粕は肥料になる、絞った油を運ぶ海運業ができるというので、鴻池が大きくなってくる。

此花区の伝法（でんぽう）から伝法廻船というて、廻船問屋が船で荷を積み出す船、船のデッキのとこに垣根を作って、そこに樽を積む。今のコンテナ船や。樽廻船、菱形に垣を組むから菱形廻船とも言う。樽を

トピック　木賃宿　綿　油　新田開発　鴻池　菱形廻船

どんどん積めるから運送の量をぐっと増やした。東京の神田明神の本殿の前に、防火用の雨水溜めがある。そこに大坂の伝法の廻船問屋が奉納したという、江戸時代の刻印が打ってます。

こういう経済の中で、だいたい油絞りと米搗きと酒屋の仕事、それと倉庫と船積の仲士、これが釜ヶ崎に移る前の長町の主な労働です。

それから、灰屋という商売があった。灰というのは肥料になる。当時はカマドは木灰、ワラ灰。住吉神社の寄進灯篭に灰屋というのがある。灰を集めて農村に売るだけで商売になった。それから火葬場の灰。火葬場で骨上げして、小さい壺に入れたあと、骨と灰がかなり残る。残りの灰を処分してもらってけっこうですすと、親族が火葬場で依頼状を書かされた。今は、その残灰を一ヶ所に集めて埋めてるけど、戦前は灰屋が夕方になると火葬場に肩引き車で来て、カマスに灰を集めて、それが農村に肥料として、完全に循環される。焼き場の灰はカルシウムがあるから、ええ肥料になる。それは戦前まであった。長町のことを書いたものにも灰屋裏という長屋がある。

長町にはボロ切れとクズ紙の寄せ屋が多かった。住吉神社に行くと、その業者の灯篭があります。ボロ切れは再生もするけど、昔は灯油を使うた、ススがいっぱい出るから。金持ちは植物油やけど、貧乏人の家はみな魚の油を灯油に混ぜる。魚油はススがものすごう出るんで、ホヤ拭きいうてボロ切れがいるんです。ボロ切れは大きなやつは再生に使うし、細かいのは油拭きに。完全にみな使い切ったんです。

トピック　灰　ボロ切れ

●住吉神社の寄進灯篭、慶応四年（一八六八年）

紋油屋．一番下の段で当時の油業者の屋号がわかる

灰屋

紙出（しで）屋（44p参照）

荷物は全部、ムシロと縄でやってた。その使った後のワラ、それを刻んで、壁土に混ぜる。スサという。クズ屋さんのことを書いた本には、大正時代まで縄切れを集めてると書いてあります。売れるんです。古いワラの方が、固いところが残ってるから。それを刻んで壁土に混ぜる、それで古ワラまで売れた。

僕、ひまになると、神社や寺を歩く。そういうのが石造物で残ってて、神主さんやら、坊さんにきいてみると、みなそないしよったんやでと、今は焼いて捨ててるけど。そんな話聞かせてもろうて、こっちも勉強になる、ひまな時には歩きます。神社や寺を見て歩く。今の人は、神社や寺というのは無視するけどね。やっぱり昔の人のよりどころがそこやったから、石造物を寄進する。石造物やから記録が残る。

それと昔から、体の弱い人、身体障害とかそういう人は、おもらい、寺の前へ行って、お碗を置いて座ってると、お参りに来た人がいくらか。昔の人はそういうふうにしていた。僕ら子どもの時分には四天王寺とか一心寺、とくに骨納めをする大きな寺ね。ここにはお骨納めに来た時には、仏の供養として、やっぱりみないくらかあげていた。

それも時代が進むと、それが職業化して、乞食の貸し子どもいうて、小さい子が内職するのにじゃまになる、そうすると子どもを借り集める親方がおって、子どもを貸すことでいくらかの貸賃がもらえる。人の憐れみを買うために、赤ん坊を横に置いたり、ちょっとつねって泣かすとかして、借りた人はその子を利用して同情を買う、おもらいを増やす。それを仲介する親方がおるわけです。そういう親方が警察に捕まったという話もあります。

そういうふうにして、明治三十年頃までやって来たのが長町です。明治の初めで三千戸、一万人前後という人口です。

コレラが猛威を振るった明治十八年の長町

明治の十八年（一八八五年）頃に、全国にコレラが大流行した。開国したから、ヨーロッパや清国（中国）から船が入ってくる港からコレラが入って来た。横山源之助の『日本の下層社会』（岩波文庫）に、明治十八年前後が、日本にコレラがものすごい流行った時期だとある。コレラが流行ったために、上水道を作ろうということになって、大きな都市はみな水道工事をしました。

それまで大阪には水道がなかった。都島の桜宮神社の辺で大川の水を汲んで、桶に積んで運んで来る、それをかついで大阪市内を売り歩く水屋という商売があった。ところが明治になると、あのへんが開港地に近いから、コレラの発生源になるわけです。

長町の労働者は日雇い労働で移動するから、行った先で伝染病に感染して、菌もって帰って来る。長町は共同便所で共同井戸で、生活環境が悪いから、ものすごいコレラが発生して、『日本の下層社会』にコレラの発生地を黒丸で入れた図があって、長町が真っ黒になってます。横山源之助は、明治二十年から三十年頃の日本の、紡績やらいわゆる底辺産業を全国調査して歩いた新聞記者です。これは有名な本やね。

トピック　ワラ　水道　水屋

この時、京都の疏水工事の工事場でも、コレラでようけ死んでます、飯場が全滅するほどね。京都は水道のための疏水工事を始めたんです。百十年前の疏水工事、予算だけやなしに市民にも費用負担させてね、それが平安遷都千百年の時やった。

最近、京都で建都千二百年やいうて、色々イベントやった。その百年前の平安遷都千百年の時、京都は第四回内国勧業博覧会をやってます。その時、大阪と開催地を争うたんやけど、建都千百年記念やから、京都に花持たせた。大阪はその六年後の第五回になったんです。博覧会のことは、後述。

疏水は当時としたらすごい大工事や。疏水工事の初期の目的は、上水道と農業用水、それから水力を利用して水車動力で粉ひきなんかをする石臼まわし、その程度の計画やった。

ところが工事の途中で、アメリカで水力発電所いうのが初めてできたんで、それを見に行って、疏水の水を使うて水力発電をやろう、と。その水力発電を博覧会に使うて宣伝しようとした。蹴上(けあげ)の都ホテルの前に、今でも赤レンガの発電所があります。京都市内には、あと夷(えびす)川のダムと伏見の墨染(すみぞめ)と、合わせて三ヶ所、いまだに小規模やけど水力発電所がある。みな案外知らんね。疏水の水の落差を利用して、十五メートルもあったら十分タービン回せるから、小規模の水力発電ができる。今は関西電力が使うてるけど、長い間、京都市電気局の電車、電灯に使うてた。

博覧会で、そういうふうにして水力発電で、日本最初の市電を走らせたのは京都です。その時に疏水工事してる横手で、もうすでに政府が京都、大津間の鉄道を走らせてます。なんで鉄道を急いだか

トピック　内国勧業博覧会　水力発電

日本最初の京都市蹴上の水力発電所

大津の琵琶湖疎水水門（南側）
前方の湖から入ってきたところ

初の水力発電の記念碑
（平安建都1100年祭時）

琵琶湖疎水水門（北側）

琵琶湖疎水水門（中央）

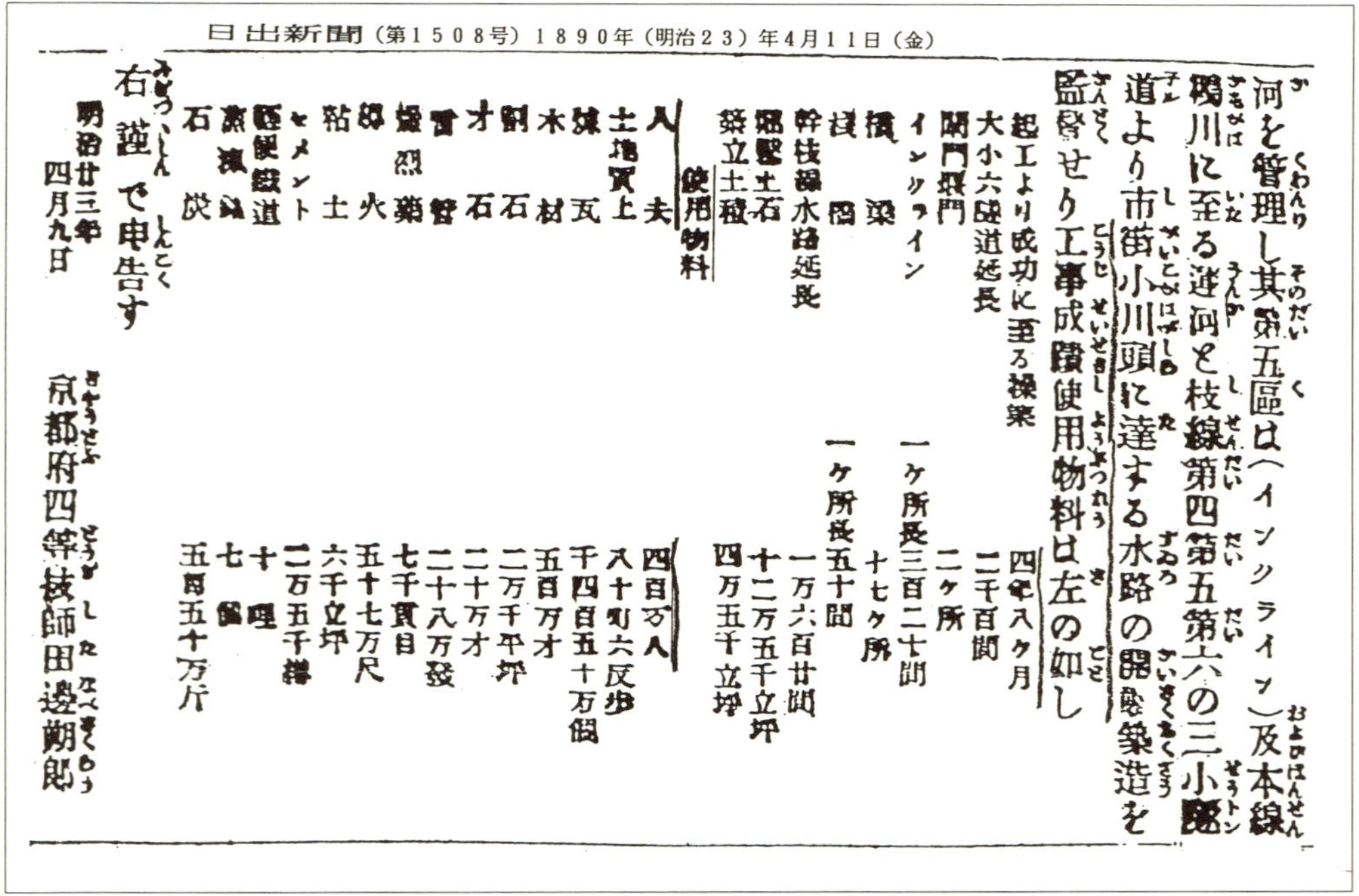

日出新聞（第1508号）1890年（明治23）年4月11日（金）

河を管理し其第五區は（インクライン）及本線鴨川に至る運河と枝線第四第五第六の三小隧道より市街小川頭に達する水路の開鑿築造を監督せり工事成蹟使用物料は左の如し

起工より成功に至る操業	四年八ヶ月
大小六隧道延長	二千百間
閘門堰門	二ヶ所
インクライン	一ヶ所長三百二十間
橋梁	十七ヶ所
暗渠	一ヶ所長五十間
幹枝線水路延長	一万六百廿間
掘鑿土石	十二万五千立坪
築立土積	四万五千立坪

使用物料

人夫	四百万人
土地買上	八十町六反歩
煉瓦	千四百五十万個
木材	五百万才
割石	二万千平坪
才石	二十万才
雷管	二十八万發
爆烈薬	七千貫目
導火	五十七万尺
粘土	六千立坪
セメント	二万五千樽
軽便鉄道	十哩
蒸汽罐	七個
石炭	五百五十万斤

右謹で申告す

明治廿三年四月九日

京都府四等技師田邊朔郎

琵琶湖疎水建設に関する明治の新聞記事．人夫400万人を使用物料扱いしていると言うたら、軍需輸送せんならんから。狙いは朝鮮、支那つまり中国やね。その時に鹿島、大成（当時は大倉）、こんな大手の土木会社が鉄道、道路、港湾、河川、軍事の仕事を請負い「組」から「建設会社」に容れ物の名が変わる。その時分に、もうすでにジョイント・ベンチャーができてます。それで安い囚人労働、飯場の日雇い労働者を使う構造がすでにできていた。

土木飯場は衛生が悪い。疎水工事の飯場ではコレラでようけ死んでます。コレラが流行したから上水道にせんならん言うて、疎水工事をやって、それで飯場でコレラが大発生して、労働者がコレラで死ぬという皮肉な現実です。

博覧会とか何か大きなイベントやるたんびに、交通機関やら土木工事をして、それも突貫工事で、危険と紙一枚の現場で、かならず労働者が犠牲になっています。そして、イベントが終われば労働者は置き去りにされる。

コレラは、紡績工場とか全国一斉に広がる。土木会社の社史なんか見ても、コレラで飯場が全滅したいうのが出てます。

それで、伝染病の多い長町を撤去してしまおう、いう計画が大阪市に出て来る。

処刑場跡の千日前

千日前（せんにちまえ）の繁華街は、もとは墓場の跡で、あの一帯は処刑場があったところです。千日前から道具屋筋へ行く方も、道頓堀へ行く方も、法善寺に至るまで、あのへん寺だらけや。千日前の、角っこのあたりが処刑場やったんです。古地図に刑場いうのが出てる。

千日前の角の道頓堀側へ渡ったところに、竹林寺という、今ビルになってる寺があります。地下鉄工事の時、寺の近くで、処刑場の骨が大量に出た。それで供養塔が立ってる。二百年間、処刑しては穴掘って埋めてた。

江戸時代の初期から中期まで、道頓堀というのは非人溜まりで、非人がようけおった。道頓堀の工事は安井道頓がやったいうけど、道頓堀というのは、非人を使うて掘らせた堀割りや。『道頓堀非人関係文書』という本があります。

その時分、刑場は人口三十五万ぐらいの大坂の町に、飛田（とびた）、今の釜ヶ崎。ここにも飛田墓地、処刑場があった。それから大正区の木津川月正島のところにも処刑場があって、月正（がっしょう）つまり合掌です。それから東では京阪電車の野江の北の方にも処刑場があった。大阪に四ヶ所、処刑場があったんです。当時は、十両盗んだら死刑。

その処刑場は明治初め頃まであった。明治のごく初期に、刑場が廃止になって、それから火葬禁止令という、一旦は火葬を禁止して、それはすぐに今度は火葬を仕事にしている人もいるし、反対運動があって、これは火葬場争議のようなことが明治五年か六年頃に起きている、それで大阪市が正式に火葬場を市の経営で、請け負いでやらせた。そんなんで火葬場が整理された。それまでは千日前でさ

トピック　非人溜まり　『道頓堀非人関係文書』　火葬場

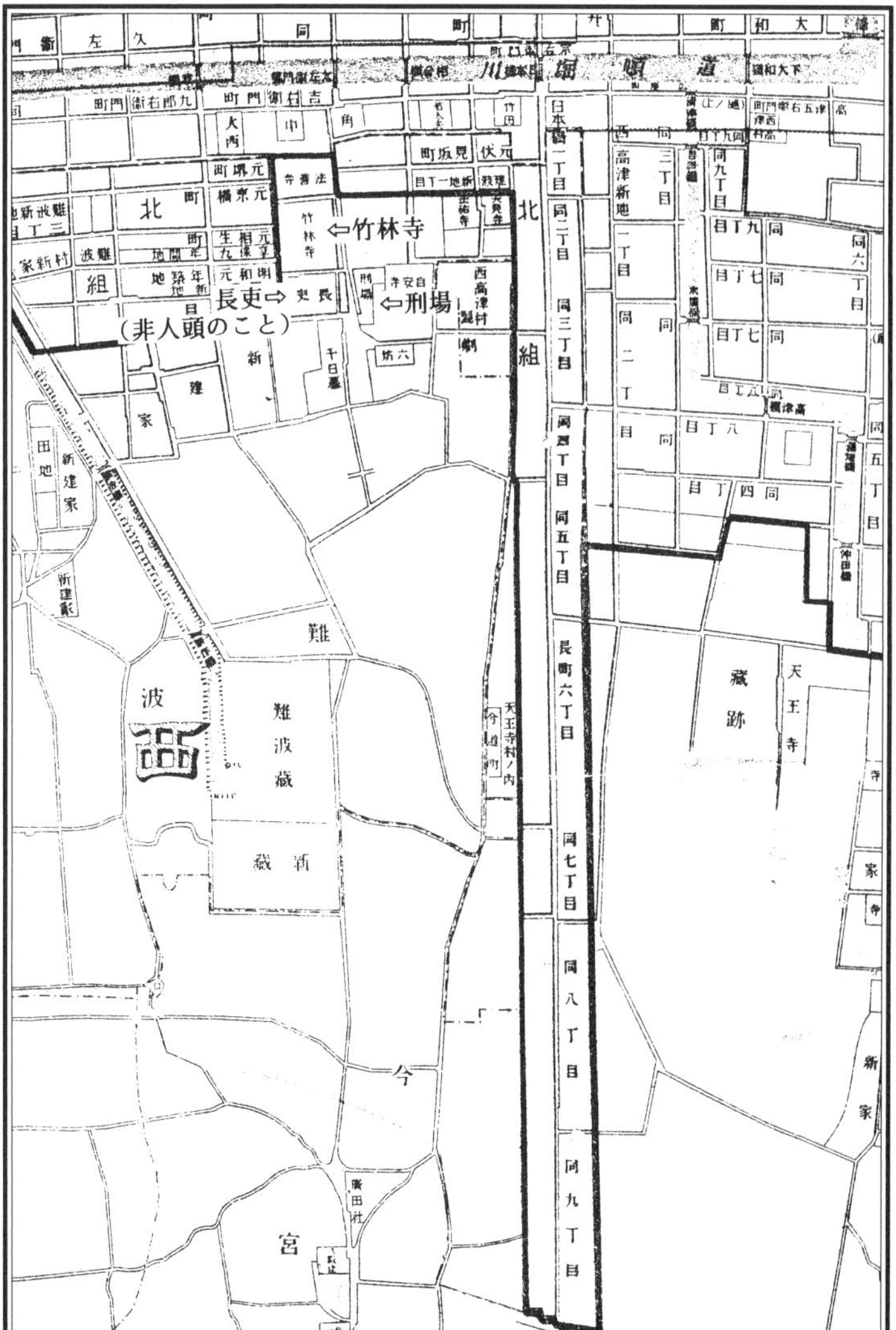

現在の千日前付近古地図．中央に長町．地図左上の竹林寺の右下に刑場がある

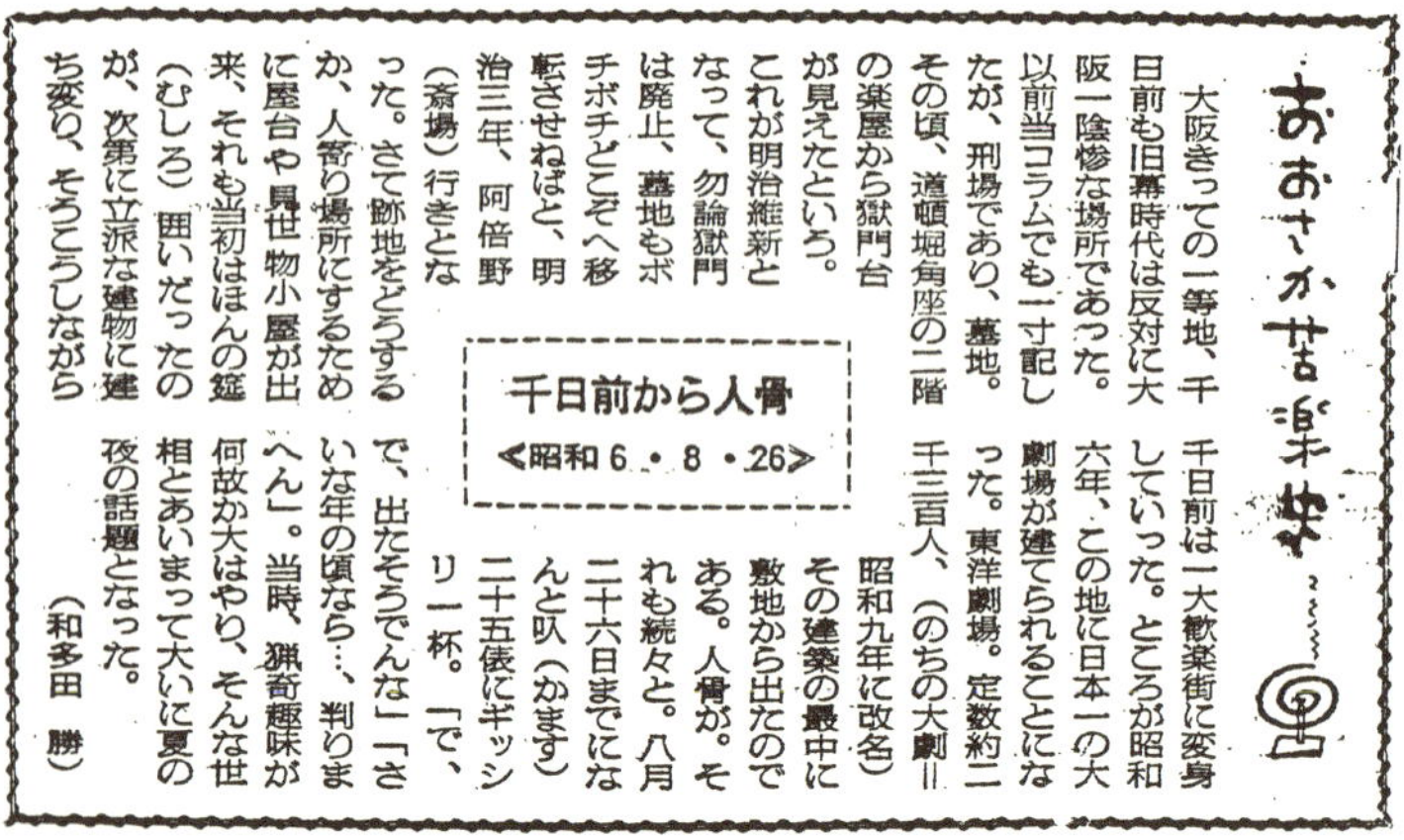

おおさか苦楽史

千日前から人骨

<昭和6・8・26>

大阪きっての一等地、千日前も旧幕時代は反対に大阪一陰惨な場所であった。以前当コラムでも一寸記したが、刑場であり、墓地。その頃、道頓堀角座の二階の楽屋から獄門台が見えたという。これが明治維新となって、勿論獄門は廃止、墓地もボチボチどこぞへ移転させねばと、明治三年、阿倍野（斎場）行きとなった。さて跡地をどうするか、人寄り場所にするために屋台や見世物小屋が出来、それも当初はほんの筵（むしろ）囲いだったのが、次第に立派な建物に建ち変り、そうこうしながら千日前は一大歓楽街に変身していった。ところが昭和六年、この地に日本一の大劇場が建てられることになった。東洋劇場。定数約二千三百人、（のちの大劇＝昭和九年に改名）その建築の最中に敷地から出たのである。人骨が。それも続々と。八月二十六日までになんと叺（かます）二十五俵にギッシリ一杯。「で、で、出たそうでんな」「さいな年の頃なら…、判りまへん」。当時、猟奇趣味が何故か大はやり、そんな世相とあいまって大いに夏の夜の話題となった。

（和多田 勝）

新聞記事より

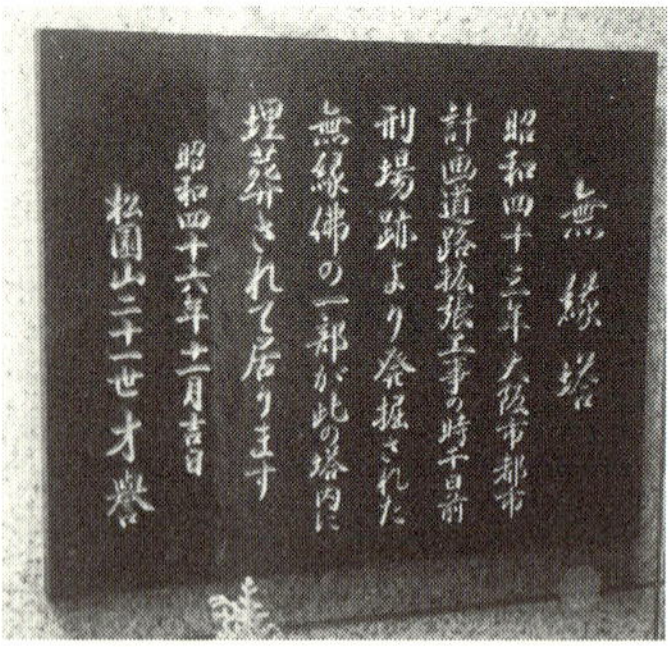

竹林寺にある無縁仏の供養塔

現在の竹林寺

らし首してたんです。野江にもその墓場の跡があります。明治の初めまで首切って、みなさらし首。強盗以上の何かをやった人は、獄門、磔です。遺族がそれを夜中に取り戻しに行くとか。それは凄まじいこともある。

それで、コレラの巣の長町つぶそう、千日前を長町の方へ移そうということで、今度は業者と大阪の議員とかが結託して、いわゆる都市再開発をやろうとした。とにかく長町をつぶしてしまえ、という動きがあった。ところが、長町にも木賃宿の業者がおります、住民は一万人からおるから、そう簡単につぶせない。長町取り払い計画は、十年ほどは実行できなかった。

博覧会を機に長町とりつぶし▒

一九〇三年（明治三十六年）に、天王寺公園のところで、博覧会をやるという計画が出てきた。京都の第四回に次いで、第五回の内国勧業博覧会。一九〇〇年から工事が始まる。

日本の博覧会というのは国策興行やから。明治天皇は博覧会に、六回来てます。天皇が来るのに、通り道に長町がある。今の日本橋の電気屋の町になってるところ、堺筋。まだ御堂筋がなかった時代の大阪のメイン通りが堺筋です。大阪いうたら、大きな通りは堺筋しかなかったんです。

御堂筋というのは大正時代になってからできた。谷町筋（たにまちすじ）は戦後、空襲で焼けた後を整理して広げた。もとはもっと狭い通りやった。

大阪の真ん中を南北に通り抜ける、堺筋、大阪から堺、そして和歌山まで通っている。それで堺筋のことを、西成区あたりから紀州街道という。そこを明治天皇が通るので、木賃宿があっては見苦しい、と。それで十年間凍結してた長町撤去を、一気にこの際やれ、と。

その立ち退きを請け負うたのがヤクザです。警察官が立ち退けとふれて回って、その後を、片っ端から、ヤクザが叩きつぶして行ったと、当時の新聞記事にあります。その時に、あのへんを縄張りにしてたヤクザの親分が、それを請け負うてやって、その見返りに、博覧会会場の警備とゴミ取りと公衆便所の利権をもらうんです。その人らに何か利権を与えておかんと、博覧会のお客さんにタカリに行きます。

当時は公衆便所があまりなかったんで、博覧会を機会に、これは今でもそうですけど、博覧会といっしょに公衆便所ができる。博覧会の計画が始まると、一番先に便所ができる。釜ヶ崎に便所ができるのは、博覧会の時です。

江戸時代から辻雪隠はあった。最初は寺の法会か何か、行事の日は人が集まるから、道端に桶を置いてムシロで囲った。当時は肥料やったから。使う人から銭取って、肥料として売って、両方から収入がある。それで、町のあちこちにできた。桶を置くのはお上に願い出て認可が要りました。

当時は桶に溜まったのを、夜中に汲み取りに回る。実際の汲み取る仕事は労働者がやるんやけど、利権はヤクザの親分がにぎる。当時の便所というのは、桶の上に屋根つけてあっただけ。最初は屋根もなかったらしいが、雨が溜まるいうので屋根つけた。

こうして博覧会の三年前、工事が始まる頃に、長町の住民を立ち退かせて集めたのが、長町から一キロも離れていないところ、今の釜ヶ崎のだいたい北半分ぐらいにあたる部分です。摂津国西成(にしなり)郡今宮村水渡釜ヶ崎。明治三十年には、水渡の水と釜ヶ崎の崎を合わせて、水崎という町名になってます。

一九六〇年代に水崎町交番所というのがありました。まだ交番所にはそういう地名が残ってた。何でそんな近いところに、追い出した人間を集めたかと言うと、博覧会の工事をやるから。じゃまや言うて追い出しといて、労働力だけは利用しようというわけです。

人力車夫　フィリピンへ行く

この第五回内国勧業博覧会の工事は、大林組が一手でやった。その博覧会に向けて、鉄道、これはいつの場合もそやけど、大阪で市電は、工事が遅れて、博覧会が終わる頃に走るんです。明治三十六年（一九〇三年）に大阪の市電は初めて走るんやけど。これはだいたい今の九条の方から、築港に向けて、これは大阪港と大阪市内をつなごうという計画やったんやけど、博覧会に間に合わんかったんです。

博覧会の交通アクセスで市電を計画したけど間に合いそうもない。それで今度は、大阪の運河を、今もうだいぶ埋め立てたけど、大阪は運河だらけで、もともと湿地帯に運河を通して、掘った土でかさ上げして作った町やから、その運河を使うて巡行船という水上バス、これを走らせて、大阪の西の方から、北の方から、船で湊町とか道頓堀とかに運んでくる。

当時の交通というたら、人力車です。人力車夫はだいたい底辺労働者で、長町だけでも三千人ぐら

トピック　ヤクザと公衆便所の利権　「釜ヶ崎」の起源　大林組

いおったらしい。当時、大阪に二万台の人力車があったそうです。交通機関がそれしかなくて、もとの駕籠屋が人力車夫になった。これが大阪駅周辺と南とにおった。ところが巡行船が走ったんで、あてにしていた人力車があてはずれになった。地方から来た見物客は、珍しいから巡行船に乗ってみようかというので、それで人力車が失業して、湊町のちょっと西の深里橋（ふかりばし）という橋のへんで、人力車夫が巡行船に石を投げて止めて、ドラム缶に入れた油に火をつけたのを投げ込んだとかして。そこで警察が出てきて、大乱闘になって、一回戦は警察官がみな川へ放り込まれて人力車が勝つんです。二回戦で車夫が三百人ぐらい逮捕されて。その車夫が人力車の組合みたいなのをつくってたんです。

車夫は、大江神社の上の方、愛染院（あいぜん）のところで集会をやったり、西区で集会をやったり、その集会を警察が解散させたのが騒動の始まりということです。多分当時の社会主義者のリーダーみたいなのが旗揚げはしたけど、組織的にやってないから、二回戦で三百人ほど逮捕されて、それでつぶれてしもたんです。

博覧会は五ヶ月間やった。終わると失業者がどんどん増えるし、市電が走り出す。人力車が失業して人力車夫のかなりの何千人かが、今度はフィリピンの土木工事に行きました。

フィリピンのバタアン半島にベンゲット道路いうて、山岳道路があるんです。山の上の、日本の軽井沢みたいなところで、フィリピンでは避暑地です。そこに向けて山岳道路を造る工事を、アメリカの工兵隊が最初はやってた。当時はアメリカがフィリピンを統治してたから。マッカーサーの親父なんかが当時の司令官やった。アメリカの工兵隊がその道路、ベンゲット道路いうんやけど、山岳道路工事をやったんやけど、ものすごい事故が起きて、工兵隊ではできんほどの工事やった。それで日本で労働者が余ってきたので、それをフィリピンへようけ連れて行ったんです。大阪と広島とか、西日本で人集めして。日露戦争が始まる前年頃からの話です。

ベンゲット道路は、たしか一メートル造るのに一人か二人死んだというほどの難工事で、山の中にアメリカの工兵隊と日本人の犠牲者の慰霊碑があるそうです。ベンゲット道路というのは正式名やけど、向こうでは、アメリカの工兵隊長のケノン少佐という人の名前をとって、ケノンロードとつけて、立派な碑があるらしい。

織田作之助の小説に『わが町』という長編小説がある。それに大阪の人力車夫のターやんというのが出てくる。人力車で失業して、フィリピンのベンゲットへ出稼ぎに行って、ターやんは生きて帰ってくるけど。ほとんどが日本へ帰れんような状態で、向こうに置き去りにされて。それで道路ができてから後、日本へ帰る金がないので、マニラの麻の栽培農場なんかに行って、そのままずっと残って、今では三世、四世ぐらいになってる。現地人と結婚したりして、山岳地帯で何千人かおるけど、日本人の子孫やいうので、かなり差別されて、一種の部族社会みたいに残ってるそうです。たしか大阪の東淀川の何とかいう教会の人が調査に行って、ちょっとした援助をしたいうことは報道されたことがあります。今と違うて、日本人が失業したら海外へ出稼ぎに行った時代や。今は海外から来てるけどね。一九六〇年頃、日活映画「わが町」で山岳工事がかなりリアルに映されていた。

第五回内國勸業博
水族館
AQUARIUM
不許複製

覧會場内實地縮圖
Fifth National Industrial Exposition.

明治の博覧会というのはそういうふうにして開催された。会場には、レールを敷いて、要塞を攻める大きな攻城砲という大砲をその上に据えつけた。世界一大きな大砲を博覧会の会場に据えて、ロシアの陸軍大臣を招待して見せつけた。実際にその大砲が博覧会の翌年、日露戦争の時、二〇三高地で使われるんやけど。そういう博覧会やったんです。

この大阪の博覧会は、かなり外国の出展があって、国際博覧会みたいな規模になったんです。日本にはじめて冷蔵庫とか、扇風機とか、アイスクリームとか、みなこの博覧会で伝わったんです。

それから、堺の大浜公園、あそこに博覧会の第二会場として水族館が作られた。何であんな離れたところに第二会場をつくったかというと、開催地の天王寺公園の下の恵美須町から、阪堺電車がすでに走ってたんです。阪堺電車というのは、今では南海電車に合併したなつかしのチンチン電車です。ちょうどそういう交通の便があったことと、堺の南浜は幕末まで砲台があったとこなんです、黒船が来るいうんでね。今でも砲台の台石がずっとあの公園に残ってますけどね。そういうことで博覧会の第二会場になった。

今からふり返って見ると、第二会場を堺まで延ばしたのは、都市開発の一つのはずみをつけるため、水族館もそうや。もう今は堺には水族館はなくなってる。堺大浜の会場の跡に、大きな石の碑で、第五回内国勧業博覧会に明治天皇がここに来た、という記念碑がある。天皇が行ったところは大てい記念碑が建ってます。

この博覧会の時、会場に学術参考館という一角があって、その中に人類館というのが建てられた。

そこで何を展示したかと言うと、アイヌ、沖縄、朝鮮、台湾の、生きた人間を、それらしい小屋を作って見せ物にした。当時の国内では朝日新聞、それから琉球新報とか、そういう新聞が人間を見せ物にするとはけしからんという、かなりの糾弾記事を書いた。非難が起きた。また、朝鮮館と台湾館はそれぞれの抗議があって、数日で中止になる。琉球館が一ヶ月ぐらい、それでも見せ物になった。小屋を建てて、そこに男と女がおって、キセルでタバコをくわえているとか、竹の棒を持った説明人が、床を叩きながら、胸毛が濃くて、額が狭くて、そういう説明をして見せ物にした。ひと月ぐらいして、やっと中止になった。

博覧会が終わってからも尾を引いて、「人類館事件」というて当時でも問題になった。十年ぐらい前、大阪でもやったけど、全国主な都市で「人類館」という演劇を持って、沖縄の劇団が回ったことがあります。僕、ポスターもシナリオも持ってるけどね。沖縄の読谷村（よみたんそん）の山内徳信村長さんが大阪へ来た時に、大阪で人類館事件のことを知っていて説明する人がほかにおらん、平井さん来てくれ言われて、山内さんに会うて、車で長町のへんを回って、そこで人類館の話をしたことがあった。山内村長は、大阪でそんなことを気にしてくれる人がいるのはありがたい、言うて喜んでたけど。明治の博覧会でそういう人類館事件というのがあったんです。

博覧会というものの歴史を見ると、弱いもんを差別して置き去りにする、これはもう同じことの繰り返し。釜ヶ崎ができたいきさつもそれ、釜ヶ崎だけやなしに京都疎水も全国どこでも似たようなこ

トピック　冷蔵庫・扇風機・アイスクリーム伝来　アイヌ　沖縄　朝鮮　台湾　博覧会と差別

月の第一日を迎へました。この目覺ましく華々しい大景氣の中から初聲をあげてけふ我が「博覽會新聞」が生れ出たのであります。連日數萬の大衆がむらがり集まる此の會場を天地として皆さまの御案内をつとめお歸り後のお話の材料を提供するのがこの新聞の役目であります。各會場内外の諸陳列に深い御注意をお拂ひになると同時にこの新聞にも親愛なお眼をそゝがれんことを切望いたします。

この博覽會新聞は木下不二太郎西川正次郎兩氏が編輯の任にあたり毎朝數萬枚發行して岡島新聞店に托し天王寺會場で頒布したが、氣の利いた新聞として入場者に歡迎せられ博覽會の好土産となり、又配達人の勇ましい活動は場内の評判となつた、斯くしてこの新聞はその使命を完了し博覽會の閉會と共に廢刊となつたのである。

飛行機宣傳

大大阪記念博覽會の會期中隨時宣傳飛行を續行するため、本社は

『大大阪記念博覧会誌』(大正14年〔1925年〕9月29日，大阪毎日新聞社)より．この頃より飛行機宣伝が盛んになってくる

とや。

大正十四年の大大阪博覧会の二年前に、関東大震災で東京の人口がかなり減った。大阪の方が人口が大きくなって、それで大大阪博覧会というのを、大阪城内と天王寺公園と二ヶ所でやった。大阪の人口が全国一になったから大大阪というわけや。当時、大阪城は兵舎があって軍隊がおったんで、陸軍省が許可して、そこに軍事思想の普及という目的で、大阪城会場は全部兵器だけを展示するという博覧会です。この大大阪博覧会の記録、記念の本があります。

藍屋からおちぶれて教材屋に育つ

そういう町が僕の育ったところです。家は、空襲で全部焼けて、跡形もない。焼け残ったのは、愛染橋病院、日東小学校はほぼ原型に近いね。学校の裏の今の高速道路が元は川やったから、残ったんやろけどね。あのへんで残ってるのは下寺町で、下寺町の西側の寺は焼けて東側だけ残った。

僕の家の歴史を言えば、もとは藍屋、いわゆる和染の藍屋やった。河内木綿を阿波の藍で藍染をする。その藍の原料屋やった。第一次世界大戦後、化学染料が入って来て、日本の藍屋が全滅状態や。その時に没落してね。糸やらボロ布の関係で、寄せ屋の再生品を業とするようになったらしい。お祖父さんから親父までの代やと思うが、はっきりわからん。藍染屋の原料の藍を扱こうて、海運業と倉庫業と卸業とそれを兼ねたような、それがどうも僕の南区の原籍のようや。今、本籍というけど、前は原籍と本籍と二重にあった、いわゆる本願というて、元はここから出たという、自分の身分を示すための。

おふくろの里が八尾で、旧村の時分に、村長とかしてた。井戸塀議員いうてね、それで貧乏しよったらしい。おふくろの兄貴というの、僕からみたら伯父さん、これは戦前でいうたら右翼ですね、満洲浪人。八尾で町会議員を一期だけやったと言いよったね。この伯父さんは、戦後、最期は僕が看取った。やっぱりC級戦犯でした、右翼で。児玉機関みたいなああいうことを上海でやってた、戦争中に。ターコアルって、詰め襟の裾の長い中国服着て、連発式のピストル持って、うちに来たことがある。トランクに札束入れて来るかと思うたら、もうドロドロになって、貧乏な家に金貸せと来る。かと思えば「この前の借りや」と、トランク開けて、バーンと金置いていくような、そんな右翼で。これが笹川とはやっぱりちょっと縁があったらしいね。

旧の八尾町のおふくろの里、お祖父さん、お祖母さんの家というのはいわゆる七つカマドで、そこらで大演習があると兵隊が泊まる。そうすると、うちの家は将校宿舎になる。一般の農家はみな兵隊が分宿やね。寺と地主の家には、参謀とか将校が泊まる。おふくろの里はそういう家やったらしい。

おふくろは、嫁いで来た先が落ち込みが激しかった。来た時はええ家やったらしいが。親父と結婚して、もうすぐから没落がはじまった。

僕が物心ついた時は、回収した廃物を再生してつくる学用品屋、俗に教材屋というのをやっていた。とくに小学校の教材です。廃品回収した紙とかブリキとか、製材所の木片なんかで、模型グライダーの材料作ったり、製紙工場や紙箱屋の裁断した紙の切れっ端なんかで学校の教材をつくる。学校で工作の時間にボール紙でいろんな細工した。そういう教材は、今と違うて、全国一律の文部省の教科書でやる。みんな安い材料でせんならん。紙箱屋さんで裁断した紙の切れっ端なんかで、教材ぐらいの大きさのもんやったら作れる。

リノリウム型を彫ったのをボール紙に印刷する。生徒がそれを切り抜きする。今はみな、切り取り線には穴がぶつぶつあるけど、昔はそれが印刷の線やった。親父が、教師用の教科書を見て、リノリウムで型彫ったのを、家内工業で、近所の年寄りやらおばちゃんやらが来て、版画するようなやり方で作っていた。

それから町工場で出たブリキの切れっ端、おもちゃを作るぐらいの材料は出る。ブリキでハンダ付けして、親指ぐらいの小さいモーターボートを作る。ボートの先半分に煙突の穴あけてね、水入れて、それでロウソクでお湯が沸いて、ポンポンポンポンと出ていく。そういうブリキはプレス工場で出た廃品を回収したものです。自動車とか、その時代やから戦車とか、大砲とか、そんなものをブリキでこしらえる。

模型飛行機が、僕らの子ども時分に国策で流行った。一番簡単なやつは、板切れで飛行機の頭の部分、おもりやね、それをつくる。細い木で胴体、それに竹ヒゴで翼の枠つくって紙張って、ブーンと飛ばす。おもりになる部分の飛行機の頭の恰好を、子どもが切り抜くように、木切れに印刷してあるわけです。そういう教材作り。

トピック　原籍と本籍　井戸塀議員　ブリキ　模型飛行機

忙しい仕事で夜も昼も、近所が寄せ屋ばっかりの町やから。親が廃品回収に回る。近所のおばちゃんとかおばあちゃんとか、子どもにいたるまで、できる仕事は何でも、とにかく家内工業で、出来高制で。学校の一クラスがだいたい五十人やから、テープで束にして五十個ずつまとめた。

何でもそういうふうに切れっぱしでこしらえて。そういうのを紙出屋（しでや）という。それからできるのが紙出ヒモです、あの紙を縒ったヒモ。紙縒（こよ）りみたいな。もっと簡単なんで言うたら、裁判所や警察で、今はホチキスやけど、前はみんな紙縒りで綴じていた。紙の出っ端でこしらえるから、紙出ヒモという。それを権威つけるために、御幣の幣、紙幣の幣の、幣（しで）ヒモというて、今たまにそんな字を書いておる。

住吉神社の江戸時代の灯篭でね、「紙出屋」というのがあります（前出二一ページ）。大坂と美濃つまり岐阜県、これは紙の産地です。大坂で和紙の屑が出たら美濃へ送って、それで美濃で再生して、濃州と書いてます。美濃は紙では有名な産地やから。

子どもの時からそういうことを知ってるのは、僕もやっぱり寄せ屋の町におったから。最近もクズ屋さんのことを書いてる冊子に、住吉神社の灯篭のこと出しました。その時代から、寄せ屋はれっきとした稼業やったんやで、と。

短かった小学校時代

小学校は今の日東小学校です。僕の行ってた時分は天王寺第九小学校。昔は学校にみんな一から番号つけた。僕らの時分はもう南区になってたけど、その昔はあのへんは天王寺区やったんです。天王寺の真下やからね。

小学校は四年生ぐらいまでは弁当を持って行けたんやけど、学校へ行ったらすぐ、友だちと分けて弁当を食べてしまうのや。給食はなかった。

五十人のうち半分ほどは下寺町から上町の方、坂の上の子で中流から上の家庭、半分ほどが坂下つまり日東町の、ほとんどが寄せ屋の寄せ子の子やった。

坂下では朝飯はなんとか食べるが、親は朝早くから寄せ屋に行ってしもうて、夕方稼いで帰って来るまで弁当どころではなかった。正午になると、弁当のない子は「家に食べに帰る」と言うて学校を出たら、昼から学校に来る子はなかった。

小学三年生の時、他所(よそ)の校区から松本くんというのが編入で入って来たが、教室の一番前の入り口のところに席が決められた。僕は一番後ろの席やった。ある日、教室の前の方で騒ぎ出したんや。先公もウロウロしとる。

見に行くと、テンカンの発作で口から泡吹いてるんや。だれも何もようせんと、ワイワイ、ウロウロしとる。それで僕が、ハンカチを口に押し込んで舌を噛まんようにしてから、先公に手拭い濡らして持ってこい、と怒鳴りつけ、松本くんを床に寝かして、頭の下の方を冷したったんや。

いつも僕をどついたり、教室の後ろに立たしたりしとった先公は、いっぺんに態度が変わったんや。

それから何日か経って校長室に呼ばれた。

校長室に呼ばれるということは、いつもなら一日廊下に立たされるか、拭き掃除やらされるかやが、このときは校長がニコニコ顔で、「どうして手当の仕方を知ってるんや」ときくから、「イトコに発作を起こす子がいるので知ってるんや」と言うと、校長はいろいろごきげん取って、「松本くんの隣に席を変わってくれんか」と言うので、「先生もうドツかへんか」と言うと、「ドツかへん頼む頼む」と言うので、一番後ろから一番前の席に移った。

それからは、ときどき松本くんが調子悪そうな日は、家まで送って行ったりして、松本くんの両親とも話をしたことがあった。

松本くんのお父さんは阿倍野斎場で働いているということで、前の学校でひどいいやがらせをされて、それで区域外に転校してきたということやった。

お母さんが、「お父さんの仕事のこと、だれにも言わんといてや」と言うので、だれにも言わへんと松本くんと指切りして約束した。

僕の組にかぎらず、股関節脱臼やら、難産のため手足の不自由な子が多かったが、それは母親が寄せ屋で重い物を運んだり、生まれる直前まで働いていて、ときには寄せ屋のボロ布の中で生まれた子もいたからや。産婆さんに行けん家では、おばあちゃんか、近所のおばさんがヘソの緒を切ってくれるので、デベソの子が多かったし、栄養不良で視力の弱い子が多かった。

戦争が激しくなるにつれて、その子らが兵隊に行けないから、非国民と呼ばれたりしていた。当時、男の子で兵隊に行かれへんと言われることが一番つらかったんや。当時は旧制中学で、坂の下の子で進学する子はなかった。坂の上の子は進学して、軍隊に入っても将校になれるから、いつも身体の不自由な子をいじめる。

学校でケンカすると、先公は坂の上の子の肩をもちよるので、そんなときは学校が終わると、坂の上まで先に行って待ち構えて一発くらわせてやるんや。そんな時は坂の上の子はヒイヒイ泣いて、あくる日は学校を休むか、家を出て学校へは来ない。先公に告げ口したら僕が校長室に呼ばれるんやが、松本くんの世話をするようになって、僕の株が上がって来たので、その頃は坂の上の級長より僕の方が組中を押えていたんや。

　それが五年生になってすぐ、僕は学校に行けんようになっ

> 学童集団疎開における残留学童について本篇に触れなかったが、生活困窮者の学童が大部分にて、他に縁者の少い者のみが残った。
>
> 　戦前中等学校進学について矛盾があった。露骨に教育の機会均等を拒否するという学校があったからである。例をとれば府立有名女学校においては、子弟を中流階級以上に求め、その間地域的な侮蔑感を極端に持したことである。大正末期から昭和初期へかけて、坂下（日東小学校）の学校からは、夕陽ケ丘、清水谷といった有名女学校へ一名の進学者もなかった。中流以上の子弟を入れて校風を支えなければならないところに、良い学校という世間的な見栄の影にどれ程小さい魂が傷つけられたことか、傑れた才能と立派な体位を有しながら、地域周辺の学校にも進学できず遠隔の地に求めなければならなかった不合理性も終戦と同時に解消されたようである。なんとしても下級中等学校が六、三制の義務教育制度の中に抱きこまれ教育の機会均等が先づ学童に与えた利益といえば受験苦から解放したことであろう。

『日東小学校五十年史』より

てしもた。

学校は四年まで行った。五年生からもう働きに出ることになった。その当時は義務教育六年まで。それで僕の翌年ぐらいから高等小学校という制度ができて、小学校の上にもう二年、これが義務制になる。高等小学校は前からあったけど、義務制やなかった。

戦時統制で倒産し一家分散

太平洋戦争に突入するのが、一九四一年（昭和十六年）。満洲事変は一九三一年やから、一九三八年は戦争にだんだん入っていく時代です。

四年の時に、廃品がもう軍需物資になるから、学校の教材に使うたらいかんということになる。それで寄せ屋そのものが国策産業で、寄せ屋がみな統制会社になるんです。長町の神社に、紀元二六〇〇年記念の摂津屑物会社という石造の碑がある。戦争中は全部統制会社いうて、何でもかんでもみな統制にしたから、寄せ屋が国策産業の統制会社になって、資源回収戦士という腕章をみな巻くようになって。

そうなると、もう廃品が教材に使われんようになる。軍事優先で、近衛内閣の時の国家総動員法、そういう零細企業までがみな統制会社になって、寄せ屋の親方がクズ会社の理事長とかいうのになる。

僕とこは、その商売ができんようになるから、にわかに倒産してしもうた。僕とこは寄せ屋ではな

長町の神社に残る「摂津屑物株式会社」の名.〝紀元二千六百年記念〟の文字が見える

い、それを再生してる方やったから、寄せ屋にも統制会社にも入られん。寄せ屋というのは、拾うてきたらええというようなもんやない。一軒の店で、親方になるというたら、それだけの縄張り、経験、資金、いろいろ要るから、うちの親父にはそれの経験がない。再生する仕事をしてたから、にわかにできるもんやない。

家賃滞納で差し押えが来て、執行吏というのが来て、家財道具を全部表へ放り出す。おふくろがつかみかかってたん覚えてます。それが一九三四年から五年にかけての頃です。

寄せ屋を説明すると、一番下から言えば、拾い歩く人を拾い屋と言います、バタ屋ともいう。それから、これも昔からずっとあるんやけど、クズ買い、買い集め、バタ車というのを押して、いくらかの資金を持って、「クズ屋、クズ屋」言うて歩くと、「クズ屋さん」と呼んで、家から新聞とか鍋の壊れたんとか持って出てくる、今のチリ紙交換の原型ですわ。それが買い子というんや。それで買い子が集めて来たやつを、集めて目方量って、買い取るのが寄せ屋。だから寄せ屋になると、もう親方です、かなり資金がいります。毎日、現金で買い取らなならんから。

零細やけれども全部現金で買うて、それを品物別にまとめる。

木綿は木綿で、木綿専門の問屋がある。麻は麻で問屋がある。麻は再生して麻袋とかロープとか、安物の麻製品。

再生ウールは、いったん起毛機というのにかけて、全部バラバラにばらしてしまう。いろんな色に染めてあるので、苛性ソーダで脱色し、ウールの原反に再生する。そんなんが織物業者のところに今度は戻って来る。当時、兵隊の服がようけいるから、このウールの再生がものすごく流行った。それでウールはわりあい高く売れた。

染めてない白い木綿は熱湯で消毒して、再生織物にする。ちょっと弱いけど、弱くてもええような晒の使い捨てにするような生地、ああいう原反に再生したり、タオルにしたり。

毛布、タオル屋でも、再生使うているところと原綿使うているところでは、できた製品がちがいます。使う材料でいわゆる一等品、二等品という。

それから金属。主力が鉄、軍需物資やからね。値がでるのは銅、真鍮。これは軍需物資になくてはならんもんやから。とくに銅と真鍮というのは、兵器には必ず使うもんやから。砲弾は鉄です。砲弾

ボロ専門の寄せ屋（大阪市浪速区）

が砲身から螺旋を切ってバーッと飛び出すところ、砲弾にぐるっと銅の輪が巻いてある。飛び出す時に、これが切れて行くわけや。鉄同士やったら焼けて、砲身の中で爆発するから。導環というて、銅の輪がついてる。それで火薬を詰めたすき間を全部銅で充填する。その先の信管、この信管は全部真鍮。

戦争になると、銅、真鍮、それから鉛とか、非鉄金属。鉄もそうやけど、金属というのはグーッと値が上がる。

寄せ屋をするのは、かなり資金力がいります。その前の買い子とか、拾うのはみんな個人でやってます。拾う個人が寄せ屋に集まり、寄せ屋が問屋、あるいは直納問屋に集まる。買取りをやってるクズ屋という人、今のチリ交、これは自家営業の商売です。

今のことに少し話しがとびますが、拾う方はべつに業ではない。たとえば僕らはこの間まで土方してて、バブルの崩壊で仕事なくなって、それでたしかに元金は出さずに拾うてきてるけど、拾う労働をやって、集めたものを売るのは、これは自家営業であり、労働や。本来の労働者が、仕事よこさんからこないなったんやからいうのでね。僕はやっぱり労働者としてのね。ただ「回収労働者」というような言い方はイヤやけど。

こんなんで、僕ときどきは仲間といっしょに廃品回収やってます。航空母艦と飛行機方式でね。リヤカーが空母、自転車が飛行機。リヤカーのそばには足の不自由な者を残して、品物の番やら仕分けなんかやってもろてて、みんな自転車で集めに走るわけ。集まったんはリヤカーに運んで、まとめて、いっぱいに積み上げたら売りに行く。一人で集めるより多く集められる。

話ついでに、時代が第二次大戦後に飛ぶけどね、戦後、大阪城のとこの砲兵工廠の空襲跡に住み着いたんが、いわゆるアパッチ部落や。アパッチ部落が弾圧されながらでも、朝鮮戦争で軍需物資に鉄が必要になったから。それで朝鮮戦争の前ぐらいから、戦後は日本の復興期に、クズ鉄がようけ売れた。どこへでも、道頓堀の中へでも入って、川の底さらうて、ザルでずっとやって鉄屑拾うた。河太郎、ガタロウと言われていた。

あの時分に子どもやった人は、クギやら小づかい稼ぎに探した経験ある。あの頃の子どもなら。家の真鍮の火箸を売って、小遣いにして、親に怒られたり。

朝鮮戦争の最中にも、資源回収という警察の角判を押した腕章を巻かせた。これのないやつはヤミ回収屋というわけ。朝鮮戦争の最中に、鉄がものすごう高うなった。バケツとペンチ持って、町を歩いて、そこらの塀のクギ抜いて歩いても、一日や二日食えたぐらい鉄が売れたんや。その頃の塀は、今のブロック塀と違うて板塀やったから、釘使うてた。寄せ屋の親父は、その時にドーッと儲けた。寄せ屋の親爺というのは、朝鮮の人が多かった。だから僕らそこへ、おまえらが集めた鉄が自分の祖国つぶしてるんやないかいうビラ撒きに行って、ドツかれたね。本気で怒ってドツいたんやない。何年か後に出会った時に、濁酒のませてくれて、当時の話を聞かせてくれたこともある。

紙、ボロ、金属、それぞれ問屋に集まったものが、今度はそれぞれのメーカーに行く。寄せ屋も集めて問屋に納めるだけと、メーカーに直接納入できるのがある。問屋とばして行くんで直納問屋という。こういうところは、プレス機械をみんな持ってます。集めて来たクズはものすごく嵩高い。それをプレスして、四角く固めたのをトラックに積んでいるのをよう見ます。紙クズをビシッとプレスして、一トンぐらいの大きさにしてメーカーに納める。メーカーはそれで在庫みながら、紙の値段を調整するんです。クズ紙の相場はものすごう動くんです。春休みになると、卒業や進学でいらんようになったノートやら本やらドッと出る。夏休みは町内会がみなでやる。町内会でやる時は、集め手のおっさん連中には品物が回ってこないんです。それで集まったものは量が多すぎて問屋の相場が下がる。その下がった時に、金を持った寄せ屋なり問屋は、値が上がるまで抱えるだけの倉庫、資金を持っておるから、儲かるが、資金のないところは、メーカーへ行っても、今月は在庫が多いからいうて、値下がりになるわけです。古紙の相場というのは、そのぐらい動く。

リヤカー引っぱってダンボール集めて持って行ったら、今日は一キロ四円やでという。リヤカーに

トピック　航空母艦と飛行機方式の廃品回収　アパッチ部落　朝鮮戦争　クズ鉄売り　ヤミ回収屋　クズ紙相場

山盛り積んで百二、三十キロ、五百円や。山盛りリヤカーを苦労して引っぱってるの、町なかで見かけます。最近は一キロ五円。それがオイルショックの時には三十円に上がったから。土方するよりダンボール集めみんながやった時代があるんです。

預け先をとび出して葬式めぐり

倒産してから、家が差し押えくろうて追い出された。兄弟三人おったんです、僕が一番上でした。それがみんなバラバラに親戚に預けられた。二人の姉はそれより先に、一人は養女に行ったらしい、親ははっきり言わん。言いにくかったんやろ。どっかにおるとは聞いたんやけど、結局、会える機会はなくて、僕がかすかに幼な顔を覚えているぐらい。もう一人の姉はどうなったのか分からん。下の弟二人は何も知らん。

親戚に預けられたけど、もう米が配給になりだした時期で、自分とこの子に食わすのに手いっぱい、預かった子にまでなかなか。それでどこかで働けいうので、あっちこっち働きに、大阪でいう丁稚です。

十歳ぐらいの時やね。丁稚先から学校へ行かせてやるという、義務教育やから。今やったら、法律で雇うたらいかん年齢やけどね。一応、学校へ行かせるということでね。実際は、ほとんどが学校へは行かれん。朝起きて、井戸水汲んで、表掃除して、水撒いて、薪割りして、その時分の丁稚というのは、どこへ行ったかてそんなんや。

僕、学校へ行きたかったんや。学校へ行かさへんというて、ゴテては追い出されるか、飛び出すか。

飛び出して、神社で寝たり寺で寝たり、そんな子がその時分にはようけおりました。日中戦争からの大戦争のはざまで、僕とこみたいな中小零細企業でどんどんつぶれたとこの、未就学の子が大勢いた。

僕は天王寺あたりの神社や寺で、いつの間にやらガキ大将になってた。警察で言われた、いつでもおまえがサル山の大将やと。そういう寺で寝てる子らはみな腹減らしている。葬式があったら、今でもお供養に何か配る、当時はアンパンとジャムパンとか、岩オコシとかキャラメルとか。

僕は寄せ屋のおっさんにきく。寄せ屋のおっさんは、葬式がどこにあるか、よう知ってます。明日十時にどこや、明日二時にどこやというのをね。病気しても昔はみんな入院せんと家で死ぬ。布団、衣類。お産して、お母さん死んだり死産やったり、汚れた血のついた布団やら寝巻やら。今みたいにゴミ回収というのは、そんなに発達してなかったから。だからおっさんらは、そういうゴミの出る葬式を知ってるんや。

寄せ屋から僕が聞いて、それでガキを三十人ぐらい集めて、どこそこで葬式や行け、何時にどこやいうてね。一日に午前、午後、そんなところへ、鼻たれの裸足のドロドロの子らを三十人ほどつれて行く。そうすると向こうは早う帰ってほしいから、葬式はじまらん先に、これやるから帰れって言う。一日に二回も三回もある時あります。それで二度並びさせる、要領いいから。三十人行っても、五十ぐらい集めるんや。それを今度は寺なり神社なりで集めて、おまえのところはおばあちゃん寝てるなと、おまえのところはまだ小っこい弟いてるなとか、それ持って行ったれと言って、一人一個ずつは個別割りして、そのあとはいわゆる家族割りを、その家庭状況をみな見て分ける。そやからボスになってたんや。今から思うと、ガキなりのリーダーシップというものや。これが、戦後の労働運動に役立った。

ただ悪さします、もらうだけならええけど。時々お供え取ってきたり、子どものこっちゃ腹減るからお鏡餅取ったり。そんなんで捕まった時に、いつも僕がガキ大将や。天王寺警察、阿倍野警察あたりの範囲です。西成警察は当時は今宮警察いうたんやけど、釜ヶ崎だけは行くなというて、親にも言われたし、はっきり言って釜ヶ崎は怖かったんや。「新世界から南は行くな」というて。新世界は釜ヶ崎に目と鼻の先やから。新世界からずっと海よりの方か、上町通って住吉の方、天下茶屋から住吉にかけて金持ち多いから。いろいろええものくれるし、それで、うろうろされたらうっとうしいから、やるさかい早く行け言うて。寺や神社の中で焚き火をして焼いて食べたり、神主さんに怒られたりしながら、そんなことをやってました。

もう親がそれどころやない。自分の子を見るよりも、親がもう自分らが何とかやっていくのがせいいっぱい。

家にも文久三年（一八六三年）生まれのお祖母ちゃんがおったからね、僕も、お供えを持って帰ったりした。そういうガキ大将してて、だんだん目つけられて、それで親が呼び出されて、しっかりしたとこへ働かせというのでね。教材屋時代のツテで松屋町、今の玩具問屋のあるところ、学用品の問屋もある。そこへ行かされたんやけど、去年まで一緒にマツタケ狩り行ってた同業者の、うちの親父と同格やったとこへ丁稚に行ったっておもしろない。気にいらんと暴れて、結局放り出される。

当時の丁稚は、徴兵などで出て行った人の古着か、その店の坊ぼんの古着など、身丈にあわんものを着せられた。休日は一日と十五日、一円か二円の小遣い銭をもらって、映画五十銭（鞍馬天狗など、ニュース映画とポパイ）、二銭洋食（串カツ）何本か、ひやしアメ、ぜんざい十銭、きつねうどん六銭などが楽しみで、古本屋で猿飛佐助の講談本、『太閤記』、『少年倶楽部』などは店の坊んの読み捨てをときどき見る位のものやった。盆に二日、正月三日親のところに帰るときに三円か五円もらうのが、唯一の親孝行やった。

昭和十五年（一九四〇年）やから十四歳の時でした。今の東大阪市高井田の金属工場に、見習工にやらされた。日給六十銭、はじめて給料をもらったとき、袋の中に一枚五十銭の「弾丸切手」というのが入ってたのを覚えてます。

この昭和十五年という年は、紀元二千六百年ということで、神武天皇が即位した地やという橿原かしはら神宮が建てられて、紀元二千六百年の歌がつくられて、東京でオリンピックと万国博覧会が計画されていた。そのため高速鉄道をつくろうとしたんや。弾丸切手というのは、その高速鉄道つまり弾丸列車をつくる資金集めのためや。宝くじと債券を合わせたようなもんや。東京・大阪間の広軌の弾丸列車は、下関→朝鮮鉄道→満鉄→シベリア鉄道→モスクワ→ベルリンという大アジア構想、日独伊三国同盟の世界制覇計画の一つやった。タイとビルマの戦場に架ける橋で知られる鉄道は、その南回りコースの計画や。

トピック　休日　弾丸切手　紀元二千六百年と橿原神社　弾丸列車

神武天皇橿原奠都ノ詔

我東ニ征キシヨリ玆ニ六年ニナリヌ。皇天ノ威ヲ頼リテ、凶徒就戮サレヌ。邊土未ダ清マラズ餘妖尙梗シト雖モ、中洲之地復風塵ナシ。誠ニ宜シク皇都ヲ恢廓メ大壯ヲ規摹ルベシ。而ルニ、今運屯蒙ニ屬ヒ民心朴素ナリ。巢ニ棲ミ穴ニ住ム習俗惟レ常トナレリ。夫レ大人ノ制ヲ立ツル義必ズ時ニ隨フ。苟モ民ニ利アラバ何ゾ聖造ニ妨ハム。且當ニ山林ヲ披拂ヒ、宮室ヲ經營リテ、恭ミテ寶位ニ臨ミ以テ元元ヲ鎭ムベシ。上ハ則チ乾靈ノ國ヲ授ケタマフ德ニ答ヘ、下ハ則チ皇孫ノ正ヲ養ヒタマヒシ心ヲ弘メム。然シテ後ニ六合ヲ兼ネテ以テ都ヲ開キ八紘ヲ掩ヒテ宇ト爲ムコト、亦可カラズヤ。夫ノ畝傍山ノ東南橿原ノ地ヲ觀レバ蓋シ國ノ墺區カ治ルベシ。

一　紀元二千六百年記念日本萬國博覽會と東京市

光輝ある紀元二千六百年を記念するに最も意義ある記念事業として、帝都に日本萬國博覽會を開催すると謂ふことは、既に久しい朝野の要望であつた。顧みるに明治四十五年を期して日本大博覽會開設の計畫を樹立したにも拘らず、明治四十一年勅令を以て明治五十年迄延期の旨公布せられ更に同四十五年事務局官制を廢止し博覽會計畫を中止するに至つてより此の方、日本萬博の開催は常に待望せられた。玆に於てか、紀元二千六百年こそよなき時期として、昭和四年六月萬博開催の建議が政府に提出されてより以來、關係者の努力が續けられ同六年三月衆議院に於ける建議、同年同月本市市會に於ける建議案の提出議決を經て、早くも昭和八年五月本市產業局內に日本萬國博覽會協會創立準備事務所を設置し、昭和九年五月後記十團體を發起團體とする日本萬國博覽會協會の創立總會を開いて事業計畫に着手した。爾來政府當局と緊密なる連絡の下に銳意資金の調達開催計畫の樹立に邁進したのであるが、昭和十一年四月協會自らは資金の調達運營事務を掌理し、事業の遂行に當りては之を直接經營する方針を採らざることゝし、紀元二千六百年記念日本萬國博覽會職制を設定して、博覽會に關する一切の事務を執行せしむる

『東京市紀元二千六百年奉祝記念事業志』(東京市發行，昭和16年〔1941年〕3月21日)より．巻頭には神武天皇の勅語が掲載されている

右商工大臣聲明にも見る如く本萬博は延期せられたとは云へ支那事變のれを開催する方針である爲萬博協會は來るべき開催の時に備へ其の機構をめつゝある。

以上萬博經過の概要であるが、本市の萬博協會に對する地位は寔に以て博計畫概要を示すと共に本市との關係を要記する。

計畫概要

一博覽會の名稱

紀元二千六百年記念日本萬國博覽會

二開設の趣旨及目的

本博覽會は紀元二千六百年奉祝記念事業の一として、光榮ある皇國日本の過去とを展示すると共に、海外諸國の贊同を得て、東西產業文化の融合進展竝に國際平のであり、同時に其の企に於て我國未曾有の大博覽會であり、朝野一致の協力に

三主催者

社團法人日本萬國博覽會協會

本協會は發起團體たる東京府、東京市、東京商工會議所、社團法人東京實業組協會、神奈川縣、横濱市、横濱商工會議所、社團法人横濱實業組合聯合會の十る會員を以て之を組織し昭和十二年八月社團法人として認可せられた。

二 第十二回オリンピック大會と東京市

紀元二千六百年に際し、最も相應しい記念事業として、第十二回オリンピック大會を東京市に招致開催せんとの希望は、昭和五年即ち十年前に始まり、昭和六年十月には東京市會に於て「オリンピック大會東京市開催に關する建議」が決議され、昭和七年七月米國ロスアンゼルス市に開會の國際オリンピック委員會總會に、東京市長の名に於ける正式招請狀が提出された。

爾來本市は、市會竝關係方面の協力により、眞摯果敢熱誠なる招致運動を繼續し、遂に昭和十一年七月第十二回オリンピック大會は、紀元二千六百年に際し、東京市に於て開催すべきを全世界オリンピック關係者の總意として決定されたのである。

こゝに本市多年の宿望は成就されたので、直に厚生省大日本體育協會其の他關係者と共にオリンピック東京大會組織委員會を設立、之と相協力して一路開催の爲に邁進した。即ち昭和十三年五月愈々紀元二千六百年の切迫に對處し、本市職制を變更、新に紀元二千六百年記念事業部を設置すると共に、本市擔當の主競技場、水泳競技場、綜合體育館、自轉車競技場、オリンピック選手村等の建設及オリンピック道路修築の爲左記豫算を決定、準備は最後の段階に進んだ。

第十二回オリンピック東京大會

東京市豫算額	二二、九三〇、〇〇〇圓
施設費	一二、一三〇、〇〇〇圓
道路修築費	一〇、八〇〇、〇〇〇圓

厚生大臣のオリンピック大會取止めに關する談話

木戸厚生大臣は昭和十三年七月十五日**オリンピック**東京大會中止を決定した政府の意向を次の如き談を以て發表した。

『玆に第十二回**オリンピック**東京大會を取止むるの已むなきに至つたことは誠に遺憾の次第である。

顧みるに**オリンピック**大會が我國に於て開催せらるることに就ては丁度其の年が紀元二千六百年の祝典の年にも當り且つ我が國勢を海外に示す此の上もない好機會である爲、國民も擧つて之が開催を希望したのである。而して我國に開催決定を見る迄には隨分迂餘曲折があり幾度か非常に難しい場面に逢着したのであるが、其の間東京市初め大會關係者に於ては終始一貫之が招致と開催準備に努力を拂はれ、中には之が爲に尊き犧牲となつた方さへあつたのであり我々も之等の方々の勞苦に對しては平素深く敬意を表して居た次第であり、之と同時に今日本に大會を開催することに就て多大の好意を寄せられた諸外國當局竝に國際**オリンピック**關係者に對しても衷心感謝の意を表するものである。

故に自分としては從來議會を初め色々の機會に之が開催を希望する旨を述べて來たのであるが、今や支那事變の推移は長期戰の

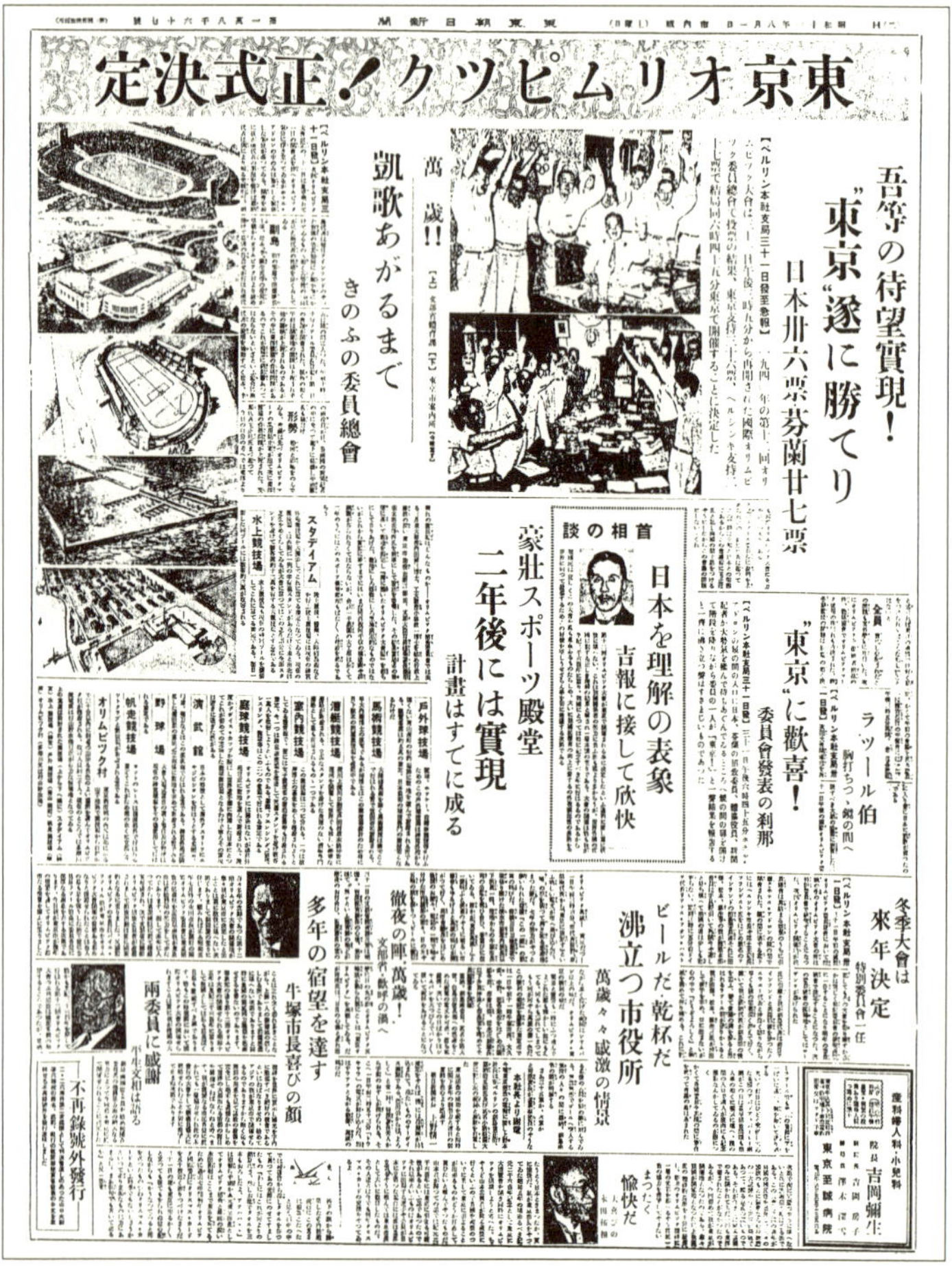

東京オリムピック！正式決定

吾等の待望實現！

"東京"遂に勝てり

日本卅六票 芬蘭廿七票

萬歳!!

凱歌あがるまで

きのふの委員總會

首相の談

日本を理解の表象

吉報に接して欣快

"東京"に歡喜！

委員會發表の刹那

ラツール伯

豪壯スポーツ殿堂

二年後には實現

計畫はすでに成る

水上競技場

スタデイアム

戸外球技場

馬術競技場

漕艇競技場

室内競技場

庭球競技場

野球場

帆走競技場

オリムピック村

冬季大會は

來年決定

特別委員會一任

ビールだ乾杯だ

沸立つ市役所

萬歳々々感激の情景

徹夜の陣、萬歳！

多年の宿望を達す

牛塚市長喜びの顔

兩委員に感謝

まつたく愉快だ

不再錄號外發行

『東京朝日新聞』昭和11年(1926年) 8月1日，市内版より結局、オリンピックも万博も戦争のために中止になったけど、弾丸列車計画は、戦時下でも進められた。これが戦後の新幹線になるのや。関門トンネルは、戦時中に開通しているんや。

ここでも残業ばかりで夜学にも行けず、あばれて放り出されて、それで大阪においといたらあかんというので、京都へやられた。

丁稚奉公先をとび出してグライダー乗りに

一九四一年に太平洋戦争が勃発した、その前年ぐらい。その時はもう学齢としては、小学校卒業の年ぐらいになってたけどね、京都にある学用品や教材の統制会社の協同組合倉庫に預けられた。ところがそこも、学校へ行かせるいう条件が行かせてくれん。そのうちに町内で学校へ行っとらんのがおるが、あれなんやいうので、大政翼賛会とか、青年団とか、町内の国策団体のお節介が来て、おまえ学校はというので、行ってへん、と。小学校は卒業してる年やから、青年学校というて当時、丁稚さんばっかりを晩に集めてる学校へ行った。ところがその青年学校も、小学校卒業というのはほとんどおらんで、高等小学校卒業ばっかり。青年学校へ行っても、本科と普通科いうて、小学校出は普通科、高等小学校出は本科という、すでにそんな学校でもそういう科が違います。

普通科というのは僕一人や。それなりに教官の先生が、だいたい陸軍の退役の将校が習字ぐらい教えてくれるけど。あとは軍人勅諭ばっかし読ませる。ところが、僕、銃剣術だけむちゃくちゃ強かって、それだけは青年学校随一、もう連合青年団でもいつでも五人抜き、勝抜きするというぐらい銃剣術はよかったんや。それで何とかしようと思うたんやな。名称忘れたけど、グライダーを国策で推進していた。正規の学校を出て行く予科連とか、そういうコース以外に、丁稚やなんかの中からも養成せんならんいうので、笹川良一が大日本航空青少年連盟いうのをつくって、近鉄電車の八戸ノ里（やえのさと）駅の北の方に、国粋義勇飛行隊というて、盾津（たてつ）飛行場を持っておった。

パイロット養成するというんは、年いってから分かってきたんやけどね、山本五十六（日米開戦時連合艦隊司令長官）が海軍次官の時に、海軍省から金を出して、そういう落ちこぼれの中からパイロットを養成せなもう航空決戦に間に合わんと、そういうのを始めてたんやな。そこへ練習に行かされて、グライダーに乗ることを覚えたんです。結局、国粋義勇飛行隊は、僕は入れてもらえんかったんやけど、そういう養成機関がようけできたんです。京都の木津川の玉水というところの河原に、仮設のグライダーの練習所ができて、そこへ国から補助が出て、軍隊から将校が教えに来て。そこでグライダーを覚えて、生駒山の上からも飛びました。グライダーの二級滑空士の免許ぐらいの腕がついてたんかな。

ところが預け先の、遠い親戚やったけど、その教材屋が、僕を自分とこの労働力にしようと思ってたんかな。自分のとこへ籍だけおいといて、そんなんばっかし行っとると。それで、いやがらせがあったんや。それでそのおやじに頭突きくらわしてひっくり返して、それで警察へ連れて行かれた。

ところが、銃剣術を教えた陸軍少尉がもらい下げに来よって、こいつは優秀や、何とか更生させるからいうので、連れ出されて、貴様のような不良少年に最後のご奉公の機会を与えてやる。戦場で死んで、忠孝の誠をつくせ、と言われた。当時、貧乏人の子が戦死すると親に遺族年金が入るので、死ぬことが親孝行やったんです。貴様も町におったらロクなことにならんから兵隊になれ、志願せい言われたんです。

それで、陸軍か海軍かどっちに志願するかと言われた時に、陸軍の将校に世話になったのに、海軍て書いたんや。それはまずエサが違うし、カッコええ。陸軍の国防色の服は何とのうやぼったい。海軍行って飛行機に乗って、あの予科連型の短剣吊ってと思うからね。それで第一次、第二次試験まで京都で受けました。

ところがその間に、結局もう親戚におれんで、飛び出して、大阪へも帰られん。それで野宿みたいなことをした。

大林組の測量技師の測量器をかつぐ

京都の桂川のところに桂離宮があります。あのへんで当時、農村の若い男は兵隊にとられて人手不足のため、畑仕事を手伝って、いくらか小銭をもらったりして、しょっちゅう野宿しながら、汚れた恰好でうろうろしておった。阪急電車の桂駅のところ。三菱がその頃に、海軍の発動機を作る工場を造ってたんです。当時は手配師言わんと募集人と言うのがいて、どう見ても家出少年とわかる汚れた恰好したんが歩いておる、村の人からお宮さんにしょっちゅう寝とるでとかきいたんや。募集人のおっさんが、おまえ帰るところないんやったら、警察呼ぶぞって脅かして、うちの飯場へ来いと。桂駅

トピック　大日本航空青少年連盟　国粋義勇飛行隊　遺族年金

の近くの、三菱ができる以前は全部畑やったところに、畑をとりあげて工場を造り始めた、そこの飯場へ連れて行かれた。

初めての体験やったから、よう覚えてます。

朝五時に起きて、朝めしは丼一杯の麦めし、味噌汁、漬物で立ち食いや。十時の休憩に塩味の握りめし一個、昼弁当は麦めし、メザシ、漬物か梅干。夜は座食でマゼめしと汁、ツクダニなど。雨天休業の日は、めしは二食で、汁と漬物だけ。こんなめしでも、海軍の仕事で特別配給があるんで、これでええ方やと言われた。夕食後は大人はみなバクチしたりして、八時には就寝です。

飯場は一ヶ所に十棟くらい何ヶ所かあって、一棟に四十人くらいおって、ラジオは一棟一つやった。売店もあって、うどん、濁酒、スルメ、干柿なんかおいてたけど、飯場で順番があって、すぐ売り切れになってしもた。

賃金は土工で一円から一円五十銭。そこから飯場費用を引かれて、強制貯金や国防献金を天引される。逃走を警戒して現金はもたしてもらえんので、売店では、金券を使うてた。

僕は、毎朝六時に一時間早出手当をつけてもらって大林組の現場事務所に行って、ストーブをつけて、一日分の薪割りをやって、水槽に水を汲んで、外廻りの掃除をした。八時に社員が来ると、雑用でこき使われた。それでも、とにかく屋根の下で寝て、めし食える。

そこは大林組が直轄でやっていて、三菱が海軍の大きな発動機工場の工事やった。それで僕がまだ少年やったから、大林組の測量技師の、いわゆる手許（てもと）いうて、測量機械をかついで行ったり、杭打ちの杭やらの道具をかついで、技師の後ろに四、五人ついていく。わりあいかわいがってくれて。それをずっとやってた。昭和で言うと十七年。一九四二年から翌年頃です。太平洋戦争のはじまった翌年です。

そこでだいぶ長いこと働いて。僕はその時、直接大林の技師に使われたから、いろいろ大林のこと聞かされた。雨降って休憩した時なんか、野小屋の中で焚き火して、監督や技師ともなればぜいたくやから、飯場から差し入れの濁酒、肴を持って来させて、雨上がるまで焚き火しながら、大林芳五郎の話を滔々と聞かされた。初代芳五郎はどんな人やいう、まあ美談やけど。それでどんなにして、大きくなってきたというような。朝鮮の鉄道づくりをやって、枕木の余ったやつを、戦争が終わってからみな日本へ持って返って、それを近鉄のトンネル工事の材料に使うたとか。浜寺に日露戦争の捕虜収容所を造るということで、材木を海から筏にして運んだ。日露戦争では大阪港の築港工事にまぎれて旅順港閉塞の沈船に石積みをしたとか。そういう話を聞かされたり。町の子やからそれなりに行儀よかったから。飯場のおやじの部屋へ寝させたり、かわいがってもろてた。

ところが、朝鮮飯場やから警察が時々調査に来ます。見かけん若造がおるが、あれは何やいうことで、それで貴様って呼びつけられて。受け答えがあいまいやと、戦争中で、徴兵逃れということもある、だからその点はかなりきびしかった、いろんなことで疑われて。いろいろ言うたかてまだ子どもや、結局、ほんまのこと言うて、預け先のおやじとケンカして飛び出したとわかって、警察へ連れて行かれた。

トピック　強制貯金・国防献金の天引　大林芳五郎　朝鮮飯場

靖国神社にのこる太平洋戦争当時の魚雷

警察で調べられて、預け先のおやじが呼び出され、青年学校の教官の陸軍少尉が呼び出され、そうすると、暴れ者で言うこと聞きよらへんけど、一方、銃剣術が強いとか、グライダーもかなりの技量があるという証言がでて、それでまじめに更生するんやったら、少年審判所いわれた時にはとうとう来たかと思うたけど、それをかんにんしてやる代わりに、まともにいけと。

海軍工廠で水雷に火薬を詰める

そのころ海軍の第三次試験が行なわれた。これは福知山まで、海軍からの費用、交通費まで全部証明もろて乗って行ける。試験通ったのが百五十何人かでした。学科試験の方は自信なかったんやけど、体力があった。合格者総代で合格証書をくれたのが、徴募官というて新兵を採用する海軍少将で、弓削秀逸という将軍です。日露戦争の東郷艦隊に少尉で青年将校で乗ってたという、もう年寄りのゴマ塩頭です。海軍少将なんて僕ら見たこともないような、雲の上の人やった。昭和で言うたら十八年、一九四三年の三月です。

「人のいやがる海軍へ志願で出てくるバカもある」という歓迎の歌で舞鶴海兵団へ入団して、四日目ぐらいやったか、士官室へ呼ばれた。いろんな書類をずっと見て、グライダーの訓練やら、銃剣術で勝った時のそういう書類なんかも、比べながら見とって、「貴様」、貴様言うとるけど、怒ってはおらん。「貴様、学歴がない。どこの学校を出たんだ。出てないんだろう」、「出てません」。だれか僕を海軍に入れるために学校の証明書を取ったんや。在校証明で、卒業証書やない、どこかの学校におったというのを取りよったんや。

学歴がないと近代兵器も使われんし、軍人勅諭も読まれん、そういうことで、採用はちょっと保留しとくってね。海軍に入ってすぐ分かってきたのが、予科練のかっこいいのは旧制中学の甲種予科練のごく一部のもので、ほとんどが土科練、防空壕掘りや基地造りの土木作業をさせられるということや。追い出されても、まあええか、と思たんやけれど。「いや、貴様なかなか優秀だ。当分、実習生として海軍工廠へ行け」と言う。

海軍工廠の火工いうて、魚雷やら爆雷やら、機雷やら砲弾やら、それに火薬をつめるところへ実習生として行った。火薬廠とまた違う。火工場、主として水雷兵器の魚雷とか爆雷とかの火工場やった。

トピック　予科練のかっこいいのはごく一部　土科練　火工場

もうその時分にすでに飛行機がなくなって、魚雷戦になるいうのを想定しとったわけです。

結局そのままずっと海軍工廠で、敗戦までおった。戦争がどんどん進んで行って、一不良少年のことで関わってられん時代ですわな。

第2章

若い命のかぎり

復員して闇屋になる

一九四五年（昭和二十年）に敗戦になって、舞鶴からわりあい早く帰って来ました。その年の九月の終わりぐらい。年は満で十八歳です。当時、数え年で言うたから、数え年やったら十九から二十歳になるところ。舞鶴から毛布とか、飯盒（はんごう）とか、米や豆とか缶詰とか。その時にもうちゃんと火薬を持ち出してたんや、復員の数日前に。工場から黒色火薬や導火線を持ち出して、山の中に隠した。ガキの時分から野宿したりしてるから、そういうことがあのどさくさに、この火薬何か使い道あるやろと思うて。いったん大阪へ帰ってから、何日も後にその山の中の火薬を取りに行った。家を探したり、仕事を探したりするので、復員証明で二ヶ月間交通費無料です。

舞鶴から大阪駅へ着いたら、駅前はもう焼け野原で、駅から難波の高島屋が見えるぐらいでした。何もない。大阪駅で一晩野宿して、盗られはせんかったけど、まずもう追い剥ぎが来たいうところから体験した。

ヤミ市がすでにできてて、海軍から二千円ほどもろて帰った。これは一生食いはぐれないなと思うたけど。僕は大阪駅のヤミ市の値段見て、何とこんなもん、見てる間になくなるわと思うた。

とにかく何か食うていく方法を。河内には、田んぼに水入れるための溜池がようけあった。その溜池で火薬をバーンとやったら、魚が一面に浮く。食用ガエルも浮く。それをザルですくって、ヤミ市

トピック　火薬　復員証明

に持って行ったら、手づかみで売れたんです。そんな時代でした。ヤミ屋の荷物担ぎの仕事やら。駅で寝てる中に、舞鶴で見た顔見知りもおる。それらが見てる間に、昨日持っておった毛布を売ってしまう。秋が冬に近づくにつれて、着てるものが減っていきよる、何でも売れたからね。しまいに履いてる靴までぶらさげたら売れて、裸足で歩いていた。

梅田の阪神の前に空き地がある、あそこなんて毎日、何人も死んでた。ヤミ市の手入れもあるけど、手入れあっても三十分もたったら、次の店が出とる。それで手入れあるたんびに物が値上がりする。手入れでだんだん物がなくなって行くから。荷物を高架の下の奥の方へ隠したりして。なかなかうまいこと隠したけど、取られる時もある。とにかくヤミ屋の荷物担ぎの仕事して、それでなんぼか金もろたり、握りめしもろたりして。

浪速区の家の方へも探しに戻ったけど、焼け跡ばっかりや。何日目かに、その焼け跡の防空壕みたいな穴倉から、「あらショウちゃん、どないしたんや。おまえとこのオカアなあ、京都へ疎開した言うとるで」って。京都いうたって、京都のどこやわからへん。区役所に尋ねに行ったけど、もう区役所自体がそんなもん探してるどころやない。

おふくろの里は八尾（やお）やから、八尾へ行ったけど、お祖母ちゃんがボケていて。田舎やから、着物やらようけある。それを梅田のヤミ市へ持って行って、ただみたいな値段で取られて、ボケてしもうて。ハハハアって笑うてるばあちゃんでは、言うことがもうさっぱり分からんけど、なんかフッと出しよったのに、京都から来た葉書があった。見たら、中京区の室町（むろまち）三条って問屋町。その時分は、焼け残ったところへ戦災者が疎開してた。

その葉書を頼りに行ってみたら、おふくろと弟二人が。呉服問屋の倉の二階を二つに仕切って、片方よその人。階下も三つに仕切って、いろんな人がおった。呉服問屋の母屋以外の空き部屋を、戦災者、疎開者に貸してたんや。父親はもういなかった。

親元に帰ってきても食べるもんもない。ちょうどその時、僕はヤミ市のイモを持ってたから、イモを土産に帰ったみたいなもんや。ところが二、三日したら、家主が、敗戦国の兵隊に部屋貸したんと違う、戦災者やから貸したんや、と。戦後やからもう何とか口実つけて追い出そうとしてる。それに、元兵隊には白い目を向けるような時代やった。結局、僕が出て行ったらええんやろ、出るしかない。それ以後、夜遅うに時々イモなり米なりを持って、そしておふくろのとこで二、三時間寝て見つからんように夜明けに出て。

こんなことしててもしゃあないなと思いながら、ヤミ市の荷物運びを。その時分は米です。滋賀県からヤミ米が来たら、全部京都で降ろす。大阪まで来たら、鉄道公安にみなやられるから。それで東海道線の東山トンネル出たら、京都駅までに鴨川がある、鴨川の鉄橋を越えたら、京都駅までずっと下り坂です。列車が下り坂やから徐行しながら来る。それで柳原の土手で、米をみな列車の外へ放り出しよる。列車に乗って放り出す係をやらされる時もあるし、土手の下でその放ったやつをばーっと担いで、それはもう警察がすぐ来るから走って逃げる。そんなことやりもって、なんぼか日当稼いでたけど、いつまでも続くもんやないし、当時ほかに仕事もないし。

トピック　元兵隊に白い目を向ける時代

出獄戦士歓迎人民大会と岩本党員との出会い

そうこうしてる時、京都駅の近くで、「出獄戦士歓迎人民大会」って、貼り紙みたいなのがあって、ガリ版刷りの小さいビラやけど。治安維持法の政治犯の出獄戦士歓迎人民大会というのが、京都新聞会館であるという。

それが十月の終わり頃でした。一九四五年十月十日に、あの人ら釈放になったんです。それで全国遊説に回って、各地でやったんやろうけど、その時分、新聞なんて読んでないし、第一、何のことかわからんけどね。ただ、書いてあるスローガンが天皇制打倒やら、婦人参政権とか、男女同一労働、同一賃金とか、今まで聞いたことない、それで一番最後が三合配給、米を三合配給せいと。生活要求やな。そういうような十数項目のスローガンがガリ版で切ってあって、元政治犯の、どんな人か全然知らんが、そこへ夕方行ったんです。

徳田球一

志賀義雄

さあ行ったら、戦前のアナキストとボルシェビキの対立がまだ残っておって、場内では、赤旗と黒旗がやっておるしね、その中でも黒旗がもうとことんやられながら、それでワーッとなったとこで次々と演説があって、確かに徳田球一なんて勇ましい演説やってたわ。志賀義雄って、あの学者型のしゃべり方。いろんな人がしゃべったけど。ただその中で僕の頭にポコッと何か残ったのは、これからの労働組合が日本を再建するんやという言葉、それだけは、いまだに頭に残っている。労働組合って何やしらんが、「労働者が日本を再建する」、これは何とはなしにわかります。それで万国の労働者団結せよという言葉をその時に聞いた。その日会場で「人民に訴う」という人民解放連盟のビラが撒かれました。そのビラのなかに、アメリカ占領軍のことが、解放軍と書かれている部分があって、これが後々問題になるんやけど、いつもはっきり結論が出されず、あいまいになっていった。そのビラは一九五二年頃まで持ってたんやけど、ある時、上部機関の者が「ちょっと見せろ」と持っていったまま返さず、さらに後に査問（委員会という正式なものではなかった）で、「なぜいつまでも持っているのか」と糾弾されたんです。党にとって不利なものは抹消しようということらしいが、こうした「上部機関」に僕は不信を抱き始めた。

それから何かで京都のヤミ市におれんかって、また大阪のヤミ市へ戻って来たんです。そこで京都の人民大会で見かけた岩本さんに、当時松下電器の課長やった人やけど、会うたんですわ。この岩本さんは、戦時中に第一次京大事件というのがあった、瀧川事件、その時分の学生です。共産青年同盟というのがあったらしい。それの運動をやってた人です。それで川端警察で逮捕されて、拷問されて、見せてもろたけど、膝のところに和裁の焼きゴテでギュッと焼かれた火傷が二つ、コテの形そのままの火傷が残ってる。それから指に鉛筆を挟んで、ギューッとやるとかね。そんな話、ヤミ市で濁酒飲みながら聞かせてくれて、いっぺんうちへおいで言うて、守口の家を教えてもろて、その時分にすでにその人は戦時中に偽装転向というのをやって、釈放されて、それで松下電器に入っていた。

松下幸之助というのは、そういう転向者を何人か集めているんです。彼のそういうところはやっぱり並やない人間やな。松下にはそういうのが、ようけおりました、ドイツ人を顧問にしたり。カール・スクリューバーとかいう人で、同志社大学の講師しとったことあった。

戦前、労働争議で煙突の上に赤旗を立てた人、朝日見瑞（あさひけんずい）という、松下電器労組の初代委員長になった人もいた。この朝日さんにもかわいがってもろて、濁酒を飲ませてもらったりしました。のちに、僕はこの朝日さんを困らせることになるんですけど。

岩本さんというのが、そういうふうにして、戦争中に治安維持法で入っていた刑務所から仮釈放で出て、それなりに京大におった人やからね。松下で、戦争中やから人もなかったから、課長になっとったんや。何でか惹かれるところがあって、僕、やっぱりやんちゃやから、その拷問の跡が何かものすごう、僕があんな目に会うとる時に、こんな人もおったんやなと。

岩本さんが京都の七条職業安定所に会社から求人が行くはずやから、そこへ行けと教えてくれた。それで何か特殊技術ないかと。僕、海軍で兵器の吹付け塗装を覚えてたから、コンプレッサーの修理までできますと。それで七条職安へ求人の出てるという日に行ったら、求人に来とったんやけどね。この人も僕雇うて後でいろいろ気の毒したから、名前覚えてんのや、上田忠一さんて言うて。コンプレッサー使える、修理もできますというので即採用になった。

松下電器へ入って、ラジオの箱、今は合成樹脂やけど、みんな木箱でした。あれに塗料を吹付けする。それから中のシャーシ、電気配線する、あれも金属塗料を吹付けする、そういう吹付けの仕事が、ものすごいほこりで、そしてむずかしい。吹付けすぎたら流れるし、吹付けが弱かったら薄いし、シャーシなんて錆がでたら、使い物にならんからね。わりあいうまいこと塗料むらなく吹付ける技術があったから、班長扱いに、期間がないから班長にはなれんかったけど、吹付け機械何台かの中の責任者みたいになってね。見てる間にそうなったんや。

戦後すぐの松下電器で働く

松下に入ったのは一九四五年の十二月。ヤミ市から即入った。そういう時代でした。それで家がないというので、その時分に、戦争中の徴用工の寮がガラ空きやったから、その寮へ入れてくれた。松下電器産業株式会社木工品製造所。社員は松下全社でまだ五千人ぐらいでした。

戦争中に松下飛行機、松下造船という軍需産業をやっとったんや。戦時中はラジオやとかそんな弱電気時代やなかったから、ラジオというのは軍用の無線機しかないし、松下飛行機、堺の松下造船では、木造船。敗戦で、ベニヤ板とか材木がようけ残ったんや。これは日本の産業全部、それぞれ金属でも何でも、みな敗戦で軍から預かってる材料が払下げでもろたから、だから息吹き返したんです。

松下の場合には、木材とベニヤ板とそんなんがようけ残った。秋田県の能代にも松下造船があった。木材の二百五十トンの艀みたいな運搬船を造っとった。そういう軍からもろた材木がみな残ったんや。松下飛行機というのは、それも木製飛行機。その木製飛行機は、総檜で布張で、そんなもんエンジンもたへんわね、笹川の国粋義勇飛行隊のあった盾津(たてつ)飛行場で地上滑走して、浮上した途端に空中分解

当時の木製飛行機工場（『写真週報』情報局編集，昭和20年〔1945年〕年２月７日，第358号より）

してしもたとか。敗戦になったさかい、それ一、二機失敗して終わったんやけど、これも材料がみな残ったんです。それで僕の行った工場で、ラジオの木箱も作ってるけど、この余った材木がようけあるんや。ところが、隠退蔵物資摘発というのが、起きてきたんです。軍からもろた材料、残った材料ようけ持っとるのが、隠退蔵物資摘発があるとみな取り上げられるから、早いことそれを売らんならんので、松下電器で家具をこしらえだしたんや。丸いおぜんで、真ん中にスキヤキ用の穴を抜いてあるやつとか。それから占領軍の兵隊の宿舎にあるベッドの横のサイドテーブル、これが占領軍納入で軍需物資になる。軍指定になると摘発がなくなる。戦争犯罪人の指定が、あわよくば逃れられる。

当時、松下幸之助は戦争犯罪人、財界戦犯の指定を受けて、審査中やった。それでおっさん、あわててサイドテーブルやら、占領軍の家具をどんどんこしらえて、その余ったやつで、日本人向けの家具をつくった。難波の高島屋でナショナルの家具の、展示即売会をやった。工場の僕らも、交替で行かされました。

松下商法

松下では、電球も何年頃までかな、全部口で吹いてふくらしてたんやからね。東芝はもう戦前から、大阪駅のちょっと北の方、大仁というところで機械吹きやってたけどね。松下は森小路と、京都の東寺の近くと、それから四国の高松で、全部長いガラスでフーッと口で吹いてやる。あれみな珪肺にかかります。

電球でもおもしろい話があります。これは電球を宣伝販売した課長から聞いた話やから。東芝は機械吹きやったけど、松下は口吹きで、すぐ切れる。今で言う通産省の、工業技術研究所とかってあります。ここで点けっぱなしで、今は何時間か知らんけど、当時、八百時間で試験を通る。東芝は二千時間ぐらいつくのや。ところが松下は八百時間ぎりぎり。今はどのぐらいになってるか知らんけど。八百時間さえ通れば、合格する。

僕が聞いたのは山陰地方の球の売り込みの話。まず学生とか主婦とかの姿をして、松下の製品を置いてない電器店へ、ナショナルの電球おまへんかって買いに行かす。どこにもないのや、そこへないか、ないかと言うて、問い合わせに行くだけ。日立や東芝ならありますよ、いや、僕はナショナルし

トピック　隠退蔵物資摘発　松下の財界戦犯指定　ナショナル家具　合格点ぎりぎりの松下電球

「制限會社」指定は 左記三十三會社

今回「制限會社」としてマッカーサー司令部より指定された、我社及その關係會社は次の通りである。

1 松下電器產業株式會社
2 松下金屬株式會社
3 松下電工株式會社
4 松下造船株式會社
5 松下木材株式會社
6 松下飛行機株式會社
7 松下食品工業株式會社
8 松下鑛業株式會社
9 松下電器貿易株式會社
10 株式會社北方製作所
11 双葉機械株式會社
12 京都電磁器工業株式會社
13 西村鑄工株式會社
14 吉坂鍛工株式會社
15 東北松下造機株式會社
16 北國窯業株式會社
17 ナショナル鍍金株式會社
18 昭雲金屬工業株式會社
19 滿洲松下電器株式會社
20 滿洲無線工業株式會社
21 朝鮮松下電器株式會社
22 北鮮電器共販株式會社
23 西鮮電器共販株式會社
24 南鮮電器共販株式會社
25 中鮮電器共販株式會社
26 松下製品配給株式會社
27 松下電器從業員厚生會
28 有限會社松下農園
29 東京松下電業株式會社
30 名古屋松下電業株式會社
31 九州松下電業株式會社
32 扶桑電球株式會社
33 臺灣松下無線株式會社

制限会社の指定を報じる松下の社内新聞
①松下電器産業株式会社　②松下金属株式会社　③松下電工株式会社　④松下造船株式会社　⑤松下木材株式会社　⑥松下飛行機株式会社　⑦松下食品工業株式会社　⑧松下鑛業株式会社　⑨松下電器貿易株式会社　⑩株式会社北方製作所　⑪双葉機械株式会社　⑫京都電磁器工業株式会社　⑬西村鑄工株式会社　⑭吉坂鍛工株式会社　⑮東北松下造機株式会社　⑯北国窯業株式会社　⑰ナショナル鍍金株式会社　⑱昭雲金属工業株式会社　⑲満洲松下電器株式会社　⑳満洲無線工業株式会社　㉑朝鮮松下電器株式会社　㉒北鮮電器共販株式会社　㉓西鮮電器共販株式会社　㉔南鮮電器共販株式会社　㉕中鮮電器共販株式会社　㉖松下製品配給株式会社　㉗松下電器従業員厚生会　㉘有限会社松下農園　㉙東京松下電業株式会社　㉚名古屋松下電業株式会社　㉛九州松下電業株式会社　㉜扶桑電球株式会社　㉝臺湾松下無線株式会社

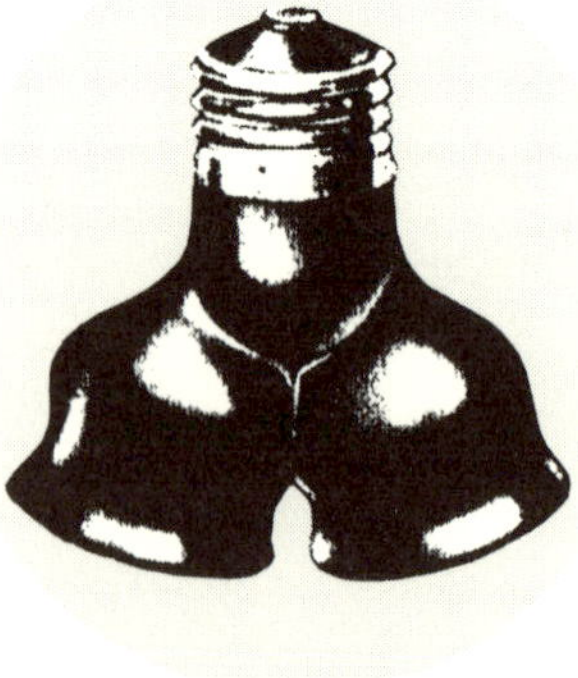

二灯用差込プラグ

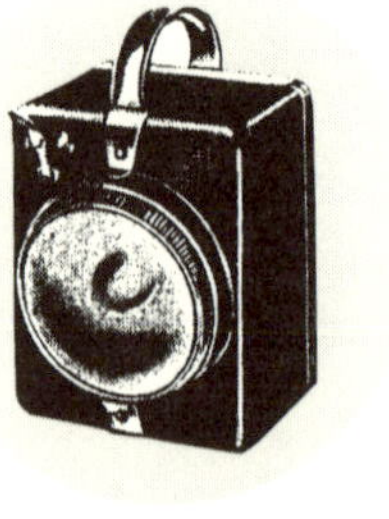

昭和２年(1927年)発売の角型ナショナルランプ．
このランプの出来る前，自転車の灯りは蠟燭だった

『松下電器五十年の略史』1968年(昭和43年) ５月５日，
松下電器産業株式会社発行，より

か使わないなんて、そういうふうにやる。うちはお父さんがナショナルファンでなんて言わして。その後に宣伝隊が行く。それで三十個入りの一箱、とにかく置いてみてくださいと。それで売れなかったら引取りますすと。最初は何十パーセント引きとか、そういうので置く。今度は、ナショナルの電球ありませんか言うて買いに行く。商売人はやっぱり、置いてみようかなと思いますわ。それで置いたところへナショナル店の独特の特約看板をね。それで年間、なんぼ以上売れたら、温泉旅行招待というね。千個売ったら温泉に行けるのに、まだ八百やと。二百個、その店主が買い込む。東芝とか、日立とか、三菱とか、そういう大企業の発想にない。経理課長をしとった人がね、僕にちっと会社のいうことになびけという説教をするのに、当直の晩に、おい、ちょっと来いやとか言うて、酒飲ましながら、電球販売で伸ばしていった話聞かせた。わしが今課長になれてんのは、その時の販売戦略で、売上を伸ばしたから、山陰地方のナショナルというたら、みなわしが開発したんやと。小石英一郎という課長やった。松下商法というもの。

食堂差別と『七精神』拒否

そういう松下で働いてたんやけど、僕はやっぱり労働組合という意識があって入った。入った時は労働組合も何にもない。ところが岩本さんと毎週二回ぐらい会うて、社内情勢をいろいろ聞いた。岩本さんは課長やから、それで戦前の共産党員やから、かなり分析してる。僕はそこで岩本さんに、い

トピック　松下特約看板　温泉旅行招待

わゆる企業というものの成り立ちを、ずーっと教えられたわけや。それで労働組合をつくるについて、仲間をつくらないかんと。職場の要求は何やって、何をみなが求めているんか、それをつかまなあかんという、ほんまに素朴な基本的なことを。そのころから落書きをはじめた。その落書きに賛成の落書きがあり、他にも落書きする人が出てきた。

寮には、松下士官学校出の寮長というのがおって、毎朝起床のベルを合図に廊下に並んで、「一号室定員何名、現在員何名、事故一名風邪引き就寝中」って、全室の点呼をやらせていたんです。ある朝、ベルとともに大声で「点呼中止せい。軍隊とちがうぞ」とやったら、誰も出なくなって、点呼を中止させた。

とにかくみな腹減らしてたからね。産業報国会がまだ残っていたから、産業報国会から労務加配米というて、工場労働者には米が別に配給されてた。それを米でよこせと。それと言うのも、エライサンだけ食堂で食べて、みな工場で握りめしで来ます。その米と何やいろんなもん、イモの粉とか、トウモロコシの粉とか混じった、半分以上混ぜ物の代用食の握りめしで、それとちょっとしたおかずが板の上にのってくる。それを米でよこせと。課長連中は何食うてるのか、ある時、課長やらエライサンばっかり食うてる二階の食堂へダーッと駆け上がって見たら、白い米食うとるねん。それでこんなんけしからん、米のめしよこせ。そんなんで、一挙にバーッと人気がでたんや。

ところが松下の中に、今でも松下だけの学校がある、技術社員養成所とか、電子工学院とか。今も京都に松下電器技術学校というのがあって、それで当時は、戦前から戦後しばらくは、そこを出ると、旧制中学の工業高校を卒業した資格が社内だけで通用します。松下士官学校という。ところが、一般募集で入ってくる旧制高等小学校だけの社員は、いつまでたったかてその士官学校とは別や。会社の中に二つの流れがあるんや、社員、工員の間にね、技術学校出とそうでないのと。

その士官学校出というのはいわゆる会社人間でゴマスリばかり。剣道部とか、私設消防団がある。ああいうところに入って、いわゆるエリートコース行きよる。それからスポーツ盛んで。あのスポーツが全部二時間早出、二時間残業つけてもろて、食堂で食べる食券というのをもろて、優遇されてるわけや。ところが一般社員で入った人は、なかなかそういうスポーツクラブに入れてくれへん。全部エリート社員で、士官学校出でかためてるわけ。

その頃に、松下電器に『七精神』という、いまだにやってますけどね。「一つ、産業報国の精神」からはじまる軍人精神みたいなのがあるんです。松下電器の遵法すべき精神とか言う。それを毎朝、朝礼でやるんです。

その七精神やって、それから社歌で、「新日本の建設に」なんとかいう歌を全員で歌う。例えば今日、課長が『七精神』を演壇からやる。「一つ、産業報国の精神」「一つ、公明正大の精神」「一つ、順応同化の精神」というと、全社員が続いて言うんです。で、『七精神』やって、それから課長が、今日一日事故もなしに何とか、能率をあげてどうので、夜は早く寝て、疲れを休めて、一日ほがらかに働きましょう。そんなスピーチを三分ぐらいやる。それで明日は、「誰それさん」と指名がいく。そうすると、今までそんな暗唱したことない人が、明日の朝やらんならん。とにかくやります。こん

トピック　労務加配米　松下電器技術学校　松下士官学校

綱領　産業人タルノ本分ニ徹シ社会生活ノ改善ト向上ヲ図リ　世界文化ノ進展ニ寄与センコトヲ期ス

信条　向上発展ハ各員ノ和親協力ヲ得ルニ非サレハ得難シ　各員至誠ヲ旨トシ一致団結社務ニ服スルコト

松下電器の遵奉すべき精神

一、産業報国の精神
産業報国は当社綱領に示す処にして我等産業人たるものは本精神を第一義とせさるへからす

一、公明正大の精神
公明正大は人間処世の大本にして如何に学識才能を有するも此の精神なきものは以て範とするに足らす

一、和親一致の精神
和親一致は既に当社信条に掲くる処個々に如何なる優秀の人材を聚むるも此の精神に欠くるあらは所謂烏合の衆にして何等の力なし

一、力闘向上の精神
我等使命の達成には徹底的力闘こそ唯一の要諦にして真の平和も向上も此の精神なくては贏ち得られさるへし

一、礼節謙譲の精神
人にして礼節を紊り謙譲の心なくんは社会の秩序は整はさるへし正しき礼儀と謙譲の徳の存する処社会を情操的に美化せしめ以て潤ひある人生を現出し得るものなり

一、順応同化の精神
進歩発達は自然の摂理に順応同化するにあらされは得難し社会の大勢に即せす人為に偏する如きにては決して成功は望み得さるへし

一、感謝報恩の精神
感謝報恩の念は吾人に無限の悦ひと活力を与ふるものにして此の念深きところ如何なる艱難をも克服するを得真の幸福を招来する根源となるものなり

『七精神』．今も毎朝やっている

社歌
行進曲

社歌

佐々木信綱　作詩
平井保喜　作曲

新日本の建設に
力を協(あわ)せ心を合せ
尽きざる生産勤(いそ)しみ励み
世界の人に我等は送らむ
泉の水の滾々(こんこん)と
絶え間なく出づる如
産業振興　産業振興
和親一致の松下電器

松下電器行進曲
月日とともに

山田　博夫　作詩
古関　裕而　作曲

一、いま拓け行く　新生の
日本を興す　なりわいに
いそしみはげむ　よろこびを
たたえて今日も　はつらつと
吾等はつどう　松下電器

二、ああ創業の　むかしより
月日と共に　すすみゆく
電化の幸(さち)を　世に人に
おくるほこりよ　伝統の
理想ぞ高し　松下電器

三、いざ躍進の　秋(とき)来る
高くかかげし　ナショナルの
マークよ海も　越えゆけと
あゆみそろえて　団結の
力ぞつよし　松下電器

社歌は戦後永く歌われていた．行進曲はほとんど知られていない

『松下電器五十年の略史』1968年(昭和43年) 5月5日，松下電器産業株式会社発行，より

なおもしろない、やめましょうとは言わん。

それでずーっと回ってるうちに、僕に来たんや。試しよったんや、ぼつぼつ落書きしてるのバレてきてるし。僕も一晩かかって覚えました。まあ軍人精神と『七精神』と同じようなもんやから。ところが演壇に立った時に、勤労課長が、じっと僕の顔を睨みよった。クソッと思って、「感ずるところあって『七精神』やりません」と、こうやったわけや。そしたら、青年部長が、組合ができる前の親睦会なんやけど、その親睦会の青年部長が、就業規則違反やいうて飛び上がって来て、やれェ言うてひっぱたかれて、なんじゃ、やるかいって、そんでその日はもう朝礼つぶれてしもた。

一九四六年（昭和二十一年）の一月か二月頃でした。入社して一、二ヶ月の時に、それで朝礼つぶしてしもたんや。僕の職場が八百人ぐらいの職場で、それで隣が本社で、各職場ごとに朝礼やってました。一週間ほど朝礼中止してしもたんや。そしたら本社からおかしいぞ、木工場が朝礼やってないという噂が立ったんや。それで問い合わせが来たら、産業報国なんて戦争中のスローガンや、こんなのやめ、心にもないことやれんと言うて、ゴテたやつがおるから、社内が動揺しているんで一応見合わせている、という報告が本社へいった。それを聞いた幸之助が、それは怒るわ。それでその若造を連れて来いということになったらしいんや。

朝、仕事はじめようと思うてたら、七、八人、勤労課の連中やら、青年部長やらがバーッと来て、僕をもう手取り足取りしてオート三輪に乗せて、それですぐ隣が本社やから、幸之助のおる家、拝み屋のおっさんとおるところへ連れて行った。

そこへ引っ張り込まれて、押さえつけて、「ご主人に謝れ」。あそこは社長言わん、社主、ご主人言う。ご主人に謝れて押さえつけられて、何がこの戦争犯罪人のくせにと、もうやけくそや、もうやめさせられると思うたから。ちょうど戦犯の審査がはじまった時分で、社内で戦犯審査解除の署名運動はじめてたんや。僕はもう昼休みになったら、「その署名するな、民主化の時代や、みんなで選んだ社長選べ」と言うてまわった。戦時中に松下飛行機、松下造船やってたんは戦争犯罪人や。軍人勅諭のまねごとをさせる、こんなもん戦争犯罪人や、と。ぼつぼつ財界のトップが追放されてた時代やからね。だから「戦争犯罪人なんかに謝るか」ってゴテたところ、幸之助が何思ったんか、一言、「ほっときなはれ」と、こう言うた。これが鶴の一声やな。「ほれ、見てみ、ほっとけ言うとるやないか」、それで僕、意気揚々と工場に帰って来た。

職場干されながら労組の青年部長

ところが翌日、仕事場に行ったら、もう僕の名札がはずしてある。そして仕事させへん。それが松下のやり方や。それから強引に、二、三ヶ月は仕事したけど、とうとう寄ってたかって、そこへ他の人を入れて、ここは人の職場や、きみの仕事は今から考えるから、待機しとれと。待機する場所もない。事務所やったら椅子があるけど。工場の中や、みな仕事しとるのにそこでウロウロもできんし。工場の事務所のすみっこでずっと、小学校で廊下に立たされるのと同じや、というて、ここでやめたら負けやと。

トピック　朝礼　松下は社長ではなく社主・ご主人

その時分に、御用組合の労働組合ができるんですわ。いきなり青年部長にみんなが選んでくれてね。それで青年部長の仕事として、組合事務所の狭いところでガリ版切ったり、やっとそれで、立たされんですむようになった。

ただ、僕としては仕事をよこせで、ガリ版切りが終わったら勤労課長の前に座る。ところが向こうは僕の顔見んように、ずっと書類広げて、顔見よらん。昼休みまでそうやって、昼になったら、食堂へめし食いに行って、昼終わったらまた課長の前に座る。それで夕方、五時まで座ってる。月に一、二回、幸之助がずっと社内回る。その時分は、幸之助は全社回って、ゴミ箱まで見て、これまだ使えまんがないうような。ところがいつ通ってもゴテが座っとる、と。それで本社から課長が呼ばれて、ゴテに仕事させと。草むしり、便所掃除、ガラス拭きをさせる。ガラスは汚れます、吹付け工場なんか。

それで僕はガラス拭きをしながら、仕事をしてるやつにしゃべるわけや。こんな会社あかんとか、組合つくって団結しようぜ、賃上げしようぜ、いろんな話、これが工場長にとっては目障りや。これも小学校時代に、後ろへ立たされたら後ろからべチャべチャしゃべった、それで廊下へ立たせたら逃げる、そんなんしてた。それと同じことを松下で、しかし、ここでやめたらあかん、みんながやっぱり青年部長にしてくれたんやから。

ところがインフレで、当時。三ヶ月、半年たったら、新制中学卒業して入って来た若い女工さんと比べても、僕の給料が下になる、仕事してへんから。もう二年、三年たったら、グーッとはるかにみなの半分以下ぐらいになってる。

そうすると、友だちはあります、給料日になったら友だちがみなおごってくる。一杯飲ませてくれます、ホルモン焼きで濁酒で。そのつきあいが、今月ごちそうしよるなと思ったら、今月限りやでと。うちのおかあちゃんがかわいそうやからって。夜、母親のところへ労務がきて、「あんなんとつきあいしてたら、お宅の息子もあないなりますよ」と行く。それでおかあちゃんが、もうあいつだけはつきあいするなと。それでみな友だちが一人、二人と。結局、僕一人になった。

これもずっと松下のやり方、幸之助の論理は、一人首切って、ビラ撒かれて、旗立てられて、ワアワアやられて、社内は動揺するわ、株価に影響するわ。そんなことするより、勝手にやめていくようにせいと。これで松下はみんなやられたわけです。それのはじまりです。僕はそれでやめへんかったんや。それでずっとそのまま、ガラス拭きも何もうええということになって、もう何にも言わん。手をあげてる。

その時分にそれなりに労働組合、一時ちょっと強かった時あるんです。大阪では、民間では松下言うたら、青年部中心で、かなりのデモを組織するぐらいの勢力ができてた。青年部中心というのは、本組合が課長組合なんです。あそこは当時、課長もみな組合員で、中央委員ほとんど課長です。中央委員は本部理事、中央執行委員は常任理事と言った。八十人の本部理事の中に、青年部出身の二十歳そこそこの僕が一人、入っている。それで僕が何かでおらん時に本部常任理事会で除名決議しよった。ところが除名決議は職場大会でやると決まってるから。それで職場の青年部がワーッと集まって、全部機械止めて、臨時大会をやって、僕の除名反対をやってくれた。二回ありました。それで今度は僕であかんから、僕の友だちを、除名決議で組合役員を批判したとか言うて、いじめがはじまる。そん

二・一スト弾圧、占領政策の転換

一九四七年（昭和二十二年）の二月一日に全官公庁労働組合共闘会議が全国スト（ゼネスト）を計画した。これには民間労組も共闘することになり、政府、占領軍は阻止しようと動きだした。

戦後、アメリカ占領軍は日本の軍国主義を解体させるため、民主化政策をとり労働組合を育成してきた。ところが、労働組合が急速に成長して戦闘化し、占領軍の意のままには動かなくなった。それとアメリカ国内の反共勢力が強くなってきた。

そこで二・一ストを禁止しようとはかり、情勢は緊迫してきた。巷間では、人民政府の閣僚名簿がウワサとして流れ、革命前夜と言われていた。そこで占領軍総司令官マッカーサー元帥はゼネスト禁止令を出した。主権を奪われた占領当時としては、抵抗できなかった。

一月三一日午後六時に重大放送があるということで、全国の労組事務局などではラジオの前に集まって放送を待ったが、午後九時過ぎになって放送が始まった。

後になってわかってくるが、この三時間、占領軍と政府と共闘委議長の間に激しいやりとりがあって、共産党幹部も動いていたということで、共闘委議長は銃剣を突きつけられて予定原稿を放送させられた。

「わたしは全官公庁共闘委の議長伊井弥四郎であります。この度の争議に関しマッカーサー連合軍最高司令官よりゼネストの禁止を命令されました」にはじまるゼネスト中止指令がかすれ声で放送された。このときから占領政策が転換したのだ。

「わたしは今、一歩退却、二歩前進という言葉を思い出しています。労働者農民は団結せねばならない」。この部分は原稿にない言葉で、ここで放送は終わった。

泣くもの、怒るもの、沈むものと様々であったが、日が経つにつれ、上からの指令で動いていた運動であったから、かくも簡単に五分足らずの放送で「革命幻想」は打ち破られた。「二・一スト青年行動隊」の腕章を巻いていたら、駅の改札口を通してくれた昨日までとはうってかわった沈滞ムードの中にあって、一部の組合は先鋭化し、多くの組合は鎮静化していった。

その後態勢の建て直しをはかった左派系組合は、山猫争議、さみだれ戦術などで戦い、弾圧され、一九四九年（昭和二十四年）七月六日、国鉄総裁が謎の死体で発見される下山事件が発生、七月一五日に国電が暴走するという三鷹事件が発生し、国鉄労組の共産党員が約十名逮捕される。うち非党員一名が獄死、他は数年後無罪となる。さらに八月一六日、東北線松川近くで列車転覆事件が発生、国鉄労組員と東芝松川工場労組員ら十数名が逮捕される。これも長い裁判の末、全員無罪となる。

三鷹事件で一旦逮捕された喜屋武由放君とは、その後彼が真相報告会で来阪したとき以来の付き合いであったが、昨年亡くなった。

松川事件の太田省次さんの妻と幼い子が、紙芝居を持って全国に訴えてまわったときも、来阪されたとき、昼休みに松下の工場門前で紙芝居をやったことがある。数日間各工場をまわったが、多くの労働者が会社側の監視の中で見てくれ、資金カンパのアメを買ってくれた。アメを仕入れに行った松屋町の問屋の親父さんに、毎日少量ずつ買うので、事情を聞かれうち開けたところ、この親父さんは、「(共)はキライじゃが、君たちの努力には感心した」と後払いでよいと安くしてくれたこともあった。

大阪をはなれる時、駅前で肩熊してやった坊やがアドバルーンを見て「お日（フー）さんだ」と東北弁で言ったのが、昨日のことのように思い出される。

なんを防ぎながら、とにかく朝鮮戦争までできたんですわ。

それでレッドパージが朝鮮戦争のちょっと前から始まり出した。初期はまだレッドパージという言葉なかったんけど。ただ、朝鮮戦争がはじまってすぐぐらいの頃に、やっぱりちょっと油断があったんやね、昼の日中に守口の駅前で反戦ビラを撒いたわけです。共産党が次から次へとビラをよこしよるからね、もうそれ消化せなあかん。それで共産党はビラ撒いたか撒かへんか、今朝守口で撒いとったかどうか、とか、全部点検をする。

混乱期の労働運動のなかで

共産党に入党したのは一九四五年（昭和二十年）の十二月。岩本さんと会うて、もうすぐぐらいに入っています。まず青年共産同盟という、そこに入れて二ヶ月ほど活動して、それから正式に党員にする。大阪ではもうごく初期の、戦前経歴のある人は別で、戦後派では僕はもう十番目以内ぐらいの青共でした。それで志賀義雄とか徳田球一とか、ああいう有名な人と、こんな若造が知り合いになっているというのは、まだ党員が少ししかおらん時で、有力な若手が入っていうようなもんで、ものすごくかわいがってもろたんです。のちにその人ら、みんな怒らすんやけど。

松下は、アメリカ占領軍の無線機なんかを扱いだしたから、特需工場と言うた。特需工場に共産党員がおってはならんというアメリカの方針で、岩本さんもレッドパージでやられた。岩本さんはその時、関目（せきめ）工場の工場長やった。工場長という島流しで、影響力のないところで囲い込まれてたんやけど、それでも占領軍からはあかん、と。戦前からの京大事件以来の共産党員やからいうので、岩本さんはレッドパージくろた。僕の方が早かったけどね。僕はやっぱりじゃま者は消せで、一番先にやられたんやね。みんなのレッドパージも僕よりは後でした。僕だけ一人先、そのビラを口実にね。

一九四七年の三月中頃やった。木工場の集塵機の中に、女子社員がストーブの火を吸い込ませて、たちまち火を吹き出すという火事があった。そういう時は、一番先にホースを持って屋根にのぼり火を消したんやけど、足場が崩れて転落、手首を骨折して全身打撲で入院したんです。五月五日の創業記念日に、工場長が表彰状をくれたんやけど、病院で見せただけで退院してから渡すということで預けた。こんなことがあって首切りはやれなかったということもあったらしいけど、ところがその後、首切りを強行するときに、表彰状はいつの間にかなくなっていたんです。消火功労者としての表彰者の首を切るということをやったんや。

一九四六年から朝鮮戦争の五〇年までの五年間ぐらい、この間というのは岩本さんとの関係というのは、かなり密接にあったわけです。レッドパージ以後に、岩本さんが守口市で市長選挙に出た時は中心になって運動した。その後、僕も市会議員に出えという話があって、これ松下の寮があるから当選確実やったんや、市会議員の場合は。僕はもう寮で押さえてたから。寮というのは独身の青年部ばっかりやから。岩本さんの票でも、ほとんどが松下の寮からでてる。松下は、かなり岩本選挙には動揺したんや、松下の票がドッと入ったから。松下から、ほかにも門真(かどま)の町会議員やら、守口の市会議員やら、何人か議員が公認共産党で当選してました。僕が二十五歳以下で被選挙権ない頃から、出せ出せという話はあって、二十五歳過ぎて、僕が除名された後で、市会議員に出え、名誉回復するさかいにという話がきて、断ったんやけどね。そんなことがあったんです。だから、岩本さんは、もうずっと最後まで、僕が除名になってから以後でも、不当除名や言うて上申書まで出してくれた人です。

除名はもうちょっと先やけどね。松下の首切りから以後は、もう党の専従みたいになってやってたから。除名になるのは、それから四年かな。一九五四年。ビラ撒きしたのは一九五〇年の秋頃です、朝鮮戦争はじまってすぐですわ。朝鮮戦争が始まる前後から、ビラ撒きで占領目的阻害とかいうものすごい罪名で、何回も逮捕状はでてたんです。逮捕状出てたんやけど、守口警察と門真警察と、どっちもが僕に逮捕状をみせて、おまえ切符でてんねんぞ、と。そんなら連れて行けや。頼むからよそで捕まってくれ、と。うちに来てくれるなって。というのは、僕が入れられたら、どうなるか。それ以前に入れられた人を、ほんまにブタ箱から連れて帰ったこと何べんもある。もうどんな騒動起きるやらわからんからね。京阪電車も何回も止めたことある、それでもよう逮捕せんかったもんな。

線路の上で、カーバイドをバケツに入れて、バァーッと煙出して、電車みな止めてしもて。枚方の踏切でも止めました、今は高架になったけど。淀川の堤防の上に警察署があって、あそこの踏み切りしか警察が出る道はなかったんや。中宮の小松製作所で何かあった時、あの踏切止めたら、警察はグルーッと香里の方を回るか、天之川を回るしかなかったんや、当時。あの踏切を封鎖したら、小松製作所の前で一時間思いきり暴れられる、と。それで本隊は小松へ行かせておいて、僕は密かに踏切に行って、バケツを踏切の真ん中に置いて、カーバイドを入れて水をかける。ブワーッとものすごい白煙。危なくない、煙だけです。ちょっと臭いだけ。踏切の上で電車が、上りも下りも止まってると、警察来たかて通られん。

共産党に三谷秀治(しゅうじ)って議員がおりました、もう参議院議員隠退しよったけど。元の大阪の産別の議長してた人です。このおっさんの、守口で府議会報告会に私服警察がメモか、録音機か持って来ていた。その時分、ちょっとした騒ぎになると、すぐ機動隊が入るという、自治体警察の最後の時期。枚方市警察とか、守口市警察とか、門真町警察とか、地方ごとにずっと分断されてた時代でね。それ以上に大きくなると、占領軍が介入して、国家警察が介入する。私服警察が入ってたんを、だれかが糾弾しはじめたんが、騒ぎが大きうなって、それで、ずーっと包囲されて、その時に守口に朝鮮人部落がようけあって、そこに僕が学校の講堂の上から、屋根からマイクで呼びかけて。というのは、朝鮮の人は、僕が朝鮮人のいろんな運動を支援してきたこと知っとるから、何百人も来てくれた。それでその当時に騒擾事件というたら、福島県の平警察を包囲した事件がある。終夜にわたって、一地方の平穏を乱した時、騒擾罪を適用するって、騒擾罪というのは無期懲役ぐらいまである重罪です。もう夜が明けて京阪電車が止まってたら、騒擾罪になるぞって府会議員が言うてきたほど。守口警察が自分らの責任問題になるから、逮捕者を出さない、こわれた物の被害届を出さないという条件で、急速に校長先生を通じて和解をしてきよって。僕はその点では自信もって言えるけど、かなり地域の人には信頼された大衆運動をやってきたんや。

京阪沿線の警察は、もう僕を捕まえたら何しよるかわからんという。僕ら交野(かたの)の警察でも逮捕者三

トピック　罪名「占領目的阻害」　カーバイド

新警察法

一九四八年（昭和二十三年）に新警察法が施行されることになった。これは旧内務省時代の日本の警察はドイツ法をモデルにした中央集権であったのを、アメリカ式の自治体警察に変えることで、日本の国家権力を弱体化させようとする民主化政策であったが、大阪市では大阪市警察局となり、地方自治体では、市警察、町警察が作られた。

すべてアメリカ占領軍の指示によるもので、アメリカ法を直訳したものであった。

そのため施行当局者の間に混乱が起きていたが、鈴木栄二大阪市警察局長は、これを機会に占領軍の意を受けて、警察力を強引に強化していった。

四月にはデモ隊に消防車で放水するという事件を起こす。さすがにこの時代でも行きすぎだということになったが、これがきっかけになって、その後警察の放水車が導入されることになる。

四八年四月二三日、二四日と、神戸、大阪で朝鮮人学校閉鎖に反対する、阪神教育闘争が発生し、大阪府庁には数千人の朝鮮連盟その他の団体の人たちが抗議に押しかけた。

大阪府庁の玄関で放水と拳銃で規制が行なわれ、金太一（一五歳）という少年が射殺される事件があり、数百名の重軽傷、数百名の逮捕者が出た。

僕もこのとき府庁前に駆けつけたが、無差別の警棒規制が行なわれていた。

逮捕者の中の朝鮮人に対して、軍事裁判では、重労働及び本国送還という判決が出されていた。南北に分断された国の反対側の国に送還されるという恐怖の判決である。

当時日本人で軍裁で重労働の判決が出ると沖縄の軍事基地の土木工事に送られるということで、送られてそのまま帰ってこなかったものもあった。

阪神教育闘争を機会にアメリカ占領軍の指示により各自治体で公安条例が施行されることになった。大阪市は当時社会党出身の近藤博夫市長であったが、全国に先駆けて大阪市公安条例が施行される。

鈴木警察局長がアメリカ軍の意を受けて、強行したと言われる。

鈴木警察局長は機動隊員にアメリカン・フットボールを奨励し、「アメフットの体当たり精神で暴徒に突入せよ」と年頭訓示をしたりしていたが。

この時、新警察法の施行に伴い、大阪市警視庁と改称、自ら警視総監を名乗り、日本に警視総監が二人ということになった。大坂城内にあった旧陸軍第四師団司令部を大阪市警視庁本部とし、元陸軍八連隊跡地で機動隊が、ワラ人形を立てて突入訓練をやらせていた。

人、連れて出たんや。それですんでしまうんや。警察が地方の自治体警察で、交野警察なんて署長以下十一人。そんな警察ができてたんや、アメリカ式で、門真署で事件起こしても、守口管内、踏切一つ越えたらもう追いかけて来ない。守口で何かやって、追いかけられて、旭区の境界の細い通り、バッと越えたらもう向こうも知っとる、ああまた行きよったわ、それですむ。二週間たつと、逮捕状というのは更新せんならん。その逮捕状もう更新せんのや、結局、アメリカ軍にはもうそれですんでたんや。そんな時代でした。アメリカの法律を直訳した形で、州境を越えたら追いかけて来ない。守口と旭区、細い路地、ポンと越えたらもうそこで向こうも止まってしまう。それで二週間逃げてたら、大きな顔して帰れる。

松下電器ではどんどんラジオが売れだして、残業残業で、労働組合は生産復興闘争というて、残業の時にうどんを一杯出してくれとか、そういう要求をだす組合になってたね。そんな時代やったから、僕も好き放題やれたんやろうと思うけどね。

一九四八年の淀川大水害

一九四八年（昭和二十三年）から四九年に淀川の大水害が二年連続であったんです。

場所は寝屋川市の太間。太間はもと絶間と言って、強頸の絶間という人柱伝説のあるところで、強頸の絶間の碑も大阪市旭区の個人住宅の庭に残されてます。そこは古代に淀川の堤防が大決壊した跡です。絶間の衣子の伝説、人柱を入れたという有名な伝説、神社にもそういう人柱の碑まであるぐらいの大水害があったところ。淀川にはこの他にも長柄の人柱、その他人柱伝説があって、水害が多かったことが裏付けられるんです。

太間と木屋と、点野（しめの）、この三ヶ所で堤防が決壊に近い漏水状態になって、杭打ちやら土嚢積みに行った。杭打ちいうたら、体にロープをくくりつけて、胸まで来る水の中に入って杭打つという危険な作業で、この時も松下電器の労働組合の青年部が行ってやったんです。何と言っても自分のとこの組合員の村やから。それとその時分、それぐらい労働組合は幅の広いことをやってた。今の言葉で言うたら、地域生活闘争やね、その頃はそんなたいそうな取り上げ方やなしに、僕ら自然にやった。

絶間という地名があったことを示す唯一の橋柱

僕は力も強かったし、率先して杭打ちやらやったんで、そこで後に村の人に慰労してもらった。その時、村の年寄りに、明治の水害やら、そんな話を聞く機会があった。明治十八年（一八八五年）の水害の時には、扇町公園のところにあった監獄から囚人が来て、土嚢つくりしたとか。それで、京阪電鉄の枚方（ひらかた）公園駅の近くに、監獄出張所を建てたとか。それほどの大水害やった、これは。枚方の堤防の下に立派な記念碑があります。

そんなことで、水害に関心が高うなって、僕、いろいろ資料集めてます。記念碑の写真撮りにいっ

トピック　杭打ち　右岸左岸対立（次ページ）

「堤防を切り崩し徐々に放流した」という表現のある碑

たりもしました。

年寄りの話を聞くと、川の改修をめぐって、右岸と左岸が必ず対立する。これは今でもそうですね。明治十八年、枚方で堤防が切れて、河内平野が全滅した。それでも雨は降りつづけ、大阪市内、天満、天神、難波の大阪三大橋はじめ市内の橋はほとんど落橋。さらに水量は増えつづけたんや。古老に聞いた話を裏付けるため、当時のことを書いたものをかなり集め、これは今もつづけてます。それらによると、かつて享和二年（一八〇二年）に野田堤（都島区網島）を切って大坂市内の水害を防いだ言う。それは河内平野の水害をさらに拡げたものなんやけど、明治十八年の時も、大阪府知事の命令で野田堤を切ったと言う。それでその地を「ワザとキリ」と言います。そこには今も複雑な表現で、「堤防を切り崩し徐々に放流した」という水防碑が建ってます（写真参照）。それで大正六年の時に

大正６年（1927年），高槻市大塚洪水記念碑．河内60万石を守るため摂津20万石を犠牲にした

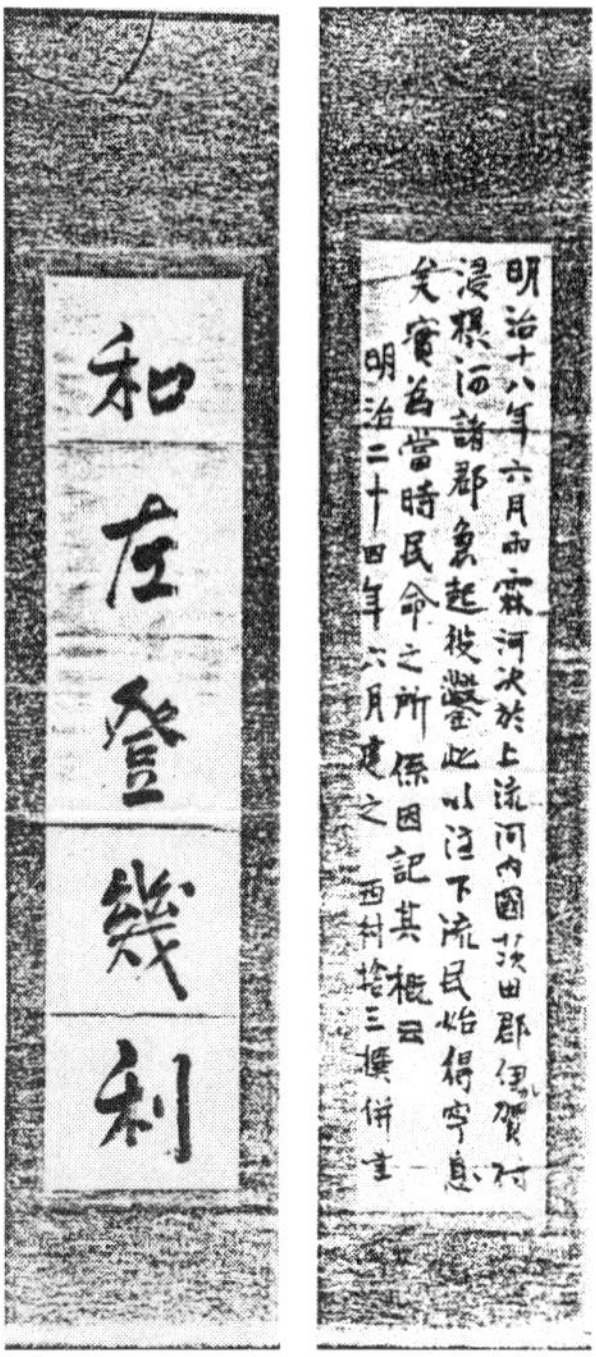

『淀川左岸水害予防組合誌』
昭和6年（1931年）12月25日，より

淀川の洪水碑（枚方大橋脇）

●明治十八年（一八八五年）、淀川洪水枚方決潰当時の新聞記事

『淀川左岸水害予防組合誌』昭和六年（一九三一年）一二月二五日、より

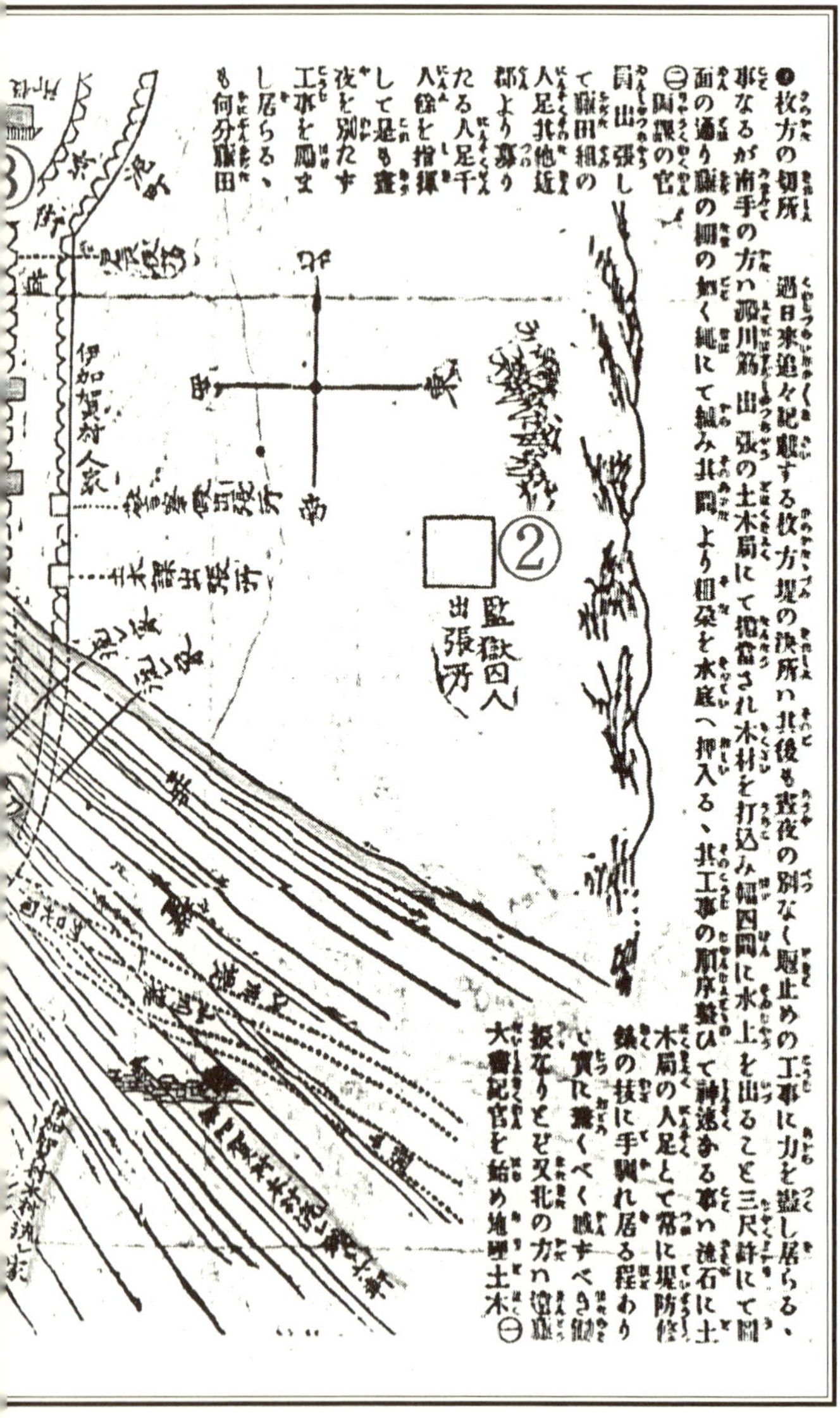

●枚方の切所　過日来追々記載する枚方堤の決所ハ其後も昼夜の別なく堰止めの工事に力を尽し居らる、事なるが南手の方ハ淀川筋出張の土木局にて掘鑿され木材を打込み幅四間に水上を出ること三尺許にて間面の通り籬の柵の如く縄にて編み其間より粗朶を水底へ押入る、其工事の順序整ひて神速なる事ハ流石に土木局の人足とて常に堤防修繕の技に手馴れ居る程ありて実に驚くべく感ずべき働振なりとぞ又北の方ハ[illegible]大書記官を始め地理土木㊀㊁両課の官員出張して藤田組の人足其他近郡より募りたる人足千人余を指揮して是も昼夜を別たず工事を励まし居らる、も何分藤田

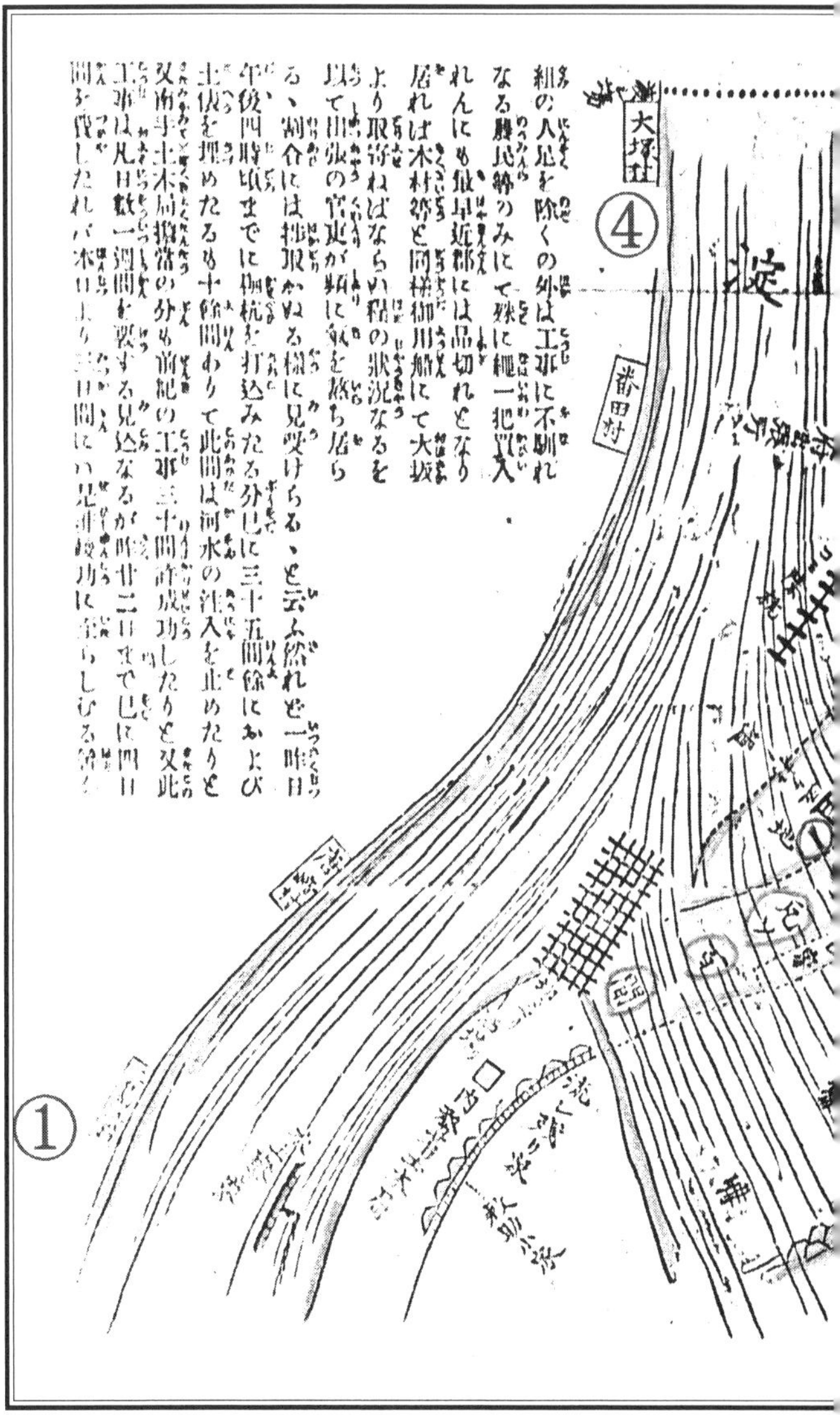

①碑のあるところ(明治十八年〔一八八五年〕) ②囚人出張所。京阪電鉄枚方公園駅前バスターミナル ③淀川左岸水害予防組合(現水防事務組合) ④大正六年(一九一七年)に工兵隊が堤防を爆破(高槻市大塚)。枚方大橋北詰東三〇〇メートルに碑がある(一〇一ページ写真参照)

は高槻の方で、工兵隊が堤防を爆破した。大きな記念碑が立ってます。複雑な書き方やけど、工兵隊が出たことは書いてある。

一九四八年の水害の時は、労働組合の青年部が、自発的に、寮の中で叩き起こして、声かけて、それはほんまに義侠心みたいな感じで行った。僕が首切られかけた時も、みな守ってくれたというのは、結局、その積み重ねの上で、そういうことが裏付けにある。とにかくそういう時には、人並以上のことをやってくれるという、周りからの思いがあって。

逮捕されて松下を首に

一九五一年（昭和二十六年）の二月に、これは本格的に逮捕される。あれは天満市場のところの池田町というて、天神橋五丁目の交番所があった。あの近くにヤミ市時代の同志の家があって、そこへ夜遅うにビラ抱えていくところを、職務質問くろうて、持ってただけで、反米ビラやいうことで、拘置所まで連れて行かれた。

拘置所に入っている時に、面会に来た弁護士さんとやりあった。これが衆議院議員もやった弁護士で、加藤充さんと言うて、戦前には河内で、軍馬の徴発反対で神戸刑務所へ入れられた弁護士さんや。そんな大物弁護士が来てくれたんやけども、これは懲役一年半執行猶予三年ぐらいだなと言う。金網越しに、おっさん帰れって。占領目的阻害というのは日本の法律やない、弁護士が、無罪を主張せなあかんのに、懲役一年半執行猶予三年にしてやるからと言う、だからもういらん、て言うてね。

そうすると、国民救援会、共産党系の救援会、そこからあんな偉い先生を送ったのに、ことわると

地下箱・赤レンガ・島送り（特集別荘暮しその四）

仮ムシ戦後史・隠語のことなど

沖野奈加仕（平井正治）

一九五〇年（昭和二十五年）六月二五日に朝鮮戦争が始まった。その当時の話である。だからまだ戦前の仮ムシ（拘置所）、ガチャバコ（留置所）の名残り、しきたり、隠語などが見聞できた時代のことである。最近のことは人の話や書いたもので知るだけであるが、もっと昔の徳川時代の牢屋のことなど本で読んだりするが、格子に石だたみから赤レンガになりコンクリートに変り、六尺棒に鉢巻の牢役人が、担当と呼ばれる看守に変っただけで、人間扱いは昔も今も変りはない。昭和二十三年の新刑事訴訟法で、「刑法が民主化」したというのが全くのウソで、むしろより巧妙に悪くなっているのが実態であると思う。前置きが長くならないうちに事実話にかかろう。

曾根崎署地下箱

「しまった」と思ったときは、もう遅かった。「どこへ行くんですか」。言葉はていねいでもきつかった。警らのポリ二匹が両脇をつかまんばかり、「家へ帰るんや」「どこですか」「そこをまがってすぐや」「何町何番地ですか」「うつってきてすぐで覚えてへん」「その荷物何ですか」「会社の宣伝ビラ」「どこの会社ですか」「〇〇電機」「ちょっと見せてもらえませんか」「課長の許可なしに見せられへん」。

もうよそう、ポリとのやりとりを書くのが目的じゃない。スキを狙っていただけのことである。見せろ、見せられへんをきっかけに乱斗、腕に自信はあったが、何しろ戦後の栄養失調気味、それに夜の九時過に晩メシもまだ。焼跡のカワラを投げ、警棒でどつかれ、ヤジ馬が協力しやがって。手も足もカイ（手錠）をかけられ、荷物をあけたポリが「反米文書や」。ヤジ馬は「何やドロボーとちがうのか」。地ベタにころがされた俺は、ヤジ馬共に反省を求め、ポリに怒りをこめて、「日本〇〇党万歳、朝鮮戦争やめろ、全占領軍撤退……」と声を限りに叫んだ。腐ったヤジ馬は「何やアカか」。市民の中には「ドロボーとちがうんやったら放したれや」。しかし、思わぬ点数かせぎしたポリは、パトカーに俺をほうり込んで、「反米文書です」をくり返し、無線で報告していやがった。

曽根崎署では巡査部長がベンロク（弁解録取書）をとりにかかった。

「本職は、言いたくないことは言わなくてもよいことを言いきかせ……」という前文が印刷してあるケイ紙を何枚かカーボンで重ねて、「名前は」「イヌに言う名はない」。すると〝黙して語らず〟と書きやがった。「アホンダラ、イヌに言う名はないと言うたんやからそう書かんかい」「住所は」「イヌに言う家はないワイ」。〝黙して語らず〟。「このドアホ、オノレは字知らんのか」。こんな具合のやりとりがつづいた結果、金筋が何匹か来て、〝一切語らず、署名押印を拒否〟で、いよいよ有名な地下牢へ引きずって行かれた。

今の曽根崎署は建替られてしまったが、当時は地下へ降りるのはエレベーターだけで、「ここだけはお前が何ぼ暴れても逃げられへんからな」とオドカす口ぶりでジケイ（刑事）がぬかしやがった。エレベーターの途中ぐらいから、地下からの「ギャーッ、タスケテクレー」という東洋なまりの日本語が聞こえてきた。

地下につくと男が鼻血を出して床にすわっている。俺をつれていったジケイが、ヤキを入れていたらしいジケイに何かささやくと、血だらけの手をクレゾール液で洗い、足でイスを引っ張って、すわれ、とぬかしやがった。

「お前の手は人をドツク時にしか使えんのか」「何ィッ」「人に物を進める時は手を使ェ、お前ら柔道や剣道習とるんやろ、礼儀知らんのか」。手をふきながら俺の書類を見て、「ふうん、お前さんジョウモンさんやな、エエ時に入ってきはった、（と鼻血を出していた男に）お前このお方に助けられたようなもんや、ほんまなら本国送還したるとこやったのに」と奥の檻房へ連れて行った。

　さてそれから、ジケイ二匹と豚箱の担当二人が俺に「今夜は寒いなあ」とかゴキゲンとりを言い、熱いお茶を出し、「まあできるだけのことはするから静かにたのむよなあ」。さっきまでの態度とガラリと変った扱いよう。

「ケガもしてることやし、毛布ようけ入れるからな、弁護士さんはたのんだか、しんぱいせんでもエエ、執行猶予にしてくれる」。

　弱いと見るとなぐるける。強いと見るとへり下る。木っ葉役人はいつの時代も一緒だ。

「反米文書」。アメリカ占領軍が日本の基地を使って朝鮮戦争をしている、日本を戦争にまき込んでいる。戦争はイヤだというビラが、何故日本の法律に反するのか、政令三二五号違反、占領目的阻害ということで俺はセイジハンとして十畳敷位の房に一人で入れられた。

　他の檻房はそれこそメザシを並べたようなつめ込み方をされている。当時はヤミ市経済の時代で、梅田の自由（ヤミ）市場をひかえ曾根崎署は超満員であった。

　俺はここで一つの発見をして、それを看守からうまく聞きだしたことがある。

　これほど満員の留置場に俺だけ一人入れる檻房があいていて、他にもう一つ空房があるのはなぜか。担当はたいくつしているからしゃべる。

「……お前さんみたいなんがいつきても入れられるようにしてある。みんなと一緒にしたら、教育（政治が悪いという）しよるし、煽動して騒ぎよる。それから多額納税者（議員やオヤブン衆）が入るとフトンまで差入れさせるので他の留置人と不公平になるという。しかし多額さんの場合は適当に毛並？のよいのを二、三人同房させて、肩をもませたり、そうじをさせたり、女房の代りをさせたり、そこで出所したらウチへ来い……」。

＊　＊　＊　＊

　向うが俺をもてあますんなら、俺はなんぼでもゴテてやる。夜中に便所へ行かせというとオケ（木製のクソのしみついたオマル）があるからそこへせえという。房の中に便器をおいてそこへたれて朝までおいておくのだ。便所へ行かさんなら〝ここへたれるぞ〟と檻の間から出しかけると、あわてて錠を開けに来た。

ついでにメザシのようにつめこまれている房に、小便したいものは出えよ、と声をかけると全房の半分位が出してくれという。寒い冬、板の間に毛布だけ、みんな冷えて困っているが、大勢つめ込まれているので、便器のところまで行けない。しんぼうしきれんで着ているものを脱いで丸めてそれにしみ込ませてすごしたこともあると翌日聞かせてくれた人が何人もいた。

翌朝、警察指定の弁当屋が官弁（自前の金で買えば自弁）をもってきた。コッペパン一個とアルミ食器に半分以下のミソ汁鍋を洗ったぐらいうすい、なまぬるい汁だけ。俺は昼の官弁の来るのを待った。

イチゴの箱が黒くよごれたような中に一センチ位のイカの輪切れが二切、コバン（たくあん）のウス切れが二枚だけ。「みんな弁当食うなァー、弁当屋、このメシ規定通りの目方あるのか、カロリーあるのか、担当ッ署長呼んで来い！」。全員ワイワイガヤガヤ、便器のフタで床を叩く者、足ふみならす者、なんぼ地下でも、みんなで騒げば上まで聞こえる。

大勢ポリが来よった。金筋も私服も。最初一人で檻房へ入れられた俺は、みんなからは冷たい目でみられていた。実はそれも警察の狙いなのだが、夕べの小便の一件でみんなの俺を見る目が変っていた。

私服のエラそうな奴が俺の名を呼んで（黙秘したが一晩で割り出していた）近づいてきて、「言い分があるなら、きけることはきくから騒がんでくれ、上にはブン屋もいるから（都合が悪い）、なァ、何のことやねん」。

「何じゃこのメシは、ブタ箱言うけどブタでももうちっとましなもん食うとるワ。メシだけやない、クソも小便も、このきたない毛布は何じゃ、ゆうべドツかれて鼻血出したものいるやろ、他にもドツかれたもんいるやろ」。

一荒れすんで、弁当は目方を計り直すということで、あらためてもってきた弁当は、メシもふえ、竹輪がふえ一杯の食器でまわしのみしていた茶が、熱くなっておかわりをくれて、その夜からヤキ入れが一応止まった。

昔のブタ箱は警察から警察へタライ回したそうだが戦後はそうもできない。もて余した警察は俺を送検しやがった。

（以下略・一九七六年）

は何事やと言うて、党に報告がいって、その時分から上部機関からのにらみがきつうなったんや。ほかにもずいぶん僕は逆らろうたけどね。

おふくろは、検事が呼んだんやが、僕が逮捕された時に検事の前で言いよったんは、天下国家で逮捕されたんやから、うちは言うことはない、好きなようにやらせといてくれ言うた。僕はおふくろは偉いなと思うたわ。僕とは意見合わなんだけどね。検事に、「母親を呼んで泣き落としするというのは、なんという卑怯なことするんや。この子はこの子の考えでやっとんのや。ショウ、しっかりしいや」って、すっと帰りよった。検事がほめてくれた。「おまえのおふくろやな」と。大井さんと言うて、後に広島高検の検事長までなった大阪で有名な公安の検事や。だから公安事件ばっかりやっとった。その検事に、おふくろ呼ぶのは卑怯やて言うて。僕のおふくろは、そういう人でした。

僕が反米ビラを持ってたこの当時、共産党というのは半非合法化していた。参議院議員は残ったけど、衆議院議員、中央委員が追放された。全国で三十五人、衆議院がおった。参議院が十人ぐらいおったかな。衆議院三十五人のうち、大阪が四人でてました、それと中央委員全部が追放。それで臨時中央指導部というのができて、その時にもう一つ、ビューローという、いわゆる地下組織ができて、そこから『平和と独立』という、『赤旗』とは別の非合法機関紙を出すんです。だから発行所不明、論文も全部無署名で。「無署名だから権威がある」という書き出しから始まるんや、ものは解釈のしようでね。

そこから、いわゆる竹槍、火焔ビンの方針が出るんです。ところが僕は隠しようのない人間や。いわゆる地下組織へ、一、二回行かされかけたことがあるけど、地元がみな呼び戻してくれます、これはほんまにありがたかった。これ幸いとみな出ていきよる。僕は行きたくなかった。それで、中核自衛隊という党の非合法組織ができる。当時は。小松製作所の爆弾事件なんかも起きた。

当時の日本共産党には、敗戦と同時に、いわゆるほんまの共産主義なり民主主義なりで入ったんやなしに、旧軍隊の士官学校出が反米で入ってきてた。「反米愛国」という言葉を使う奴がいた。僕は愛国という言葉が気にいらんと言うた。反米はわかるけど、愛国というのは何や。右翼のことを愛国団体と言ってたのがいる。

朝鮮戦争とレッドパージ旋風の中で

もともと一九五一年の二月に守口からでてた逮捕状やけれども、北区の天満市場の近く、池田町という天神五丁目のちょっと入ったところで、朝鮮戦争の反戦ビラを持っていて、逮捕された。首切りの口実ができたんや、松下が首切ってくれたんです。もう二度と来るなと、占領軍がついてるからね、これ以上来た場合にはきみはもっと罪が重くなるよというような言い方で、とにかく松下の門前へ行っただけで、三十人ぐらいが取り囲んだ。その三十人というのは、消防団とか、剣道部とか、スポーツクラブ、松下士官学校の連中です。もう完全に近寄れん状態になってきますね、近寄っただけで力ずくでやられるという。

そんなことがあって、それからしばらくは朝鮮戦争の最中で、あっちこっちでレッドパージやら、

トピック　中核自衛隊

共産党の発行していたパンフレット

首切り、工場閉鎖、もう民間産業では全部つぶされて、京阪沿線と片町線の工場街を、いわゆるオルグで歩いていたんです。

だから党の専従と言うても、もうその時分には党に資金力がないから、専従手当も出せない。年末に活動費って言うて、五百円もろただけです。あの時代のことを井上光晴さんが書いてますが、党の専従費が、いみじくも光晴さんの書いてる金額と、僕がもらった金額と同じ五百円でした。五百円言うたら、二日食えるぐらいの額です。一九五一、二年頃やね。

オルグに行く時も、交通費持たさんでパンフ持たす。共産党が発行した一六ページぐらいの冊子、「デッチあげられた平事件」「下山、三鷹事件の真相」「共産党に潜入したスパイ團」「景気はここから」「引き揚げ政策をあばく」、一冊十円のパンフレット、一冊で三円もらえる。こんなのを次々と出して、これ売って旅費まかなえってね。

それなりに同志からの援助やら、当時、弟が国鉄で働いておってなんぼか僕に援助してくれた時代でした。おふくろはそれでも、やっぱりにくたらしい子ほどかわいいいて、小遣いくれた。めったに行かなんだけどね、どっからとはなく届けてくれた時もありました。

それと僕、かなり朝鮮の同志から援助してもろた。結局、朝鮮戦争でビラ撒きして、逮捕されて、首切られたということでね。ところが朝鮮連盟が解散させられて、朝鮮総連になるんです。方針が変わる。労働組合が、共産党系の産別会議が解散させられ総評になる。方針ががらっと変わってくる。昨日の同志が、もう来てくれるなという状態になるんです。

それで朝鮮戦争が膠着状態になります。その頃にレッドパージに会うた僕らの同志、同年代のがみな失業する。レッドパージは一九五〇年から五二年ぐらいまで。そうすると不当解雇やから裁判闘争をやる。裁判闘争をやると、退職金もらわれん。僕の場合には、レッドパージという言葉ができる以前やったから、退職金を松下電器の門のところで投げ返して帰ったままになってる。まだやめたと思うてない。いつか帰ってやろうと思っている。

労働組合から左翼を追放し、それで言うこと聞かんやつは、デッチ上げでつぶした。下山、三鷹、松川事件という国鉄の事件です。当時国鉄の労働組合は強かったから。民間では東芝が強かった。松川事件というのは、国鉄と東芝松川工場の労働組合をつぶすのが目的です。逮捕者は全部国鉄と東芝です。そういうフレームアップいうのをやって、結局何年かたって無罪になった時には、もう運動がなくなっている。あれみんな無罪になってる。下山事件だけ謎のままやけど、あれもアメリカの謀略だと松本清張が書いてる。四十日の間にあれだけ大きな事件が、どんどん国鉄で起きている。

日本の動脈を占領軍が使うて、軍事物資を運ぶ。大阪、神戸、九州へ列車で運んで、そこから飛行機と船で朝鮮へ送ろうという。アメリカに限らん、日本軍の盧溝橋事件でもいっしょやけどね。爆破やって、あいつがやったいうふうに。謀略というのはそんなもんやけど。とにかくレッドパージで強制的に門外へ叩き出された連中が、失業する。ところが退職金はもらえない、失業保険ももらえない。生活に困るから、みんな日雇いやりだすんです。

その日雇いにも、いわゆる失業対策事業に登録して失対手帳という白い手帳を持ったニコヨン。これは道路工事とか、川とか、公園とか、そういう工事に行く。日給二百四十円やからニコヨン。そこからはじまる。それはまあ賃金は上がっていくけど。この失対手帳に登録してない、それ以外の失業した連中が、釜ヶ崎と、西区の境川に行く。当時土木があんまり仕事なかったから、港湾労働が多かった。

その港の仕事というのは、一般貿易貨物もあるけど、朝鮮行きの軍需荷役がある。兵器、食糧、弾薬、大阪と神戸、横浜、門司港が主力港になる。とくに大阪港、神戸港は、西南戦争以来の軍需物資の積出し港で、商業港という位置づけをしながら、ほんまは軍需物資の積出し港なんです。そこへ、朝鮮戦争に反対して首切られた若い連中が、仕事を求めて行ったら、軍需荷役させられるわけで、そのまま仁川まで船に乗って行って、仁川で砲弾の飛ぶ中で軍需荷役の荷物を上げて来た、そんな労働者ようけおります。

僕はもう、そんな仕事にも行かれん状態になってしもうて、それで党の専従状態でやってた。同い年ぐらいの若い同志が、みな朝鮮戦争に反対して首切られて、それで朝鮮戦争の荷役に行くという、こんなたまらんことない。しかも、賃金は安いから、党費払われんから、会議に出られん。当時はきびしいて、三ヶ月滞納したら、会議に出してくれん、いわゆる活動停止という扱いされる。

そのことを会議で出したら、軍需荷役に行っとるやつが何で党を名のれるんやと、活動停止そのまままという状態にしておく。党も幹部というたら、どっからかヤミ収入があって、今の自民党と変わらへん。それと党の幹部というと、やっぱりエリート、インテリ階級ばっかりや。

僕は、その朝鮮軍需荷役の現場に近い木津川地区委員会に、「一番ほんまにやらんならんところを切って捨ててるのとちがうか」ってずっと言い続けたんや。当時の木津川地区委員会いうたら労働争議で有名やった、そこに対して、「何で大阪港に労働組合を組織せんのか」と。その答えが「日雇い労働者はルンペンプロレタリアートや」と、いわゆるマルクスの公式論や。

日雇い労働者いうたら港湾でも土木でも、どんなとこへでも行きます。日雇い労働者と失対のニコヨンは違う。

ニコヨン、いわゆる「失対」いうたら、海外引揚者、戦災者が多い。そういう人をとにかく失業してる間だけ入れて、そこを足場にして、次の就職をさがしなさいという政策。失業対策という。その失対のニコヨンの組合は全日本自由労働組合、略して全日自労というね、共産党系です。今でも各職安の近くにあります。公園の木の葉を集めたり、道路を掃除したりして、あと公園で焚き火したりしてる。ああいうとこに閉じ込めてしもた。何であの人らにもっと自由に職業につかせる運動をさせて、それでもっと高い賃金を取って、日雇いで生活できる賃金を取る運動をせんのか、と。失業対策事業は退職金もあって、何十万、何百万になります。だからたとえて言うたら、京都御所のジャリ、あれ

トピック　失対手帳（ニコヨン）　境川　軍需物資積出港　党費三ヶ月滞納で活動停止　党幹部のヤミ収入　ルンペンプロレタリアート　全日本自由労働組合

全部、オケ置いて、ジャリを入れて、水をホースで引いて、ジャリを洗うて、白いジャリにしてまた撒くの、あれ全部失対がやってた。京都御所の掃除する日雇いの票が共産党の票になっていたという、この極端な矛盾。

運動の中の矛盾を追及して孤立

その時分というのは、政治も経済も目まぐるしく変わってた時代や。物価がどんどん上がっていく時代や。僕が松下で干されて二年経ったら、女工さんより僕の方が給料、下やったんやから。それぐらいひどいインフレやった。

朝鮮動乱に反対して首になったのに、それが軍需労働にいく矛盾。レッドパージくろうた同志が、軍需荷役を。その時分の大阪のいわゆる失対以外のほんまの日雇いの仕事いうのは、港湾荷役が中心です。だいたい六十パーセント以上は、大阪港やら神戸港の港湾荷役でしたね。

土木工事の現場いうのは、その時分そんなにはなかった、戦後の復旧程度で。大きな土木工事というのは、あったとしたら道路と河川。川は最も僕の思いがある、淀川の水害のことがあるから。川の工事というたら、もうずいぶん行きました。猪名川(いながわ)の改修工事やら。堤防というのがどんなもんやというのは。だれのためにだれが作っとんのやと。それで片方切れるように作ってんのや。もう人間の力で防ぎきれんほどの水が出た時には、大事な方を大きな堤防で守る。淀川は右岸が弱い、左岸は河内平野があるから。明治十八年(一八八五年)には左岸が切れたから。これ河内平野全滅したんやからね。それで大正六年(一九一七年)には、右岸を爆破してまで左岸を守った。

淀川の河川敷にあった「わんど」という遊水池、あれがなくなってきてます、みな埋めてしもて。それから京都の巨椋池、あの大きな湿地帯、あれが遊水地やったんやけど、それも埋め立てた。秀吉の時代には、もう埋め立ててた。どんどん埋めて行って、後に田んぼやら鉄道やら家やら。埋め立て地は地盤が弱いし、初めは人も来たがらんから、人に好かれんものを持って来ます。京阪電車の淀の競馬場の向かい側、横大路、今京都市のゴミ処理場があるところも巨椋池やった。ものすごい大きい湿地帯やったんや。京都の桂川やら奈良からの木津川やら、全部の川が巨椋池に流れ込むことで、大阪に溢れる水の勢力が弱まる。そこ埋めたから、そのへんいまだに排水で苦労してます。まあ、川の工事で何をつぶすか、何を守るかいうことがよう見えてくるんです。

それから、労働者のスト破りに利用される。

有名な事件で、近江絹糸事件。女工さんのストライキ。これは釜ヶ崎から手配師が、スト破りとは言わん、滋賀県の、女工相手の仕事や言うて連れて行って、行った先でスクラム組んでる女工さんの、髪の毛ちぎってこい、ブラウスやぶってこい、ボタンちぎってこいという。当時と今と交通事情が違う、逃げるに逃げられんからイヤイヤやらされる。それで、こんなんやってられんと、逃げて帰る人もおる。その逃げて帰った連中が二人倒れているのを、僕は守口の近くの淀川堤で助けたことがある。夏の暑い時です。おまえら、なんやねん言うたら、それも炭鉱出身や。釜ヶ崎から仕事に行ったけど、スト破りだけはできへんと、彦根から歩いて帰って来た。それで淀川堤で飲まず食わずで、二日ほど

昭和29年6月17日　（木曜日）　朝日

会社側人夫怒り出す

日当は未払い、条件も違うと

【大垣発】近江絹糸大垣工場では、十六日夜に入って会社側が新労組に対抗させるため雇い入れた臨時人夫たちの一部に「賃金支払い要求の闘争を起そう」という空気が現われている。

会社側に雇われた臨時人夫約二百七十人のうち三十人が「われわれは大阪の天王寺公園でブラブラしていたところを、日当四百五十円、飯は食い放題、一日タバコ三箱、晩酌つきで争議中の工場の警備、整理をする、という条件で雇われたが、生命の危険を感ずるようなことをやらせられ、しかも日給だから仕払ってもらわなければならない日当を未だにもらっていない。その上自分の子供のような若い新労組員とたたかわねばならぬのはどうも困る」というので、代表者達は、このことがバレると仲間の者から迫害される恐れがあるとほかに大垣署に相談を持ちかけている。

近江絹糸争議の経過（29年）

組合員自殺　労相も動く

〈六月〉▽二日、本社（大阪）で組合結成▽四日　全繊の指導で各工場でストに突入▽十一日　夏川社長がヨーロッパ旅行から帰国ビラ戦術、家族の切り崩し、給食停止、暴力作業員によるピケ破り▽十一日、大垣工場で五十数人が乱闘、他工場でも衝突▽十九日会社が本社前でピケ中の組合員にとうがらしを投げつける▽二十五日　小坂労相が三菱、勧銀頭取ら財界三氏にあっせん依頼。法務省人権擁護局、衆院労働委員会、日弁連人権擁護委などが調査開始

〈七月〉▽四日　夏川社長、岸和田工場視察。赤旗殴打事件。東京営業所組合員が自殺▽七日　組合側が本社に出社した会社幹部に暴行、入社阻止▽九日　彦根工場組合員が自殺▽十三日　財界三氏があっせん打ち切り▽十六日　小坂労相、争議を閣議に報告、求人紹介の停止などを決める▽十八日、十九日　各労基局、地検がいっせい捜査▽十九日　中労委があっせん開始▽二十四日　彦根工場で暴力作業員がピケ破り▽二十六日　中労委、五日間の休戦会談を提唱▽二十七日　労使とも受諾▽二十九日　組合側はピケを解き団交予備会談始まる

〈八月〉▽三日　中労委が第一次あっせん案▽四日　調印▽七日団交決裂▽十日　組合側が闘争指令、就労闘争▽十一日　夏川社長、組合幹部九人を解雇、全工場で第二次スト▽十八日　組合員が本社内で発煙筒をたく。組合執行委員ら十九人に解雇通告▽二十三日　組合員ら四十六人に解雇通告。大阪など五労基局は夏川社長ら会社幹部や書類送検▽二十四日　長浜工場で組合員が工場長をつるし上げ

〈九月〉▽十六日　中労委の調停案、労使とも受諾

◇

近江絹糸争議事件処分（大阪高検）大阪地検関係では、とうがらし弾事件、幹部入社阻止事件、発煙筒事件の三件の刑事関係で五人、岸和田工場の時間外労働などの労基法違反事件では一件、四人と会社を、大津地検関係では、暴力作業員によるピケ破り、長浜工場長のつるし上げ事件の二件の刑事関係で七人、無免許のボイラー作業など二件の労基法違反事件で六人と会社、両地検合わせて八件、二十五人を起訴した。うち公判請求したのは暴力作業員だけだった。夏川社長の労基法違反については、将来を期待して、と起訴猶予となり、訓戒にとどめた。

見えないんです。それで、何度も何度も同じシーンを見て、押収したり、提出してもらったたくさんの赤旗と合わせていったのです。なかなか合わない。手間がかかりました。それでも、やっと、たどっていって、組合旗と、それから旗手が特定できたんです。ところが、旗手の前に何人かが柄を鉄棒のようにしてぶらさがるような格好をしていたんです。旗手が故意に夏川社長を殴ったのか、ぶらさがったために頭に当た

七月十八、十九日、女子年少者の時間外労働、深夜業など労基法違反容疑の証拠固めのため、本社、各工場をいっせい捜索した。∨

従業員教育

人権争議のひとつの事実としての労基法違反事件でしたが、争議をきっかけにあれだけ大々的な労基法違反を摘発したのはこれだけですね。

らいました。大量捜査で、手間はかかりましたけど、こうした女子工員の調べの積み重ねに立って、工場長の自白を得ることができるのです。

八月十八日に組合側が大阪の本社の中で発煙筒を二、三本たいて業務を妨害し、社員の一人が煙にやられて倒れ、救急車で運ばれるという事件があったんです。倒れた本人を調べてみると、失神したことになってるんです。ところが、組合側に言わせると「あいつは担架の中でニヤッ

54.8.14 朝日新聞

近江絹糸第二次スト突入

七工場で職場放棄

各出入口をピケで固む

富士宮 八カ所にピケ

解雇通告で返上デモも

彦根、外部の応援求む

中津川、長期戦態勢

けさスト開始 大阪の本社

事務所前で気勢をあげる第二組合員（富士宮工場で）＝静岡電送

昭和の"女工哀史"

応援の組合員の赤旗で頭を殴られた夏川社長（矢印）（29年7月、近江絹糸中和田工場前で）

れだけ時間外労働をしたか、だれに指示されたかなどを調べたんです。

女子工員の中には組合に好意的な子もいるし、会社に好意的な子もいるわけです。組合寄りの子は話をするんですが、愛社精神の強い子は会社のことを話したがらないんですね。会社の方では女子工員たちを毎朝集めて、「大雄大慈のみほとけの――」という社歌を歌わせるなどの従業員教育を徹底させていましたから、素直に会社のため、いう子がいるんですね。時間外労働で「しっかり働けよ」と、だれが回ってきて指示したのかということを聞いても「言われたんではありません。会社のため率先して残業したんです」と弁解するんです。

劇的な捜査ではなかったんですが、殺人や強盗、収賄殺人を調べるのとは違った意味での捜査の難しさがありました。というのは時間外労働は会社側が日常的にさせているので罪悪意識がないんですね。特別なことをした場合はよくおぼえているものですが、日常のこととしてさせていたことなので、くわしく、おぼえていないんですね。それはわれわれも同じですが。

女子工員たちは争議が長引いていましたから、かなりきたえられてしっかりしていましたが、なかには自分の方が罪になると思っているような女子工員もいました。これは選挙違反で戸別訪問の被訪問者を調べる時も同じですね。被訪問者も悪いことをしたと思うんですね。「そうじゃないんだ。あんたは被害者だ。守ってやろうと思ってやっているんだ」と説得して、やっと理解しても

工場正門にバリケード代わりに止めた会社側のトラックを押しやる近江絹糸従業員（29年6月15日）

くれている、と山岡さんは信じている。

この争議のリーダーは、現在彦根市議の朝倉克己さん(五三)(同市城町)。争議の四年前に山岡さんと同じ鳥取県から集団就職した。三島由紀夫が争議を題材にした小説「絹と明察」の主人公のモデルにもなったが、その朝倉さんも、当時は「ロックアウトという意味さえ知らず、戸惑った」ほど何も知らなかった。

争議に駆り立てたのは、結婚の自由さえ束縛されたことに対する「やむにやまれぬ人間的要求」だった。

しかし、水面下で仲間とスト決起の準備を進める朝倉さんは、会社から「不穏分子」としてマークされ、作業中は見張りが、定時制高校への登下校には尾行がついた。相談はすべて授業の合間に行い、寮では寝静まってから連絡を取り合った。寮監の見回りにあい、何度も二階の窓からぶらさがって隠れた。

決起は二十九年六月七日午前[illegible]時と決まった。「その前夜、学校の帰り、ある旅館から本社に決起日時を連絡したんです。ところが九時ごろ工場に着いた途端、幹部が待ち

「近江絹糸事件」関連新聞記事

歩いてる、彦根から。もうすきっ腹で。それで淀川堤、寝屋川のへんで倒れておったんや。

これが、近江絹糸の労働争議に支援がようけ入っていく始まり頃です。それまでは、今みたいなマスコミの情報がないしね。ちょっとした女工さんのストライキやいうぐらいやったんやけど。あれは悲惨な、しかもやっぱり以前の女工哀史なんかとちょっと時代の違う、近代型の女工哀史やったわけです。

それから旭硝子。本工がストライキする。できてるガラスを搬出できん。その時に日雇いを連れて行って、荷物を搬出させて、得意先をつなごうという策をとる。目の前でスト破りや。それで陰では日雇いがスト破りしたと。その日雇い使うてんのはヤクザやけど。戦前なら、有名な千葉県の野田醤油の大争議でも、あれは結局ヤクザが日雇い連れて行って、スト破りしたんや。旭硝子のスト破りがあった時に、労働次官通達で、争議現場に日雇い労働者を派遣してはならんという、一九六〇年以前ぐらいに、そういう次官通達が出てる。

一九五三年（昭和二十八年）頃、そういう話を上部機関の会議に、ことあるごとに出したんや。僕が会議で話する。そうだ、その通りやと言う。それで次の会議になると、きみ、この前の会議でルンペンプロレタリアート、ルンプロというね、その話は止められてるはずやないかと、なんでまたむし返したんやというふうにね。僕はもう決着つくまで話を出していくわけや。中央委員会から来ていた、そんな会議の席でもそういう話、失業労働者の話と、治山治水、淀川とか、そういう山と川の乱開発の問題をね。淀川の水害の話を出して、上流の乱開発が淀川の水害を起こしたというところから。

その時は、会議の席上、そうだということで、満場で認められる。次の会議になると、なんで地方の方針にないこと言うか、と。というのは、反米闘争一本でやりよったんや、当時。地方自治とか、そんなものは反米闘争に勝ったら全部できるんやと。民主民族戦線というて、民主政府ができたら何もかも解決するという、もう短絡した話。

そんなで、もうとことん煙たがられる。僕は現場踏んでる。上の人は、言うたら書類報告だけです。上級に出す報告は、きれいごとしか言うてないもの。そんな中で、嫌われながらずっとやってきて。結局党内の官僚主義やな、そいつに反発して、もうとことん叩かれた。

査問にかけられて、だれと会うたという問いつめがきたから、その人の名前を出せば、その人がまた僕がやられたようにやられる。それをたとえていうたら、党を権力と同じ扱いしたというて怒るわけや。

終戦後に出獄戦士歓迎人民大会という、そういうところで触発されたというのか、そういうものが見えてきたというのか、それ以前は、僕、手さぐりの生き方やったからな。つまりそこへ行ったことはある意味で偶然やったけど、何か心の中でモヤモヤしていたものが、人民大会いうところに出てみて、燃え上がったというような感じかな。それで出会うたのが岩本さんであり松下幸之助やったんやな。それと、加藤弁護士。ぼくの入党推薦者二人、それが岩本さんと加藤弁護士や。

この加藤弁護士いうのは、有名な河内平野で軍馬の徴発反対をやって、それで治安維持法で逮捕されて、神戸刑務所に入れられて、神戸刑務所が空襲で焼けた。火事の時は江戸時代でも、四十八時間以内に帰って来いということで全部解放する。その時に加藤弁護士だけは独房の中に閉じ込められてた。ところが刑務所だけが焼け残った。出た人が死んで、というのは、アメリカも刑務所は爆撃しません。その人が戦後に自由法曹団、共産党系の弁護団にいた。それで衆議院議員に出た人でね。その人と拘置所の金網越しにケンカしてしまった。

僕は、その時その時で仲間はあったけども、ずっと結局、どこへ行っても、最終的には一人です。いったん組織に入っても、最終的に一人でがんばらざるをえないところに行く。立派な魂というもんやないけど、ちびっこいガキの時分に、警察で言われた、やっぱりおまえはサル山の大将やと。これは確かにいまだに残ってるね。

反党分子とリンチ除名される

一九五四年（昭和二十九年）冬のある夜明けのこと、ひそかにドアを叩くものがおったんです。「深夜の訪問者があると生きて帰れない」というゴーリキの一節が党内でささやかれていた、そういう時期やったから、「ああ来たか」と心に期するところがありました。暗い部屋に入ってきた数人が、押し殺した声で「ちょっと来てくれませんか」と言うんやけど、これは同志の言葉やない。車に押し込んで連れていかれたところは堺の耳原いう所やった。昼夜二人ずつの監視付きで二か月近く監禁され、何もすることなく時が過ぎていったんです。後にわかったんやけど、この間、何人かに同じ事が起きていた。

ある夜明けに顔を洗いにいった時、隙があったからそのまま外に出た。日が暮れるまでどこを歩いたんか覚えてへんけど、夜になって戦前からの党の長老の岩井さんという医師のところへ行って事情を話したんです。

結局二日後にまた元のところへ連れ戻されてしまったんやけど、党内官僚の荒堀が、「岩井さんに何を話したのか、他に誰のところへいったのか」と、くどくど聞いてきよる。僕は答えんかった。言えば、その同志が同じ目に合う。岩井先生の所へ行ってなかったら殺されていたと思う。

その翌日には、堺から山の方へ行った黒山という所へ連れていかれました。肉切り包丁や鎌、鉄棒を持った数人がついてきて、着いたところは炭焼き小屋。渡辺という府委員会の男が僕の両手を縛り上げ、リンチを加えてきよったんです。腹をけられた時に「ううッ」と唸り声が出たところ、奴らは「仲間を呼びやがって」と言いながら血を見て興奮したのか、「これも革命の一コマというものサ」とキザな言葉を吐きよる。

奴らは結局、なんの理由も言わないままに反党分子として除名申し渡しをしよった。

僕が数日たって、府委員会に異議申し立てに行ったところ、府委員会の留守番みたいなUという男が「反党分子の来るところではない」などとほざいて、数人がかりで押し出しやがる。その時には、除名をめぐって党内でも何人かの人が動いてくれました。この時僕のことを反党分子呼ばわりしたこのUやけど、こいつも後に離党したらしく、別の党派の新聞にU画伯なんて書かれているのも見ました。

トピック　リンチ　除名

僕はリンチをくろうた頃から、そのことにはあんまり腹がたたなかったね。むしろ滑稽な思い出にしかすぎん。「反党分子」呼ばわりして追い出した奴があとで離党しているのに較べたら、リンチくらうほど反抗して除名されたことは、僕にとってはむしろ名誉の除名やと思うとる。

リンチから数ヶ月たってのことやけど、党が「除名を取り消すから、自己批判書を書いて提出しろ」と言ってきよった。僕は逆に、違法な除名をした者の自己批判書を求めたんやけど、「除名はなかったことにするから、リンチもなかったことにする」ということを言いよる。こんなんは保守党の決着と変わらんことや。その頃は党内にもいくつかの派閥が出来かけていた頃で、そういうところからも呼びかけがきていた。

除名から数日は、早く党に戻りたい一心やったけど、日がたつにつれて、入党した頃の党とは全く違ったものになってしまっていたような状態やったから心は離れるばかりでした。

この間僕の傷だらけの体をかくまってくれた幾人かの同志、シンパの人にも、このままではいつか迷惑をかけることになってしまうと思うて、置き手紙をして出てきました。後年出会った人からは「君の除名後、地区内は疑心暗鬼、火が消えたようだった」と聞かされたし、これも後に分かったことやけど、同じような党内官僚供の不当除名は各地で発生して、ある人は心身ともに疲れ果てて一切の政治活動から離れ、また一部には反対の立場の政治団体にはしってしもうたものもあれば、自ら命を絶ったものもある。軍事方針という名目で火焔ビン闘争を煽り立てた奴が、責任を獄中の同志にかぶせて、己はうまく立ち回っているというのが現実や。

それからやむを得ず京都のおふくろのところへ行きました。

肋骨にひびが入っていたこともあって、しばらく休んでいたんやけど、そこへも党が嗅ぎつけてきよったし、別の派閥も来よる。公安警察やＣＩＣ（アメリカ占領軍の民間情報局）らしきものも来た。床下から天井までめくって何を探したのか知らんが、外から帰ってきてそれを見たとき、僕は、ここにもおれんなと思うて、おふくろの家からも出ることにしたんです。それで、京都駅の近くの五十円で泊まれる宿があったのでそこに泊まることにしました。

国鉄の山陰線の二条駅、あの駅の裏に、当時、国鉄の豆炭工場があった。石炭は昔で、当時は全部豆炭。灰が少ないのと、火力が強いので効率がええから。石炭を粉炭にして、それで黒砂糖と練って混ぜて、あの丸い形の、普通豆炭いうけど。それを練って作る工場、国鉄の二条駅の裏側の方、旧二条いうところにかなり大きな豆炭工場があった。これも、現場は国鉄の職員はほとんどおらん、監督だけです。原料の運び込みと製品の運び出し、積込みも全部臨時雇いです。京都は今でこそ日雇いがいるのは内浜だけになったけど、むしろ二条駅の裏の方の御前通りとか、あのへんが日雇いの溜まり場やった。

内浜というたら、京都駅の東側の、七条河原町のあの一帯。東海道線が東山トンネルから鴨川越えて、京都駅に来る、あの線路の両側、京都にいた時、あそこらを転々としてました。いまだに残ってるドヤもあります。

内浜の通り

住宅を改造した小部屋（内浜）

京都の映画撮影所で働く

そこから撮影所の仕事に行ったんや。当時、京都は撮影所が五社協定、六社協定で、映画は全部二本立てになっていた。一年五十二週、それで二本立て言うたら、一社で年に百四本、映画作らななならん。だから新東宝というのは、一週間で一本映画撮ってた。そんなんで、だれでも雇う。京都駅に手配師が出る。

とにかく駅へ行って、手配師に雇われて、ロケーションの仕事に行く。ボロ布着て、竹槍もって、田んぼの水をポンプで吹き上げてる中を歩くだけで六百円。そんなことしてた。ところが、それなりに僕は、こんなもん六百円でやれるかいというので、汚れ仕事やったら、水かぶりに五十円出せとか、現場闘争やる。これがけっこう出しよるのや。そんなんで撮影が止まってしもうたら、俳優さん待たさんならん。俳優さん、かけもちで、もう二時間おきに、大俳優はあっちへこっちへと動かさなならんから。現代劇やってると思うたら、かつらかぶって時代劇やってるような、そんなギャラ何百万の俳優さんを待たすとえらいことになる。日雇いがゴテて、それで止まってしもたらどうもならんから。

　ロケーション・マネージャーというのがおります。これが札束を詰めたトランクを持って来てる。それはヤクザ対策で持って来てます。地元のヤクザが妨害に来るから。それに、いろんなトラブルやら、木伐ったり、いろいろせんならん。そういう時に、みな現金払いで。これは取れるないうので、それから濡れ手当て、雨手当て、泥水手当て、ヒルがついて血吸うた、もう五十円出したれとか。なんでも五十円単位やったから。ただひとつ京都疎水でハマリというて、飛び込みやったやつは、普通の濡れ手当やなしに、風呂、石ケン手当というて百円取ったんや。

　黒沢明の「蜘蛛の巣城」、あの撮影場所が饗場野（あえばの）の演習場です。あの山の中で、森がグーと動いて山に迫ってくる風景、あれはみな灌木を伐って、背中にくくって、二千人が山に向かって歩きます。上から映すと森が動いているように見える。みなどろどろですわ。

　そんなんをしばらくやってたけど、そこで歩いてるだけで六百円、こんなことばっかりやってられん、それで大工仕事覚えました。野外のロケーションの大道具の建物建てたり、叩き大工です。

　その叩き大工やった時分に、どういうもんがいる、こういうもんがいるって、まだ物がなかった時分や。それで大阪の日本橋の五階百貨店、明治時代から続くヤミ市場みたいな。何でも売ってる、靴片方でも売ってるところや。映画で、千両箱を山賊が盗っていって開けたらクギが出てきたと。そんな折れクギどこにあるんや、日本橋行ったらある、僕といっしょに行ったらほんまにあるんや。

トピック　映画撮影所　ロケーション・マネージャーのヤクザ対策金　五階百貨店

それで結局、僕は便利係物資調達係でね。日当六百円の仕事で行ってたんが、だんだん上がって、しまいには一万円近くもらえるぐらいの道具方になっとった。それからあと、まあいうたら手配師や。行列が三百人いると、京都駅で三百人なんて、なんぼあの時代でも、にわかには集まらん。釜ヶ崎で手配する。

鴨川堤で大名行列なんか三百人、五百人の行列するいうその時に、電柱がある。柱に松の木の皮を巻いて、後ろで針金で絞って、枝つけて、対岸が映る部分も、コンクリートの建物があったら、その前に偽物の柳の木を植えるわけ。もうそんな速成映画やってた。鴨川の上流もアスファルトで。その上に洗濯ノリ溶かした水を、バケツに振るってバーッと撒く。そこへ砂撒く。それで、「下にー、下にー」とやる。警察には二時間だけという交通規制を頼んで借りてるから、終わったらすぐ、また水撒いて、デッキブラシで洗わんならん。それで全部砂取って、元の道路にして返さなあかんから、人海戦術や。安い賃金の日雇いを使う。

あの時分に八十人乗りバスがあった。それに百人以上乗せる。それで京都へ連れて行って、その仕事もにわか仕事やから。バス往復と二時間ほどの撮影の時間に合わせて、ちょうど一日分になる、だいたいそんなのが五、六百円。

結局、僕はそこで、歩きやってては芸がないわと思うて、叩き大工を覚えた。その叩き大工が今でも時々役に立つ。

一九五六、七年（昭和三十一、二年）頃から、いわゆる映画の全盛期。五社協定の、日活ができて六社という。六社が二本立ての映画を、各社がみな年間百本以上の映画を作る。その過半数を京都で作っていた時代です。とにかく映画というのは下っ端がようけいる、エキストラの仕事もあるけれども、屋外での設備をしたり、そういうロケーションの設備をしたりする仕事があったりして、そんなんやってたんやけど、テレビがどんどんのびてきて、映画が下火になって、各地の撮影所が閉鎖されたり、縮小されたり、それでこの仕事も見切りをつけようなという時期に、一つはきていたんです。五〇年代の後半にはね。

京都でもいくつかの映画撮影所が閉鎖になってきていました。たとえば、松竹の下賀茂が一番先に閉鎖になりました。その閉鎖に反対して一応労働運動があったり、そんなんにも応援に行ったり、結局、下請けも切られていくから。僕はもともと、もうちょっと本格的な土木建設の仕事にという思いがずっとあったんや。ただ、この撮影所の仕事いうのは、収入がよかったんです。その当時の日雇い労働の十倍近くです。毎晩、京都の繁華街飲みに行った。極道商売やから、そういう酒と女と博打、そのうち、僕は酒やったけどね。

覚醒剤。これはひどいもんでした。もう有名な俳優でも、次々と覚醒剤でつぶれていきよる。撮影の途中で主演女優がおらんようになってしもうて、それを探しに。そういう時に覚醒剤を売ってるところへ探しに行けば見つかる。僕は尼崎まで探しに行って、見つけたことあるけど。

トピック　覚醒剤

そこへヤクザ、僕は撮影所でヤクザを知ったことで、後に土木、港湾の仕事の中でヤクザたちと対応できるいろいろ知識を得たわけです。芸能界とヤクザというのは、もう本当に密接な関係がある。

僕が港で思い切りやれたんは、京都の撮影所で仕事して、一緒に飲んだりして、ヤクザの内幕をよう知ったから。今もう京都で大親分になってる、そんなんと一緒に飲んだことがある。その時は身分も何も知らん、彼らは聞いてほしいのや。ようしゃべってくれます。薬の話から、いわゆる女衒。どないして遊廓へ女を連れ込んでくるか、その女たらしの手口やら、それはすっかり話しよった。

映画が斜陽になって来て、そういうことで、一つは仕事の先行き、見通しがだんだん暗くなってきたのと、そこへもってきて、この世界の雰囲気というかね、合わんのや、まともやないことがきらいやった。人間金儲けだけやないで、いうことでね。

それは一九五六、七年から六〇年頃まで。それで六〇年頃、撮影所の仕事で儲けた金を持っては、六〇年安保闘争とか、それから三井・三池闘争の応援に行ったりしてました。

一九五四年に共産党を除名になってからは、まさに一人孤立無援、いわゆる一匹狼です。六〇年安保には、いわゆるタイヤの空気抜いたり、ガソリンに砂糖入れたり、もうほんまの一匹ゲリラでやった。

三井・三池も二回ほど行きました。後に港湾闘争の中で会うんやけど、三池で知り合うた人は何人かいました。もう総評の時代やったから、三井・三池に総評のオルグがみな行ってます。後で七〇年代に港湾とか建設とかの労働運動ができてきた頃、オルグに来た総評の闘争歴のある人らは、三井にみな行ってますから。おっ、三池で会うたやないかというのが、何人かおった。

六〇年に安保があって、六一年に釜ヶ崎の第一次暴動があるんやけど、ちょうどその頃に、僕の目は釜ヶ崎へ向いてた。

それ以前から何回か、釜ヶ崎に出入りはしていたんや。ロケの人集めに行ったり、ちょっと新世界で遊ぶ時に、釜ヶ崎のドヤを仮の宿にしてね。

第3章

第一次釜ヶ崎暴動の渦中に飛び込む

釜ヶ崎で暴動が起こった

一九六一年（昭和三十六年）の八月一日、釜ヶ崎で暴動が起きた。当時、僕は、京都内浜の木賃宿に宿泊してました。夜遅くのテレビニュースを見て、大阪－京都間を阪急バスが深夜バス出してたから、二日の夜明けには、まだくすぶってる釜ヶ崎に、石ころゴロゴロの釜ヶ崎におった、その風景ははっきり覚えてます。二日の夕方から労働者が仕事から帰ってきたら、日の暮れに、夏の暑い時やから、七時半頃です、霞町の交差点、今の新今宮の駅前にもう四、五千人集まってる。そういう中で、前夜の連続で、逮捕者がもうすでに前夜でてたから、それで西成（にしなり）警察に群衆が集まって行く。四、五千人が西成警察を取り囲む。当時は近くの電車の土手がみんな上がれたから、石はなんぼでもあった。それで石をドンドン投げて、建物も今みたいに高層化してないから、見通しようきいた。

最初の晩はもう一方的に警察が包囲されてしもうてた。ただその中で、地元のヤクザがさかんに、警察やってしまえというあおりをやるんですわ。そのやり方があまりにもしつこい。ヤクザが自分は投げへんのにバケツに石を持って来たりして、チンピラに運ばせて、そういうことがあったんや。

第一次暴動の発端になった交通事故、六十二歳の労働者がタクシーにはねられて、体がケイレンしてるのにムシロかけて、死体扱いした。そのことから騒ぎが起きたんやけどね。その時に西成署から来た警部補が、「おまえら、税金払わんと文句ぬかすな」と。「税金泥棒」と、巡査にはみなそない言

トピック　ヤクザのあおり

1961年(昭和36年) 8 月．第一次釜ヶ崎暴動。西成警察前でゴロ寝する労働者

うた。税金泥棒言うてる相手に、おまえら税金払うてない言われて、爆発したんやね。それが今度は、ヤクザが石持ってけしかけてくる。

ところが、当時の釜ヶ崎の労働者と今と違うのは、若かった、二十代、三十代が多かった。炭鉱離職者が多かった。前年の三井・三池があったように、ほかでも炭鉱つぶされて。これが日本のエネルギー政策の転換、石炭から石油へ、山で失業させて、その失業した労働者を釜ヶ崎とかその他、建設労働のところへよせてくる。二十代から三十代、もっと若い子で十六、七から十八ぐらいの子。今でも十八であの当時からおった子知ってますけど。僕、自分の若い頃のような子が好きでね。

十八ぐらいの子が何で来てたかいうと、当時流行ったのが集団就職。中学卒業して集団就職するんやけど、みんな田舎の子で、関西には長崎の五島とか、壱岐とか、あのへんの漁師の子が、当時今ほど漁業できなかったから、船も小さかったし、都会で金儲けして船を買いたい。船を買う資金を得るために、若い子とか、おやじとか、おじさんとか、家族ぐるみで男が出稼ぎに来てました。血気さかんや。とくに炭鉱から来た連中は、閉山闘争を知ってるから。だからヤクザがあおるのは、自分らの事務所に労働者の矛先が向かってくるのをおそれたんです。

それで、警察を主に攻撃してるけど、二日目の晩ぐらいに、山田組の事務所へ、労働者二千人ぐらいが行って、叩き壊して焼き討ちしたんです。

その時に警察が山田組の幹部を、暴動を煽動したということで逮捕する。これが当時、みなも言う

トピック　炭鉱離職者　集団就職　逮捕という名目でヤクザ保護

●第一次釜ヶ崎暴動を報じる新聞

新聞（夕刊）昭和36年8月2日 '61 水曜日

釜ヶ崎 集団暴力事件はなぜ起きた

朝日

"どん底"の不満が爆発
輪をかけた付和雷同

まずい警察の"作戦"

"日雇ゆ

新聞 昭和36年(1961年)8月3日 木曜日 第28745号 (日刊)

朝日新聞

崎 再び暴徒の町

交番焼き民家延焼
深夜 見物含め一万人

未明、大半散る

阪堺線とめる
国・市電にも投石

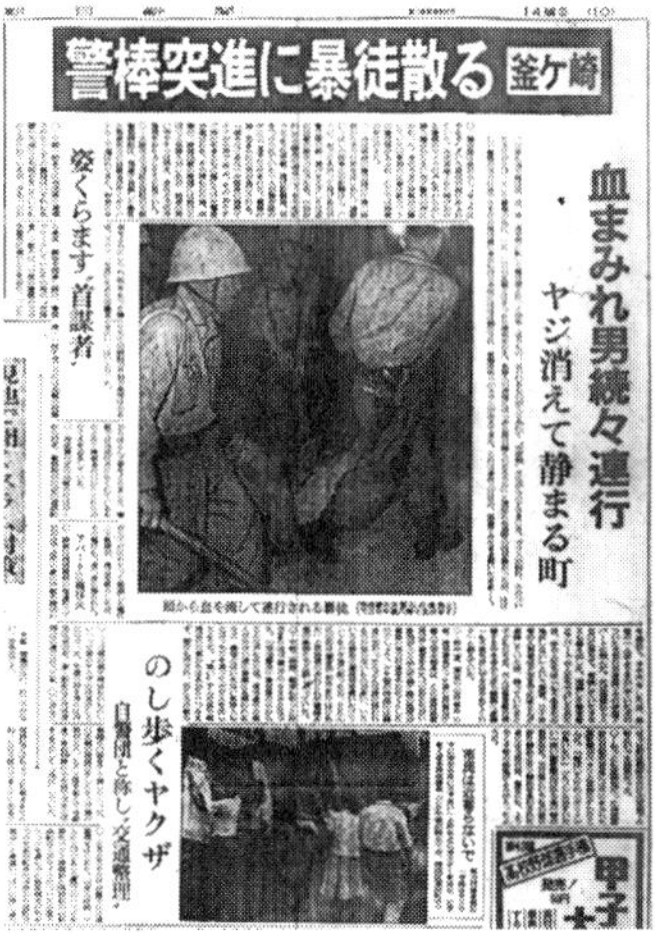

警棒突進に暴徒散る　釜ケ崎

血まみれ男続々連行

ヤジ消えて静まる町

姿くらます首謀者

のし歩くヤクザ

自警団と称し交通整理

警官六千人出動

朝日 1961. 8.4

装甲車を先頭に鎮圧

暴徒と衝突　負傷二百六十人

血みどろ、市街戦さながら

警棒の雨・うめく暴徒

アパートに放火企てる

大量検挙へ

警察庁　鎮圧体制きめる

腰抜け機動隊（1990年〔平成２年〕）

木製の楯（1961年〔昭和36年〕）

たし、新聞も一部書いとるけどね、逮捕という保護をしたんや、労働者に殺されへんかというので。逮捕という名目で留置場へ入れたんやけど、そのために山田組の幹部二人がブタ箱で首吊って死んでしまうんです。これは口封じやと思う。

山田組というのは、第一次暴動で結局焼かれて、親分も後に逮捕されて、親分はカッコつけて自首という形をとるんやけど。

暴動の鎮圧

暴動は五日間続くんです。四日目ぐらいから近畿管区警察局って、警察の上部が指令をだして、近畿管区全体から動員されて、一万二千人ぐらいの警察官が導入された。三日目ぐらいには、暴動の中で巡査がピストルを、取り上げられた事件があって、これで警察があわてたんやけど。

というのは、その一、二年前に、大阪で巡査が強盗に、お母さんを守らんならんためにピストルを渡してしもうて、その強盗がピストルで事件を起こしたいうことがあったんです。これは長谷川一夫の息子の林成年、あれが部長刑事になって、西成警察がロケで映っている「刑事部屋」という映画にまでなってる。そういう事件があって、生々しかったんやね。

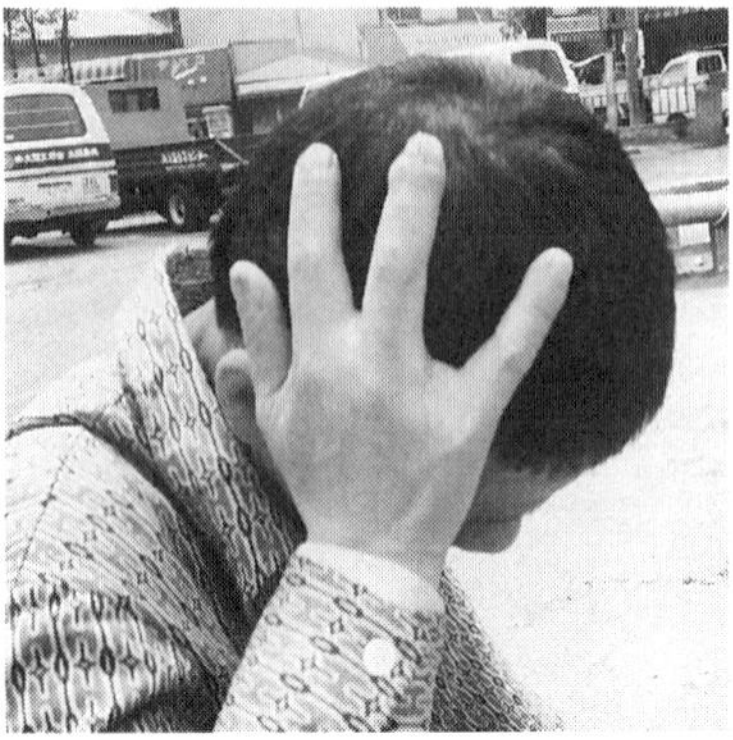
頭をかかえた上から警棒でドツかれ，薬指をとばされた

大阪市にも暴動
米屋廿五軒を襲ふ

米屋を破壊し
洗ひ浚ひ持ち去る

鈴木商店を狙ふ

西陣方面亦衝突

派遣軍司令部の出發

寄附

米騒動を報じる『東京朝日新聞』の記事（大正７年〔1918年〕８月13日）

三日目ぐらいから双方に死者もでたし、四日目には徹底的に警棒の使用を許可するという、あの警棒というのは普通は排除するために、押すとかぐらいやけど、その警棒を使うてもええというのは、やっぱり許可せなドツかれへん。それを大阪府警本部が警棒の使用を許可すると。正式に暴動と認定するという、これは、規制するための口実がみなそろうてくるんです。

僕もその間ずっとその暴動の渦の中におりました。僕は六〇年安保も行ってきたし、しかしその中で釜ヶ崎での暴動というのは、こんだけ動いているけど、だれが指導するでもなし、自然発生的。指導者はなかったんです。指導者があったら、こんだけのことできまへん。それほどみなの怒りのエネルギーが大きかったんですわ。

僕はその当時、米騒動の本をかなり読んでたから、大正の米騒動、あれはもっと規模が大きかったけど、その米騒動と釜ヶ崎の暴動と両方を照らし合せてみたら、結局、どっちも自然発生的に起きている。米騒動はやがて全国に広がった。怒りが激しかった神戸で、鈴木商店というのが焼き討ち食ろうてということがあったけど、暴動が一番大きゅうなった。それで、釜ヶ崎の暴動も、結局は米騒動の大阪版やなと。

僕の思いとしたら、これだけのエネルギーで、これだけの矛盾が、結局五日ぐらいの暴動に終わって、それから、ずっと逮捕者もでて、徹底的に鎮圧されたから、これ何やったんかなと。何も残らへんねん。ただむなしいだけですわ。そのむなしさが、僕が戦後のいろんな労働運動やら、六〇年安保以前に、第一次の安保ができる頃から、いろんな運動で反対するけれども、結局弾圧されて、ドツかれて、犠牲者だして、運動が終息していく、これのくり返しやないか。

本当は何も問題は解決してない。そういうことで、いっぺんこれは釜ヶ崎でやるか、と。当時、僕も模索してたんや、どこへ行こうか、何をするか、と。

釜ヶ崎の暴力手配師とイカサマ博打

当時釜ヶ崎に、山田組という、有名な暴力手配師が出とった。これが釜ヶ崎の手配師を全部たばねている、「会長」と言われてたけど、ひどい暴力手配師です。

僕も二、三回行ったけどね。ダンプカーの上に労働者をみな放り上げるんです。ダンプカーの上にシート掛けてあった、ダンプカーには人間積んだらいかんのやから。その中に木刀やなんか持ったヤクザが二人ぐらいおって、そして放り上げた労働者をみなダンプカーの中に押し込んで、それでそのままシート掛けて連れていく。どこへ着いたかわからん。着いたところでダンプの荷台をバーッと上げて、ジャリを落とすみたいに人間をみな落としてしまう。危ないから、みな自分で飛び出したり。着いてみたら大阪ガス、此花区の、大阪港の一番果てにガスタンクがずっと並んどる。あの大阪ガスの北港とか、酉島（とりしま）とか。

当時は効率をよくするために、ガス会社で石炭からコークスにする。そのコークスにする過程でガスが取れる。そしてコールタールも取れる。そういうところの船から、石炭やらコークスの荷揚げをする仕事。ものすごい埃、コークスなんかやったら、見てる間に真っ黒になってしもうて、目も鼻も耳もみなほこりで詰まってしまうような。釜ヶ崎でも、ガス会社いうたら、みな行かないんや。そういうダンプカーに放り上げて。慣れないときにそんな目に会う。僕も最初の頃、一、二回ひっかかったんは、まだ釜ヶ崎素人の時。うろうろと歩いてたら、何かわからん間にいきなりグーッと放り上げられて、そんな目に会うた人は何百人とおります。結局、人の行かない仕事に。

その時分に、土木の仕事に行くと、まず雇われてマイクロバスに乗る。マイクロバスに乗ると、手配師が五十円ずつ金集めるんです。これ、手配してもらったお礼を手配師にまず取られるんです。手

トピック　警棒使用許可（二四一ページ）　指導者のいなかった自然発生的暴動　山田組　石炭・コークス荷揚げ

配師は手配料として一人なんぼと会社からもらいます、その外に労働者からも手配料を取るという、山田組はそういうこともやっていた。その当時のピンハネ五十円は大きいです。五十円あったら、めし食えたからね。釜ヶ崎で焼酎がコップ一杯二十円でした。バクダン言うて、ラムネで割ったやつ。こわい焼酎です。変成アルコールを活性炭で濾過した、ヤミ焼酎です。とにかく山田組の手配師はそこまでやりよる。金持ってなかった時は、夕方引かれます。それほど手配師というのは、もう二重のピンハネをしていた。

日当がその時分でだいたい千円前後、八百円ぐらいから、千二百円いうたら、よっぽどきつい仕事でした。コークスなんかやったら九百八十円。日雇いは雨降りは仕事ないし、季節によってない時もあるし、必ずしもフルに行かれん。

文句言うと、殴る蹴る、警察も相手にしてくれんのです、あの時分は。雇うてもろて文句ぬかす方が悪いんやいう。そういう日頃の警察の労働者に対する対応が悪かった。そのことが怒りの最大の原因ですわ。

その頃に、ぼったくりのシャて言うて、ヤクザっぽい、ヤクザではないけどもヤクザに近いような、腕の強いやつやけど、そんなんが四、五人グループでおった。一方、いわゆる手配師を通さずに、町の工務店の親父さんが、マイクロバスで五人ほど雇いに来ることがあるんです。そうすると、その山田組が、そういうぼったくりのシャていうのを、そこへ送り込むんです。それで現場へ行ってから、何とかかんとか言いがかりをつけて、一日仕事せんと、それで日当だけ取って帰る。それ二、三回くろうたら、もうどないしようか、結局、手配師に頼まなしゃあない。それでそれとなしに教えるのや、わしらも山田さんを通してやったら、山田の親分の顔があるさかい、よう言わんけども、少々のことは辛抱するけど、親父さん、そこら考えて、来るんやったら筋通せよていう、一番筋の通らんことを通せというわけや。半端ヤクザで、ちょっと腕の立つやつが手配師になったり、現場の監督になったり、そういうゴテのサクラになったりするんやけど。

手配師というのは、実績というか、そういうのがないとなれん。一応は銀バッジぐらいです。金、銀、銅。オリンピックと一緒ですね。それで金の上に、金に鎖付きとなったら、もう一つ、大幹部になるわけですね。それらが本家、その次が枝、枝の組長、地域の組長ですわ。手配師は、その地域の銀バッジの若衆ですわ。最近それが、一つは労働運動の関係と、時代の関係とで、だいぶんそんなんが崩れてきて、減ってては来てますけれども。まだ残ってます。

手配師はうま味あるからね、親は子にやらせたがりますわな。この頃、手配師でも、もう二代目、三代目の親の跡を継いで、現場を知らん手配師が増えたからね。頭数そろえるだけの仕事しかせんようになった、二代目、三代目いうのがザラにおるわけです。

働いた賃金は働いた賃金で巧妙な手口で持っていかれる。夕方、路上の博打、今でもまだあるけど、路上博打というのは、それはさかんでした。やっぱり博打というのはたまに勝つことがあるから。わずかな金持って、もし勝ったら、明日もうイヤな仕事に行かんでもええと。何の娯楽もない。だから労働者と博打というのは、江戸時代からのもんやけど。それで警察もそういう路上博打は、取締りし

トピック　ヤミ焼酎（バクダン）　二重の手配料　手配師は銀バッジの若衆　警察黙認の路上博打

ません。警察官が前通ったかて、ヤクザも逃げもせんし、大っぴらにやってました。まあ言うたって、十銭博打やと。

一番簡単なんは、向こうから来る、チンチン電車の四桁の番号、次は丁か半か。四桁の両端を合わすと、丁と半か、丁というのは偶数、半いうたら奇数、それを当てる。十円でやるんです、踏切のところで、さあ、次、丁か半かて言うて一応胴元がおるわけです、ヤクザの。縄張りがあるから。それで、十円、二口なら二十円賭ける。ところがちゃんと裏があって、高いところから双眼鏡で見て、合図するやつがおる。それで次は丁や、半やと、これを合図する。そうすると下にサクラがおるわけや。そのサクラは何かうまいこと言いながら、パッと当たる方に賭けるわけですわ。そうすると、みなついつられていく。そうすると当たる。さっきからずっと当たってる。それである時、サクラがそれをバッと逆目をいくわけや。ちょっと勝たして、ちょっとだけ取らせて、それで大きく取るという、これはもうヤクザのやり方です。シカオイ博打というのはそうで、いっぺん負けさす、それから取らす、それでもうちょっと取らす、それでのめり込んでいくと、金額を大きくしていって、それでグーッと引っぱりこんでね。彼らはやっぱりそういう心理をよう見抜いてます。サクラというのはそれが仕事やから。

働いた賃金からピンハネで取られて、帰って来たら残った賃金を博打で取られる。

覚醒剤ヒロポンと日雇い

それで当時から、今でも、今は労働者は高いからあんまりやらんけど、覚醒剤。

当時は覚醒剤は、あれ法律がいつ変わったんか、日本の法律では覚醒剤というのは、あれは後にできたんで、麻薬取締法だけです。覚醒剤いうたら、もう頭痛の薬やとか、武田製薬からヒロポンていうて売ってました。あれ女の人が生理痛の時に飲んだもんです。

戦後、特攻隊帰りが何で覚醒剤中毒なんやいうたら、あれは特攻隊が出撃する時に、みな覚醒剤を飲まされた。僕らでも、海軍で空襲警報が鳴ったら、防空壕の入口で錠剤の武田製薬のヒロポン二つぐらいを口へ放り込まれて、むりやりにみな飲まされる。あれは中毒になる人とならん人とある。僕は全然こたえへん。何粒飲んだかてグウグウ寝てる。ところが中毒になる人は一粒飲んでも中毒症になって、目ェランラン、そして物食べんようになる、水ばっかり飲んでる。一週間ぐらい物食べない。今はシャブ中言うけど、当時はポン中って言ってね。だからやせてガリガリになって、目もとにクマが入る。

当時は覚醒剤のヒロポンばっかり。麻薬はもっと高いからね。麻薬はむしろ芸能人とか、ヤクザの親分とか、金持ってる者がやったんです。麻薬と覚醒剤とは反対でしょう。麻薬は朦朧とするのが多いけど、覚醒剤は興奮状態になる。

麻薬取締法で取り締まれんから覚醒剤取締法というのができたんは、一九六五年前後やったと思います。わりあい遅いんです。それまでは野放しやったんや。

労働者も、一つは娯楽がないのと、当時、徹夜の仕事が多かったんです。今みたいに夜勤という、昼と夜と分けた雇い方やなしにね、港湾荷役はオールナイト。僕でも船で四日間、帰らせてくれへん時ありました。朝雇われて船へ行って、そのまま四日間、船の中でずっと、仮眠しながらやけど。これがどうしても手配の都合で、人の交替が足らなんだ時とかに、二日目ぐらいから、手配師が箱に入れて注射器とアンプルを持って、ヤーいらんか言う。僕は打ったことないから値段知らんけど。労働者向けのは、混ぜ物の多い、仕事させる程度に目を覚ますやつやから安い。

ただ安いいうても、なんぼ徹夜して働いても、上がったら賃金から薬代引かれて行くんです。金払うのはみな手配師やから。会社から受け取って、それから自分らの分をピンハネして、それから手帳見て、だれに薬（ヤク）何本、地下足袋一足なんぼとか、引くわけです。四日徹夜しても、なんぼも残らん人もあった。そういう全然野放しの労務管理の中で仕事するのや。ええようにピンハネされる一方やった。

「ゲンバク」「カミカミ」「オイトオシ」

沖の船の仕事に行く時は、夕方帰れるつもりで行くんです。ところが、迎えのボートが来ない。さすがにあの当時、陸の仕事では徹夜まではあったけど、沖の船の仕事以上にひどいのはなかった。港では、これを「ゲンバク、カミカミ、オイトオシ」って言うた。

「ゲンバク」いうのは、現場交替のことです。徹夜の朝の現場交替で、次の交替が来る時間が八時ちょっと過ぎになる。原爆が落ちた時間や、広島の。八月六日の八時十五分。八時にボートに乗って、現場に来て、交替やぞーって言って、中で仕事してる人間がタラップ上がって、上から交替が下りてくる。そういう時間がだいたい原爆が落ちた時間になる。だから現場交替と原爆が落ちた時間とをゴロ合わせして、「ゲンバク」という。

「カミカミ」というのは、これはわずかな手当てはくれるんやけど、休憩時間なしで仕事やることです。

船というのは停船料が高い。だから荷役急ぐ時とか、雨で遅れたりすると、休憩時間なしで、わずかな手当て、ほんまに五十円か百円やけど、カミカミやぞーって来たら、仕事上がった時そのカミカミの百円プラスしてくれるんやなということでね。弁当を横へ置いて、それで荷物にワイヤーをかけて、吊り上げて、ほこりだらけの中で弁当を一口、二口食べて、また弁当のふたをして、次の荷物にワイヤーかけて、弁当一つ食べるのに一時間ぐらいかかります。それがカミカミ、めし噛み噛み。

「オイトオシ」、これはオールナイト、徹夜です。一応建前は、元請けの三菱倉庫とか、住友倉庫とか、そういうところの契約ではオールナイトは、朝の五時で上がる建前になってます。それがゲンバクやぞ言うたら、交替が来るまで。それで「オイトオシ」言うと、それがまたもう一日、延長する、通しやぞと。徹夜で二十四時間、そこからまたもう八時間、夕方まで。

オイトオシの時間になると、現場は日雇いだけやなしに、常傭労働者が半分ほどおります。その常傭労働者も全部、会社のいわゆる勤務時間表につかんようになる、労基法違反になるから。全部、常傭労働者も扱いが日雇いになります。それで常傭労働者が、日雇い賃金で、低賃金で働くんや。その

トピック　「オイトオシ」は常傭労働者も日雇い扱い

時には常傭労働者には、握り銭というていくらか、正式には汚れ手当て言うねんけどね、みんなニギりって言うね。これは明治時代からのつかみ銭とも言う銭分け。出稼ぎの労働者は、故郷(くに)へ仕送りせんならんから、賃金もろたやつは明細書を付けて、母ちゃんに送らんならん。そして自分の小遣いはそこからなんぼかもらう。その握り銭が小遣いの余禄になるから文句言わん。そういう労務支配でね、結局、低賃金で使う。これはもう巧妙なやり方をするんです。重労働するから、ちょっと一杯、二杯よけいに飲みたい時に、給料からもろた小遣いでは足らん。オイトオシでやったら、夕方上がって風呂へ入る前に一杯飲まな、クタクタですわ。夏やったら、やっぱり大ジョッキをグーッと、もう一息に飲まんとね。もう体はカッカ、カッカしてるし。

夏の暑いところで、船の上というたら、もう一つ暑い。鉄の船が焼けとるから。それで中は蒸し風呂みたいにムンムンしてるから。船というのは入口が小さくて中が広いから。体こわすのもあるし、ケガも多い。そういう労働なんです、港湾労働というのは。だいたい日雇いが全体の六割ぐらいおりました。荷役会社の本工にあたるのが常雇いやけど、常雇い言うても、これも下請け会社の日給月給の、オイトオシになると日雇い扱いされて、握り銭でごまかされてるような労働者で、いうたら日雇いにちょっと毛が生えた程度のもんでした。

そういうのが港なんですわ。土木の方かて、釜ヶ崎では似たりよったりのシステムでやってる。その中でも山田組というのはとくにひどかったんですわ。

体験から見ても、釜ヶ崎の暴動で行政がやったことというのは、暴動の後に、府警本部長と知事と市長の三者が集まって、「愛隣地区」という地名を付けるんです、「隣人を愛せよ」とか言うてね。地名を変えただけでは、中身は変わらん。

これには経緯があったんですわ。当時の新聞を見ると「昨夜、釜ヶ崎で大暴動」という見出しがあったりする。釜ヶ崎というのは地図にも地名はないんです。釜ヶ崎いう地名は、明治時代でなくなっているからね。

新聞の読者というのはおもしろいのがおって、地図を探しても釜ヶ崎いうとこないのに、新聞社がそんなん書くのはけしからんとか。そこで今度は、「西成暴動」って変わってくる。「釜ヶ崎、昨夜も騒ぐ」やけど、大きい見出しには「西成暴動」となったり。

そうすると、今度は西成区全体が騒いでいるように思われる言うて、区の面積にしたら八分の一で騒いでいるのに、それやのに西成区全部が騒いでいるように見られる。地下鉄で二つ離れた玉出なんて高級住宅です、帝塚山の真下です。そこも西成区や。そこに住んでる人が会社へ行って困るんや。きみのとこ騒いでいるらしいやないかと言われて、銀行の就職試験を受けた女子高生が、履歴書の住所が西成区やいうだけで、採用を見合わせると言われたとか。その女の子の高校の先生が銀行へ抗議したら、いや、この子は西成区の子やからと言われたとか。そんなことがあったりして、それで「愛隣地区」と名ァつけた。「あいりん」といえばドヤ街というような地名にね。江戸時代に日本橋筋の

トピック　ニギリ（汚れ手当て）　地図にはない「釜ヶ崎」

南半分を長町と改称したのと変わらない。

それから警察の扱いについても多少は反省の言葉もあるんです。まだ生きている労働者を、死体扱いしたのが間違うてたぐらいの言葉は出るんやけど。これは警察の幹部が処分されるだけで済んでる。その他、「愛隣」対策って、いろいろ福祉対策やら、会議だけはやるんやけど。会議なんかでは何とか委員会というのを作って、公益代表というて大学の先生やら、それから大会社の社長とか、こういう人が名を連ねるんやけど、実態を知らん。できっこない対策ばっかりが答申されて、答申されては時代が変わってきて、立消えになってしもうて、結局ずっと僕この三十余年間見てるけど。

あいりんセンターの近くの道路の分離帯の上に、警察が太陽時計を作った。釜ヶ崎の労働者というのは時計を持たない人が多い。それで朝早く起きて、時間を知りたいわ。その太陽時計、今でも立ってるけど。ススで真っ黒になって針も見えん。それに第一動いてない、近づいて見ても、壊れたままで。こんなんが二十数年、道路の分離帯の上にポツンと立ってるだけ。立てたらもうそれでよろしい、立てっぱなし。ススで汚れようが、針が動かんようになろうが、だれも見向きもしません。

それと娯楽がないからいうので、三角公園にテレビを、ボランティア団体が寄贈しました。今、映ってますけどね。釜ヶ崎で夏祭りをはじめた時分に、テレビで野球とか相撲を見て、興奮して、そこに祭りがあったら、また暴動が起きるというて、警察がテレビに鉄の箱をかぶせて鍵かけてね、見せんようにしてしもたんです。暴動が十七年ほど続いて、やっと収まりかけた頃から鉄の箱を開けて、テレビが再開された。

いまだに鉄の箱の鍵閉めて、それで昼間は映しません。野球とか相撲のある時だけは昼開ける。ふつう夕方に開けて、九時か九時半頃までつけてる。労働者が言うもんね、これ刑務所のテレビやと。向こうがチャンネルから、時間からみな選択して。ニュース番組なんかほとんどやりまへん。相撲、野球、クイズとか、そういうあたりさわりのない番組。ニュース性のあるものは、一切やらんということなんです。

釜ヶ崎の中の娯楽施設いうて、別にこれというて、あいりんセンターの中に、あの広いどでかい中に三十人ぐらいは碁と将棋がやれる娯楽室、これなんかでも僕らが労働組合から要求して作らせて、もっとそれを百人ぐらいのものに広げてくれ言うんやけどね。

遅ればせながら、気ィついたんは暴力手配師のピンハネ問題や。それで、当時、手配師の対策いうのも立てられるんです。手配師対策、労務対策として手配師の問題がかなりでてきて、それで結局、手配師をなくせという世論がかなり起きるんです。

釜ヶ崎では、世論にいろいろ押されて、それで手配師のいらない労働紹介をするあいりん労働センターを建てることになったんやけど、あの建物が建つのに十年かかってるんです。建ったのは一九七〇年（昭和四十五年）や。一九七〇年の、それも十月に建物が完成するんやけど、なんで七〇年にそれを急いで建てようとしたかいうと、万博の労務対策としてはじめたんやけど、間に合わんかったんです。万博の終わる頃の十月にやっとできた。万博なかったら、もうどうなってたか。それほど行政がなんらかの対策を立てて、計画してから実現するまで早くて十年、これは何でもそうでしょう。できた頃にはもう当て外れ、と。

あいりんセンターいうのも、手配師をなくすためにいうて、つくる計画は立てたんやけど、結局できたんは十年後や。

今も実質はほとんど手配師が、求人するけどね、そやから公共の言葉では、手配師という言葉はないんです。求人連絡員。腕章まいてね、青いの、求人連絡員と書いたのね。この路上手配というのは、法律違反なんです。職業安定法に、何人も営利を目的として職業紹介してはならないとある。ただセンターの中だけは労働大臣認可という特別許可でできる。そやから法律上、手配師という言葉は書かれへんねん。求人連絡員としか。だからあくまでも企業と労働者の間を連絡、橋渡しをする仕事やというふうにね。すり替えですね。このこと自体が、何十年言うたかて、理屈ではわかってても実際にはできまへんという、必要悪です、と。いわゆる日本には便利な必要悪という逃げ道があります。いよいよ都合悪うなると、何でも必要悪言うて、逃げますわ。いや、ひらき直りと言うべきかな。

求人連絡員、求職整理員、その上に就労正常化指導員という青腕章を手配師の腕に巻かせたことがあったが、いつの間にか見えなくなってしまった。

第二次暴動以後の経過

第二次釜ヶ崎暴動は、一九六三年（昭和三十八年）五月十七日。この数日雨続きで仕事がなかったが、夕方雨があがり、港湾荷役の夜勤求人のバスがやってきた。

労働者が群がって求人バスに乗ろうとしているところ、通りかかったパトカーが騒動になると早とちりして規制したのがきっかけで数百人の労働者が集まり、かけつけた警察官とにらみ合い、夜が更けるにつれ、双方人数が増えて投石などがあったが、深夜になって解散した。

この年十二月三十一日、仕事がなく、年を越せない労働者が数百人集まりだし、南海電車ガード付近で市バスが動けなくなり、パトカー数台がきて深夜まで騒ぎが続いたが、一月一日の夜明け前に寒さが厳しくなり解散。

一九六六年（昭和四十一年）五月二十八日、前夜から雨で、ほとんどの労働者があぶれていた。

昼頃、新今宮駅南側の碁会所から出火、雨が小やみになっていたので、大勢人が集まっていたところ「消防車の来るのがおそい」ということで、騒ぎが大きくなり、警察の排除が強かったので、移動した群集が、日頃客扱いが悪いパチンコ店に投石、パチンコ店が屋上から放水したりしたので騒ぎはさらに大きくなり、パチンコ店向かい側の交通警察官詰所が焼かれた。

騒ぎは翌二十九日朝まで続き、二十九日夜再び同じパチンコ店前に大勢が集まり、機動隊に追われた群集が、地区外の新世界、ジャンジャン街商店街に逃げ込み、地形を知らぬ応援機動隊の無計画な規制が、市民の反発をかった。

第一次暴動以来最大の騒動となったこの第五次暴動は、地区外に拡大したこともあって規制だけの警察がやっと社会的に問題とされだしたが、なんら進展を見なかった。

この頃から、パチンコ店、果実店などの客扱いの悪さが原因で、店先のトラブルが暴動になる。

一九六六年（昭和四十一年）六月二日、めし屋で六十円不足していたことで、店員が労働者を殴ったことから、騒ぎが数日続いた。通常の市民社会であれば、六十円ぐらいなら「次のときもってきてや」ということで済むものが、ここでは殴りつけるという行為になり、騒ぎになる。

このように第一次暴動以後、地区名を「あいりん地区」と呼称を変えただけで、行政も警察も地区の商店などもなんら変わることなく、暴動が慢性化していった。

一九七〇年（昭和四十五年）になると大阪万博の工事が終わり、仕事が少なくなる。万博景気で物価は上がり、街は賑わっているようであったが、三年ほど前から万博工事目当てに集まっていた労働者は、とまどっていた。

労働者をあてこんで店を拡げたりした飲食店はかげりを見せはじめており、ドヤ（簡易宿泊所）も屋上にまでプレハブを増築していたのが、空き室が多くなっていた。

一九六八年（昭和四十三年）頃から、大学闘争の中から「人民の海」へと若い活動家が労働者の仲間に加わってきた。

一九六九年（昭和四十四年）五月に、釜ヶ崎に全港湾労組建設支部西成分会が結成される。それ以前にも釜ヶ崎には全日自労の支部があったが、これは失業対策事業に登録された労働者の組合で、失対労働者に限定した運動であったので、この時から、釜ヶ崎の労働運動が始まったのである。

一九七〇年（昭和四十五年）十月一日、あいりん労働福祉センターが開所、十二月三十日の第九次釜ヶ崎暴動は、あいりんセンターから始まった。

それ以前の地区内の商店などのトラブルから、労働者の寄り場が闘いの場となり、暴動の質が変化してきた。

一九七一年（昭和四十六年）五月一日に、第一回釜ヶ崎メーデーが計画されるが、地区内のデモは不許可となった。

五月二十五日夕方、港湾荷役の求人バスに集まった労働者に対して、手配師が顔付け（一部の労働者を優先する）求人をしたことに抗議した労働者を恐れて、会社に逃げ帰ったので、労働者は電車で港区の会社に押しかけ、会社側は今後こういうことをしないと、賃金の一部を支払った。

港区から帰った労働者と地区内の労働者が、手配師の対応と、西成警察の介入に抗議して夜遅くまで警察前に集まった。

この頃から、全港湾西成分会の運動方針をめぐって、内部対立が起き、新たに地区に集まってきた活動家たちによって、やがて「野鳥の会」が結成され、運動は多面的になる。

一九七二年（昭和四十七年）五月二十八日に、あいりんセンターの手配師の親睦会会長の鈴木組が、労働者を殴ったことに端を発して、鈴木組との実力闘争となり、労働者の側に逮捕者が出たことから、あいりんセンター、西成警察署前などで数千人の労働者が、抗議行動を行なう。

この鈴木組闘争を機に、「暴力手配師追放釜ヶ崎共闘会議」（釜共闘）が旗上げする。

今まで訴えるところのなかった労働者から労働組合や、運動体が出来たことによって、飯場、手配師などの暴力事件、賃金未払い、労働災害のもみ消し、万博以後の賃金格下げなど様々な問題が寄せられるようになり、問題解決への闘いが始まるが、西成警察はことごとに、労働者の側に圧力を加えてきた。

第一次釜ヶ崎暴動以後、地区内および新世界繁華街に監視テレビカメラが設置される。（地区内十五か所、新世界四か所）。また、あいりんセンター内にも十か所設置された。

西成警察防犯コーナーの「コーナーだより」によって、釜共闘と労働者を切り離そうとするビラが数回にわたり多数ばら撒かれた。

あいりんセンター爆破事件

一九七二年（昭和四十七年）十二月二十六日、あいりんセンター三階北部の便所で、爆発音が起き、黒煙が上がるという事件が起き、やがて活動家数名が逮捕され、指名手配が出る。この逮捕は別件逮捕であったが、それは、神戸の港湾荷役会社が、神戸にあぶれた労働者が多数いるにもかかわらず、

けんか ぼうりょく…110
かじ…119

72年

47.11 にしなりけいさつぼうはんコーナー

コーナーだより 第11号

赤軍派や釜共斗のこんたんはなに？

一ぱい気嫌の労働者らをあおりたてて暴動をおこし何のかかわりもない民家や商店を何回となく荒しまわった赤軍派や釜共斗の若者。

しかし革命のためには“釜を戦場にし火の海にする”ことさえ問題にしていない彼らにしてみれば、今までの騒ぎは小手調べぐらいに考えているのであろう。

九月四日の未明、浪速警察水崎町派出所が爆破された。同じ日、阿倍野斎場でこれと同じ爆弾の材料がみつかった。

それもこれもやっぱり※

“交番爆破は赤軍ラーメン屋”

爆弾作りの女

愛隣

手配の

※“赤軍派のラーメン屋グループ”

のしわざだった。

この連中があいりんに居る限りあいりんに平和はない。

今は警察だけを敵のようにいっているけれど、いつ浅間山荘事件や、テルアビブ空港事件のように、この町の中で誰彼の容赦なく大勢の人の命を奪うようなことをするかも知れない。

みんなの味方や仲間やと、もっともらしい甘い言葉で、それらしいことをしてくれたとしても、それは彼らが騒ぎを起したときその手先になって騒ぐ者をふやすための方法、方便でしかないのだ。

だまされてはいけない。その手にのってはいけない。

彼らの正体をよく知りみんなの力で私達の町あいりん地区を堅く守っていこう！

投稿欄

◆短歌

◆かにかくに
釜の日暮の わびしさよ
今日も酒のみ 明日も酒のむ

◆釜ヶ崎
騒ぐ狂徒の にくらしや
仲間のくらし 奪う奴かな
◆舞野扶好◆

◆人生の歩みに疲れし
われがまなこ
うつろに見ゆる求人広告

◆腰をまげ畠にむかう
母の背に
不幸息子の荷ぞ重きかな
◆立野典夫◆

◆詩

青カンの歌

ドヤ代気にしてすゝり飲み
腹にはグッとしみるけど
心の底から酔えないさ
ドヤ代飲んで二日酔
明日も飲みたい酒だけど
オレのふところからっけつ
ふとんの上にも寝られずに
ごろりころんだ青天井
夜明けの風が身にしみる
◆青田信次◆

◆コーナーだよりに関する
ご意見・ご投稿を・・・
お寄せ下さい・・・

☎ 633 2101 内線 64

西成警察の発行したビラ

釜ヶ崎に求人に来たことに原因があり、港湾法違反行為であるが、業者の狙いは神戸の港湾日雇い労働者の組合つぶしをはかり、同時に釜ヶ崎の労働者を低賃金で使おうとするものであるが、活動家でなくとも抗議するのは当然で、手配師が、いくらかの解決金を支払って神戸に逃げ帰ったのを、警察が事件にでっち上げて、別件逮捕し、あいりんセンター爆破事件として起訴したのである。

この裁判の控訴審において、港湾労働のしくみなどについて証言して欲しいということで、裁判の証人になったことがある。

最初三十分ほどということで始め、証言を始めてから、何回か検事から「本件に関係ない」などと妨害があったが、裁判長が「これから核心にふれるところ、もうすこし簡単に」と証言を続けさせてくれた。

二回休憩を入れて、三時間四十分、日が暮れて遅くなったが、最後に裁判長から「そういう悪い手配師をなくす方法はないものかね」という質問が返ってきた。

「この被告人はそのために闘ったので、法を破るのは港のヤクザ業者です」と答えて証言を終わった。

この裁判では、つづいて現場検証を行なうことになり、控訴審で現場検証を行なうことも異例であると言われていたが、検証当日あいりんセンター内の監視テレビカメラが十か所にあり、所長室の受像機も見た。この受像機は「今は使っていません」という所長の説明であったが、「事件」当時はどうであったか。

被告人二名は、その無罪が確定したが、五年かかっている。

失った青春時代と、出所してきた時には、運動も世情も変わってしまったという。

僕が証人に出ようと思ったのは、かつて一九四九年（昭和二十四年）の三鷹・松川事件その他のでっち上げ事件当時、わが身がいつ事件に巻き込まれるかも分からん苦い経験を、若い活動家に負わせたくなかったし、なによりもこうしたでっち上げ権力犯罪を憎むからである。

あいりん労働福祉センター内のテレビカメラ．今も残っているが，使っていないようだ．

西成労働福祉センター所長室のモニター操作盤．1975年（昭和50年）頃にはこんなものがあった．

新今宮駅下からセンターを監視

その後も、何回か釜ヶ崎の活動家、労働者に加えられた差別裁判の証人に立つことになったが、いつも法廷に司法修習生が何人か出廷しており、道で出会った修習生から、「有益な証言を聞かせて戴きました」と言われたことがある。

数回の証人出廷で覚えたことは、いつもの検察官の妨害に対して、大声で早口で妨害を無視して、まくし立てることとである。

ある裁判で、釜ヶ崎労働者が大型バスで集会に参加しようと走行中に、警察の大型バスが、ヒゲの数が数えられるほど接近して追尾してきたことについて、「警察は車間距離をとれ」と指導しながら「これでは危険だ」と発言したところ、裁判長が「証人の意見を聞いておらん」と言ったので「これだけは是非聞いて戴きたいと前置きしております」と押し通した。こういうやり方は「松川事件」裁判での有名な弁護士の方法を覚えていたからである。

それとともに警察は法廷で、こういう証言をされることを大変嫌うので、そのことを念頭に入れてやったことで、いつも何か問題になりそうな事態が起きたときは、いつ、どこで、どういうことがあったか、必要なことはいつもメモにして残している。

一九六一年（昭和三十六年）の第一次暴動から、一九七三年（昭和四十八年）の第二十一次暴動まで続くが、第一次暴動のあと、未就学児童のための新今宮小中学校がつくられたが、この学校を卒業して就職するとき、履歴書に記入すると就職ができないという差別を生むことにもなり、地域の学校に就学させることが当然と受け入れられるようになった。新今宮小中学校は十年で廃校になる。

労働者には雇用保険日雇労働被保健手帳（白手帳）が交付され、日雇失業保健を支給されることにはなったが、一か月十四日以上の就業実績がなければ失格するので、不況になれば就労日数不足で失格することになり、高齢労働者には不利であり、風邪ひきなどで休業しても就労日数が不足して失格する。

日雇失業保健適用は暴動防止のためのアメだと

言われたこともあったが、行政と権力はこの制度を利用しただけで、今、権力側は、この制度の悪用を助長しているふしがある。

再び警官汚職で暴動

一九七三年（昭和四十八年）六月の第二十一次暴動から十七年暴動は途絶えていた。この間、不況になったとき暴動が起きるのではないか、と言われていたが、不況のときは気力も体力もなくなり、かつての暴動はある程度仕事が出ているときの方が多かったとも言われ、詳しい分析もされず、暴動は起きたとき論議されるが、終わればそれまでということの繰り返しであった。

人の入れ替わりの激しい街で、十七年の年月は、知るものの記憶からも薄れ、労働者の出身もかつての炭鉱閉山などで労働運動を体験した労働者から、工場労働者、ホワイトカラー出身が多くなり、衣、食、住すべての面で様変わりしていた。

かつての暴動ではがされていた地区内の舗装道路も改修され、野球で興奮して暴動が起きてはと、鉄のケースに閉じ込められていた公園のテレビも放映されるようになっていた。

一九九〇年（平成二年）は、花と緑の博覧会が開催され、関西空港の工事も始まっており、京阪奈学園研究都市の工事も行なわれていた。

バブル経済の全盛期であった。

十月二日、新聞夕刊全紙が西成警察の暴力団係刑事が暴力団山口組系から多額の現金を受け取り、バクチの手入れなど捜査情報を流していたことを報道した。

夕方、労働者が仕事から帰ってくる時間である。新聞を持った労働者が警察の前に集まりだし口々に抗議していた。

この段階では、それほど大きな事件になるとは思われていなかったようだ。その数年前から、大阪では、港、南、西成署などの警察官と暴力団売春業者との賄賂汚職事件が続出していた。今回の事件も「またか」という感じの人が多かった。

事件は思わぬ出来事から発展してきた。

同じ時間帯に、西成警察から通り一つへだてたところの地区内にある三つの労働組合のうちの一つに、シェパード二匹を連れた男が、何事かわめいていた。近くの別の労働組合の者が静かにしろと言ったことから、この男のよく飼い馴らされたシェパードが頭に噛みついて傷を負わせた。警察官がこの男を連行しようとしたことから、騒ぎが拡大していった、というのが現場にいた人たちの話である。

やがて日が暮れる。仕事帰りの労働者が続々と増えてくる。

十七年間暴動がなかったとはいえ、街が平穏であった訳ではない。

西成署の警察官の労働者に対する暴力、暴言は日常のことであり、警察官と暴力団との癒着は絶えず目撃することである。

働いた金を盗られた労働者が警察に訴えにいっても、訴えを聞くどころか反対に、お前の本籍はどこだとか、盗られた金はどこから持ってきたとか、あげくの果て、署外に放り出す始末である。

こういう日常の警察に対する不満が、汚職警官の報道と、噛み犬事件とが期せずして一致したということである。

それとテレビの現場からの中継である。この夜、事件現場にいたが、港区から数人が来ている中に知人が二人いた。テレビを見て駆けつけたということであった。

二日目の夜から、「暴走族」と言われる、青少年が多数集まってきた。

一九六〇年代の暴動は、労働者が若く、炭鉱出身者などが多かったが、労働者の目標は警察と手配師事務所で、ごく一部にショーウインドウ破りがあったが、労働者はこれを嫌っていた。

一九九〇年の暴動で気づくのは、労働者の年齢が平均四十五歳以上であり、出身も様々であるということであった。それに地区外からの青少年が多数参加したことであるが、釜ヶ崎にかつてほとんど見かけなかった自動販売機の多いこと、自転車が多いこと、自転車がよく燃えるということも、このとき改めて知ったことである。

二日目の夜から参加した青少年たちが自販機を倒して、商品と金を奪い出したころから、多くの労働者が宿舎に引き返し、テレビを見ながら外をのぞく者がかなり見られた。

一九六〇年代以来、労働者の「暴れても、盗らん」というプライドはまだ年配の労働者には残っていた。

「暴走族」と言われる青少年たちも、日頃警察官に追っ掛けられ、しばかれていることに対する報復もあるのだろうが、暴動が終わればそれまでである。

地元で暴動についての見解も「釜ヶ崎に連帯してかけつけてくれた仲間」という見方をする人もいるが、「鬱憤ばらしのためにやってきて暴動の質を変化させてしまったのは望むところではない」という意見もある。

暴動を「悪」と見る行政や警察は、悪であると言うなら、何が悪で、どうすればよいのか納得のいく見解を示すべきなのに、それを示したことはない。一九六〇年の暴動は、交通事故をめぐる、被害労働者に対する警察の扱いが発端であり、一九九〇年の暴動が警察官と暴力団の癒着であるという、いずれも警察が原因であることははっきりしている。

暴動は労働者の闘いであるということについて、一九七〇年代の暴力手配師追放という目的をもった動きの中で発生した暴動は、闘争の性格をもっているが、この闘いは警察のなりふり構わぬ弾圧のため圧殺されてしまった。

一九六一年暴動のすぐ後から釜ヶ崎の至る所に設置された監視テレビカメラについても、裁判の結果は十五台のうち一台だけが違法だという判決が出ているが、不思議な判決というより他ない。

一九九〇年の暴動の時、警察から百メートルも離れていないところで、路上博打が行なわれていた、という報道もあるし、事実その通りである。

暴動の最中、ときどき監視テレビカメラの動きを見ていると、ぐるぐると回り上下に動いているのが、一点に向けて停止することがある。するとそこに向かって機動隊が駆けつけてくる。

労働者が四散すると、機動隊が動きを止め、無線機の指令で次の行動に移る。無線機を持たぬ労働者は立ち止まっていると、そこに機動隊が襲いかかり、踏んだり、蹴ったり、血みどろにされていく。

大阪の騒動・暴動の歴史

今年は天保八年（一八三七年）二月十九日（旧暦）の大塩平八郎・天満騒動から百六十年になる。

天保の飢饉による米価の値上がりに苦しむ民衆のため、自らの蔵書などを売り払い、米札を配って救済にあたり、町奉行に意見書も出したが、豪商は米の買い占め、役人は賄賂・汚職にひたり、改善されなかった。

大坂天満の元与力であった大塩平八郎は、自宅に火を放ち、向かい屋敷の現職与力の家宅に大砲を打ち込み「救民」の旗を掲げて豪商宅を打ち壊し、火を放ち、天神橋を渡って北浜付近の三井、鴻池などの豪商屋敷を打ち壊し、金蔵を開放して金を市民に与え、米商を打ち壊して、米を市民に与えた。

「天満の方（かた）に火の手上らば、馳せ参ぜよ」という檄文によって三百人程の人数になったが、一方、その早朝、内部の寝返りにより、奉行所の知るところとなり、数時間後には形勢不利となり、さらに豪商の金蔵を破ったところから檄文で参加した者たちが、金をわが身に着けて四散したため、陣営が崩れだし、朝八時ころ決起したものが昼過ぎには敗退してしまっている。

大塩平八郎は事件後しばらく姿を隠していたが、奉行所役人に取り囲まれて、養子格之助と共に自死する。

その他大塩一党の主だったもの二十六人も捕らわれてほとんどが獄死している。

檄文で駆けつけた者のうち、長町（釜ヶ崎以前の木賃宿のあったところ）の一人が捕らえられ処刑されたという。

翌九月に江戸において判決があったとき、生存

大塩平八郎が大砲を打ち込んだとき，逸れ弾が当たって幹の裂けた槐（えんじゅ）．1984年（昭和59年）に切り倒された（国道１号線沿い）．

大塩平八郎の陽明学塾「洗心洞」跡（造幣局敷地内）

84.3.30 毎

老木あわれ きょう伐採

北区造幣局前

大塩平八郎ゆかりのエンジュ

排ガスがとどめ

切り倒されるエンジュ（右）とイチョウ

北区天満の造幣局前にあり、江戸時代後期の大塩平八郎の乱（一八三七）で砲弾を受けたと伝えられるエンジュ（槐）の老木が三十日に切り倒される。車の排気ガスにやられ倒壊寸前になったためで、当日は法要も行われる。

このエンジュは、国道1号線沿いの歩道わきにあり、樹齢は約二百年、高さ六メートル、幹の直径約八十センチ。管理している建設省大阪国道工事事務所によると、大塩平八郎の向かい側にあった屋敷内に植えられていた。天保八年（一八三七）、ききんに苦しむ農民や町民を助けようと、大塩平八郎が武装ほう起。その際の砲弾がエンジュに当たったとされている。

ところが、由緒あるこの木も高齢に加え、排ガスでここ数年急速に衰弱。強風で倒れる心配が出てきたため造幣局が取り除きを要望していた。

法要は現地で行われ、祭司は大塩家の墓がある成正寺（北区末広町）の住職。エンジュの近くにあるイチョウの枯れ木（高さ十メートル）も同時に伐採。その近くに"二代目"のエンジュ一本を植える。

大塩平八郎ゆかりの槐伐採を報じる新聞

していたのは一人であるが、この間の死者は、塩詰めにされていて、鳶田刑場で磔柱にかけられた。

鳶田刑場は、今の釜ヶ崎の太子一丁目にあった。ここは紀州街道に面したところで、昔の刑場は、いずこも街道筋に設けられて、通行人に見せつけたのである。


大正七年(一九一八年)の米騒動から、来年は八十年になる。

釜ヶ崎では十二件の飯屋全部が、米の値上がりのため休業してしまった。

八月十一日夜、天王寺公会堂で「米価調整市民大会」が開かれ、五千人が集まったという。

夏の暑い夜のこと、後の釜ヶ崎暴動と同じ夏の夜であったが、警察の規制も及ばぬ大群集となり、南区方面へ、天王寺方面へと拡がり、十二日には今宮村(釜ヶ崎を含む)では逮捕者を取り返そうと住吉警察に数百人が押し寄せている。

十三日には数万人が全市に繰り出した。歩兵八連隊、三十七連隊、砲兵隊、騎兵隊が出動し、更に在郷軍人、右翼も加わって、弾圧した。

全国三十六府県で一千万人が参加し、八千人を超える逮捕者を出したという。

大阪では九日間に二十三万人が参加、検挙者二千三百人という記録がある。

旧長町、日東町にいた僕の親父の若い頃のことで、湊町あたりの住友倉庫に米が隠してあるというので押しかけたら、軍隊が警備していて「国を守る兵隊が、国民に鉄砲打ちやがった」と当時の話はよく聞かされた。

親父が米騒動、息子が釜暴動、僕が騒動・暴動の歴史に関心を持つのも当然だ。

この米騒動の後には、市営質屋(低利)浪速区日本橋東に二十年ほど前まで残っていたが、今は老人福祉施設になっている。

公設市場も米騒動の頃から設置され、増設されていったが、安売りを目的につくられたものが、今はスーパーなどに押されて、閉鎖するところも出ている。

方面委員(現民生委員)制度がつくられたのも米

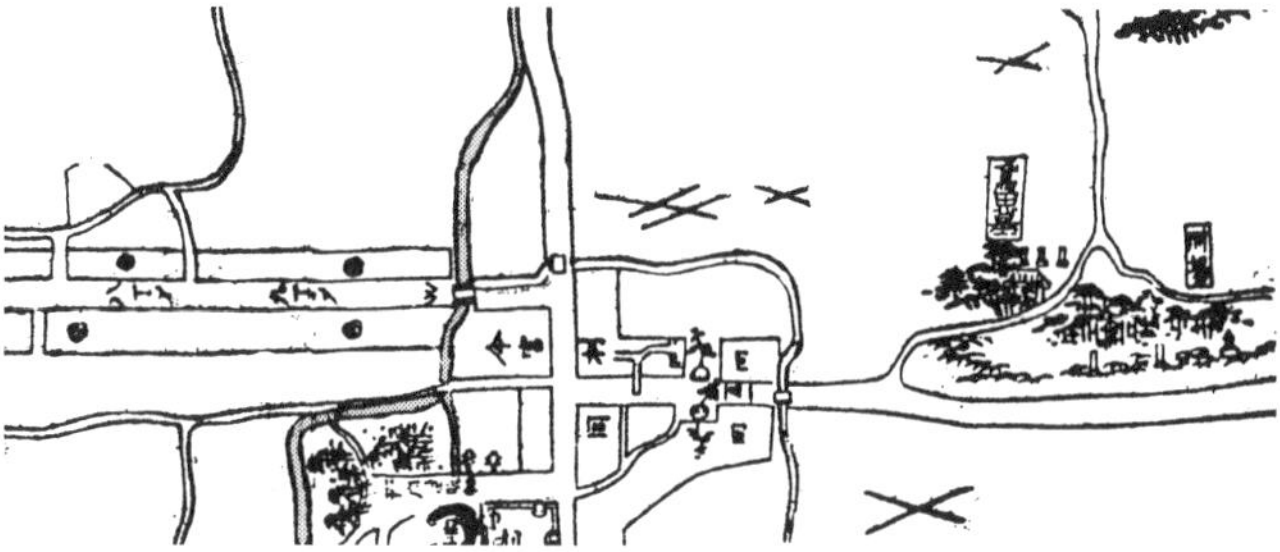

長町をぬけて南へ行くと，鳶田刑場と鳶田墓地がある．

鳶田墓地跡の碑

騒動が動機になっている。

その他、民間の福祉団体も多くつくられ、今も活動を続けている。


最後に「貧民学校」の話を付け加えておこう。明治四十四年（一九一一年）新設の戎警察（浪速署）の署長が管内を視察していたところ、子どもが石を投げた。調べてみると未就学児だという。

そこで貧乏人の子はケンカに強い、これを兵隊にしよう、ということで「徳風小学校」というものをつくった。

地元の久保田鉄工はじめ新田ベルト、住友、新聞社、一般寄附金を集めて開校したが、開校式に来た連隊長が「男の子は強い軍人になり、女の子は子どもをたくさん産んで、お国のためになりなさい」という訓示をしたということである。

この学校は、はじめ浪速区にあったが、釜ヶ崎が、南へ拡大して行くにつれ、釜ヶ崎、今の萩之茶屋二丁目の西成市民館の地に移り、私立の学校が、大正十三年（一九二四年）には市立の学校になったという記念碑が、今も市民館敷地の保育園の一隅にひっそりと佇んでいる。

子どもの投石から始まった学校。そして戦後は大人の投石から「あいりん小中学校」がつくられたが、今は廃校になってしまった。

第4章

港湾労働の高波に揉まれつつ

港湾労働法ができた背景

一九六六年（昭和四十一年）七月、「港湾労働法」が施行されます。大阪府労働部と職業安定所がビラを撒いて、「港湾で働くには、職安の登録手帳持たんと働けない」と大きなポスターも貼られた。この法律ができた経緯いうのは、港湾の近代化と雇用の安定化ということです。国の法律を作る名目いうたら、そういう味もそっけもない名目や、近代化いうのは合理化やけど。

港の手配師が前近代的な体質で、港湾の仕事もそうや。労働者が港へ働きに行く時は、ドロドロの恰好して、使い捨てのもんでないと汚れがきついから、一番きたない恰好して行く。

幕末の慶応三年（一八六七年）、神戸港開港の時に、兵庫県の知事が、「港湾仲仕をする者は、犬、猫に劣らざる衣服をまとうべし」という知事命令を出した。というのは着替えがないから、着て行ったものは全部脱いで丸めておいて、素っ裸で仕事をする。褌でもしてたらええ方です。「神戸ぬくい（暖い）か、みなはだか」、そんなザレ唄があった。外国の船で仕事するのに、そんな恰好では見苦しいからいうので、「犬、猫に劣らざる衣服をまとうべし」という、これが『神戸開港三十年史』にあります。ちょっと貴重な文献です。

当時、神戸では、現場監督にヤクザ使うてます。相撲取り上がりの、関浦清五郎（せきうらせいごろう）とか。追い回しとか小頭とか、その時分はヤクザ丸出しの肩書です。五十人部屋、百人部屋、千人部屋というものがあ

トピック　知事命令「港湾仲仕をする者は、犬、猫に劣らざる衣服をまとうべし」『神戸開港三十年史』 現場監督はヤクザ

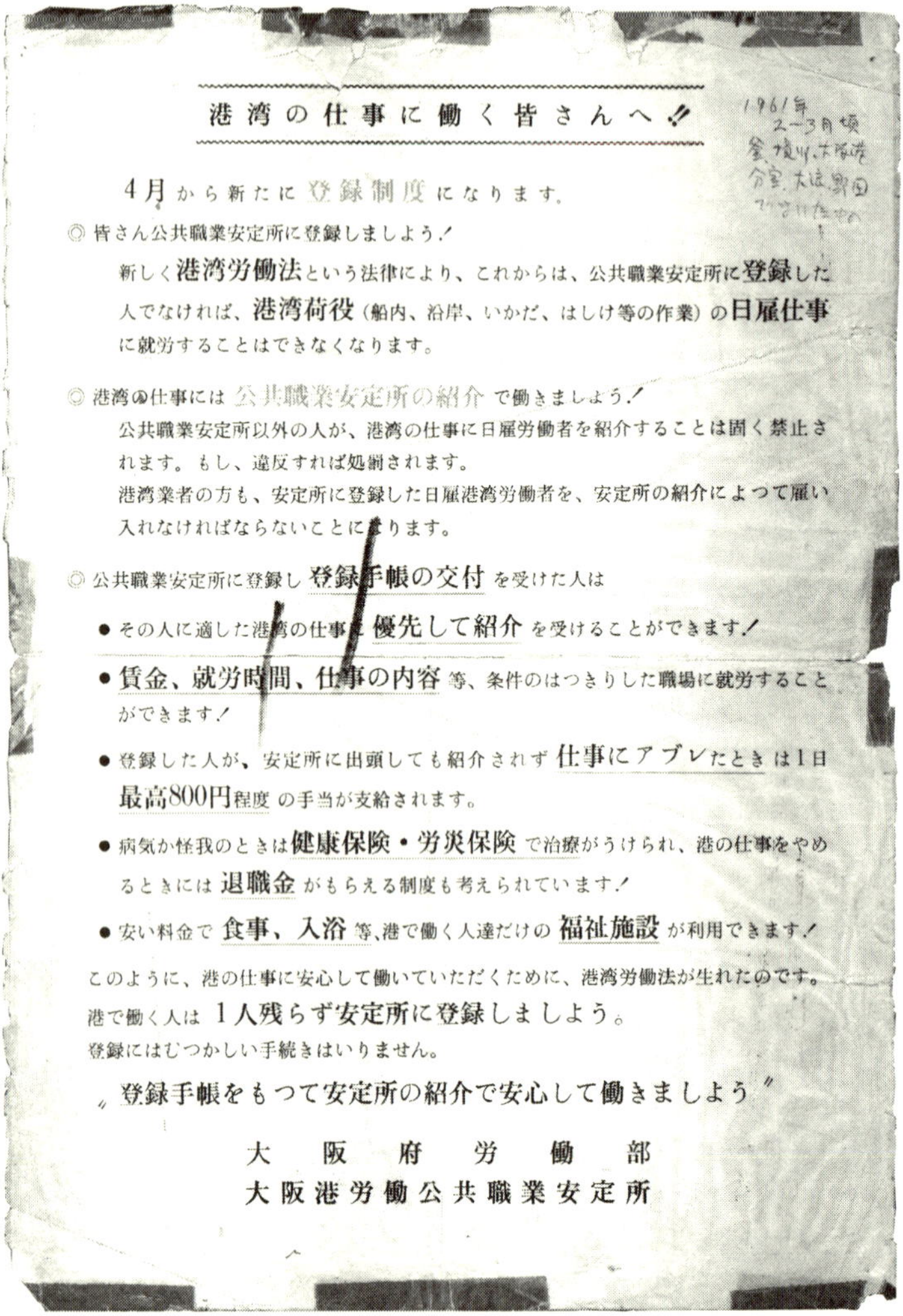

港湾の仕事に働く皆さんへ!!

1961年
2～3月頃

4月から新たに登録制度になります。

◎ 皆さん公共職業安定所に登録しましよう！

新しく**港湾労働法**という法律により、これからは、公共職業安定所に**登録**した人でなければ、**港湾荷役**（船内、沿岸、いかだ、はしけ等の作業）の**日雇仕事**に就労することはできなくなります。

◎ 港湾の仕事には公共職業安定所の紹介で働きましよう！

公共職業安定所以外の人が、港湾の仕事に日雇労働者を紹介することは固く禁止されます。もし、違反すれば処罰されます。

港湾業者の方も、安定所に登録した日雇港湾労働者を、安定所の紹介によつて雇い入れなければならないことになります。

◎ 公共職業安定所に登録し**登録手帳の交付**を受けた人は

● その人に適した港湾の仕事に**優先して紹介**を受けることができます！

● **賃金、就労時間、仕事の内容**等、条件のはつきりした職場に就労することができます！

● 登録した人が、安定所に出頭しても紹介されず**仕事にアブレ**たときは1日**最高800円**程度の手当が支給されます。

● 病気か怪我のときは**健康保険・労災保険**で治療がうけられ、港の仕事をやめるときには**退職金**がもらえる制度も考えられています！

● 安い料金で**食事、入浴**等、港で働く人達だけの**福祉施設**が利用できます！

このように、港の仕事に安心して働いていただくために、港湾労働法が生れたのです。

港で働く人は **1人残らず安定所に登録しましよう。**

登録にはむつかしい手続きはいりません。

〃**登録手帳をもつて安定所の紹介で安心して働きましよう**〃

大阪府労働部
大阪港労働公共職業安定所

1966年（昭和41年）2～3月頃，釜ヶ崎，境川，大阪港分室，大浪，野田で撒かれたビラ

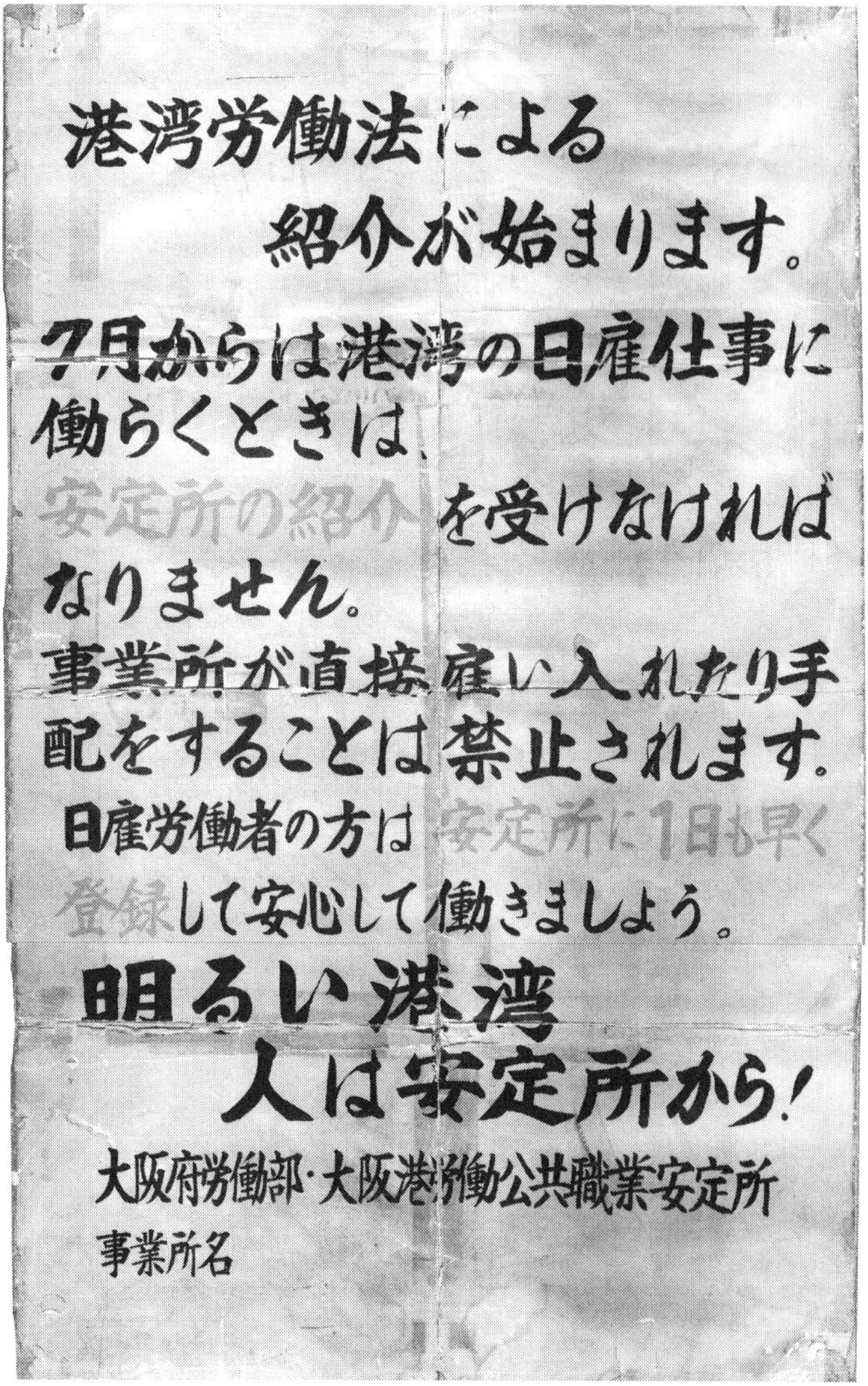
港湾労働法による
紹介が始まります。
7月からは港湾の日雇仕事に
働らくときは、
安定所の紹介を受けなければ
なりません。
事業所が直接雇い入れたり手
配をすることは禁止されます。
日雇労働者の方は安定所に1日も早く
登録して安心して働きましょう。
明るい港湾
人は安定所から！
大阪府労働部・大阪港労働公共職業安定所
事業所名

1966年（昭和41年），釜ヶ崎，大阪港などに掲示

手鉤の話あれこれ

沖野奈加志（平井正治）

仲仕といえば、頭に鉢巻、腰に手鉤、地下足袋に脚絆という姿であったのが、運輸労働者といわれる近頃は、ヘルメットに安全靴という姿に変ってしまった。手鉤を使う仕事が殆んどなくなってしまったのだ。

他の仕事、たとえば大工さんは鋸も鉋も電動になり、左官も壁塗りは吹付になり、石工もタガネでコツコツはやらなくなった。

どの仕事の道具を見ても、その仕事の歴史と、働く人の知恵がつくりあげたものであることがよくわかる。

大工道具を主として建築用の道具類は、有名な神社、寺院、城などの造設に使われ、また一般に身近に使われたことなどもあって、その道具類は古いものが保存され、記録が残され、多くの文書に表われている。

仲仕の使う手鉤については、一般になじみのない道具のせいか、あまり古い記録に出ているのを見かけたことがない。

港で古くから仲仕をしていた人たちにも尋ねてみたが、手鉤の名称一つにしても、どれが正式なものかはっきりしない。今でも片手間に手鉤を売っている店はあるが、そうした店でも、殆んど使わなくなったうちでもまだ細々と使われているものだけ幾種類か置いているだけで、手鉤全般にわたってはわからない。

使う現場、使う土地によって手鉤に限らず、それぞれ名称も違えば、使い方も変るので、ここでは手許に集めてきた手鉤二十数種類と聞き書きによって、手鉤にまつわるあれこれ話としよう。

「米鉤」（図1）　その名のとおり米俵の仕事に使うもので、手鉤の元祖のようなものである。

米が大量に輸送されるようになった江戸時代中期頃から使われたものらしいが、その頃からこの

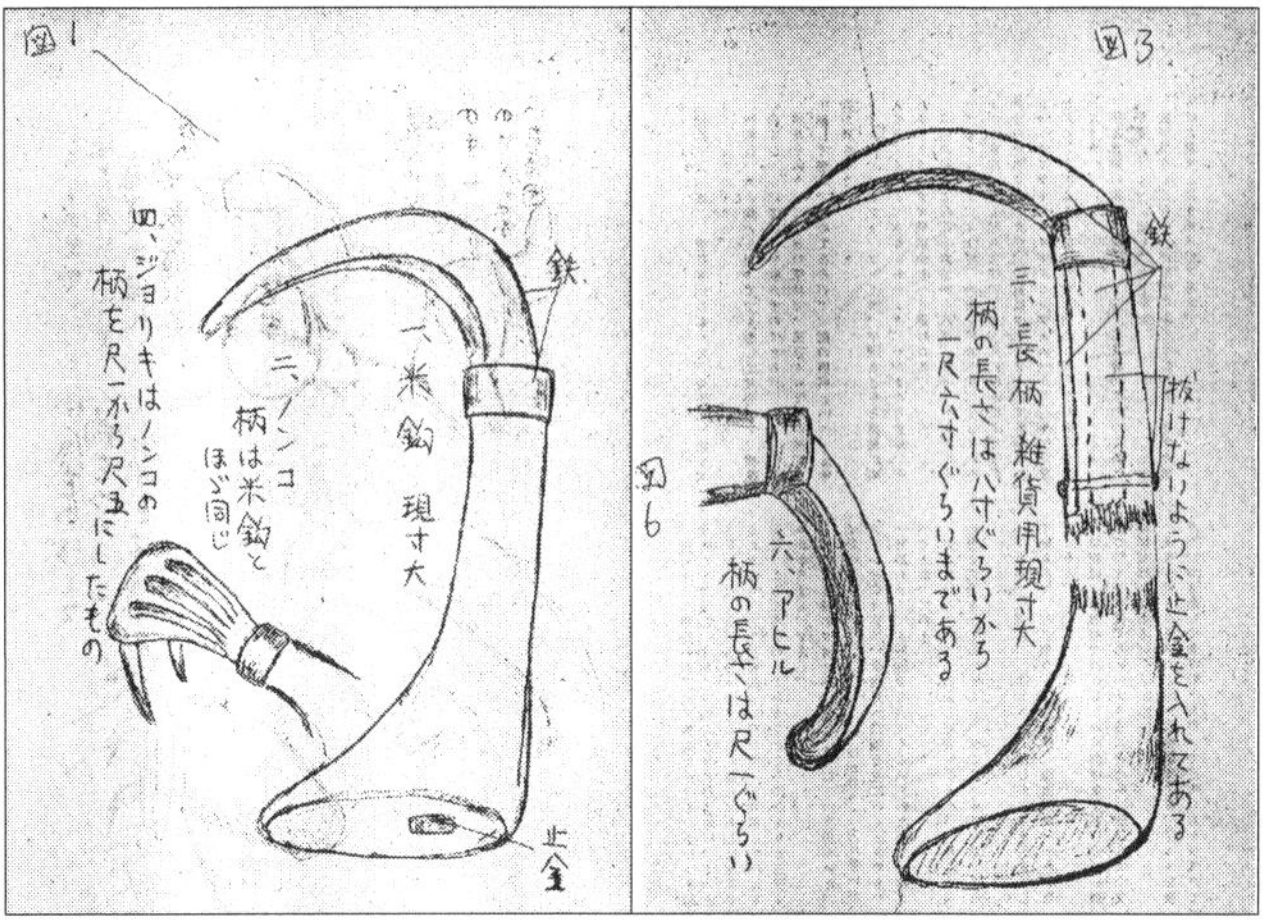

図4 ジョリキ　図2 ノンコ　図1 米鉤　図6 アヒル　図3 長柄

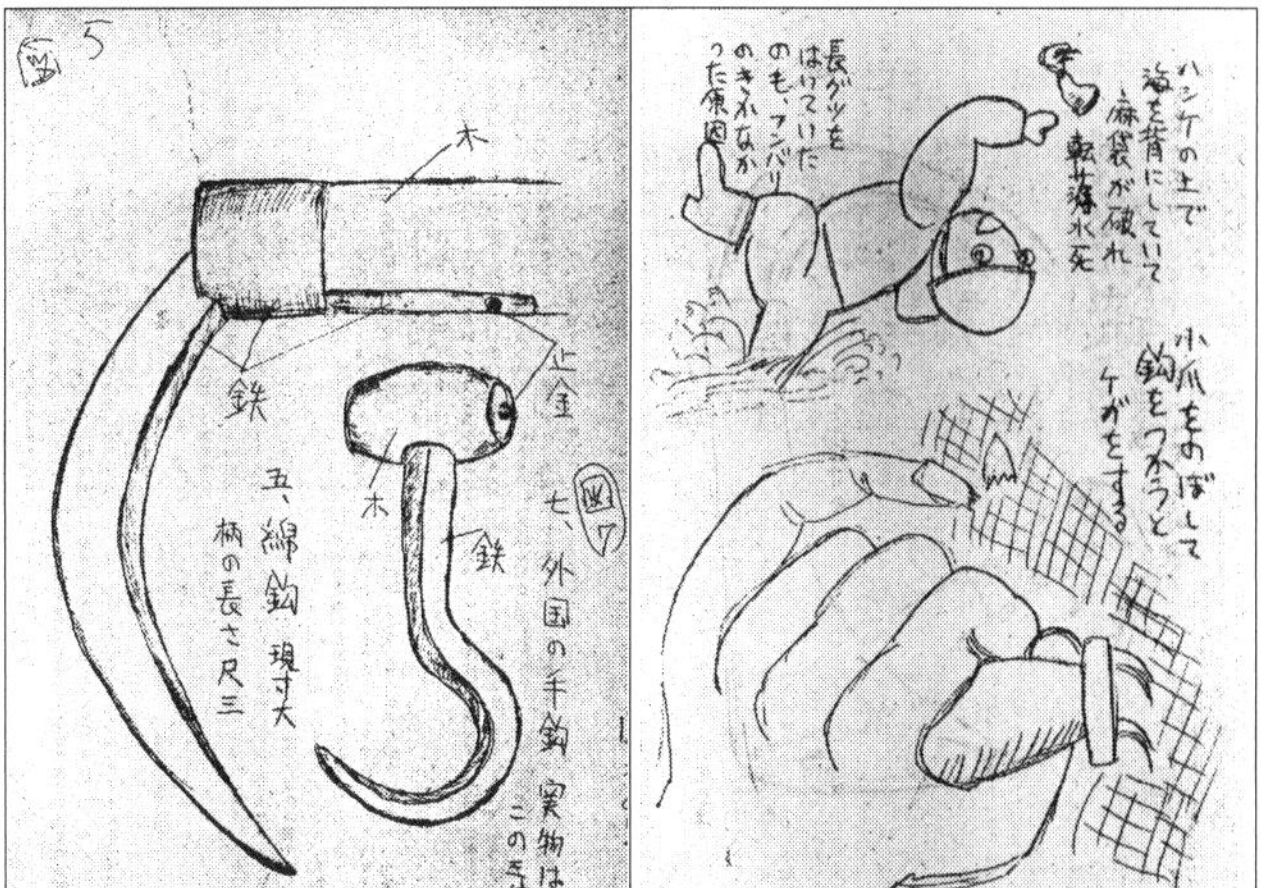

図5 綿鉤　図7 外国の手鉤

＊ 図は縮小して収録

ように完成されたものであったかどうかはわからない。

かついだ米俵を手鈎でコジてスキ間を開け、米をこぼしてゆくと、仲仕の女房、子どもがその米を拾いあつめてゆく話は聞いたことがあり、映画のなかでもそういう風景があった。

築港の沖仲仕を四十年余りつとめて、今は自ら〝クスボリ〟という石やんが米鈎を久しぶりに見て、道産米の荷役の話などなつかしそうに話してくれたが、ふいに何かを思いだしたように「ケンカのときはこないもつんや」と逆手にもって、アゴの下に刃先をもってきたときは、七十八才とも思えぬ迫力があった。


「ノンコ」（図2） 米鈎は俵のときに使うが、麻袋（外米、豆、麦、コーヒー、種実類）のとき使うのがノンコである。

ノンコの語源はわからない。麻袋のときはなるべく袋の上、下のミシンの縫い目のところに鈎をかけるか、袋の横で使うときは下の方にかけないと、袋の重みや腐りで袋が破れて、ときには自分の足か手か、相棒のあるときは相手の顔などにひっかき傷を負わせることがある。

はしけの上で棉実袋をならしていて、袋が破れ、後向けに海へはまり、ヘドロの中に首をつっこんで死んだ人もいる。

倉庫の中でも高く積み上げた麻袋の上で、破袋による転落事故がよくおきたものである。

ノンコにも二本刃、三本刃、ごくまれに一本刃がある。


「長柄」 ながえ（図3） 現在でも使用されることの多いもので、雑貨用として用途が一番多いもので、手鈎の主流である。

長柄というのは、米鈎が手鈎の源流なら、その柄を長くしたものだから、長柄と言うようになったものだが、用途によって考え出された手鈎の変化の表われだろう。

長柄にも尺二（一尺二寸）とか、尺三とか、箱鈎という中央市場の魚屋で見かける二尺ぐらいのから、七寸位の短いのまで色々あり、魚を直にひっかけるものは魚をいためないよう、刃先が細く小さいものまで、用途によって幾種類もある。

「ジョリキ」（図4） 使い方から見ると助力とでも書くのだろうか、語源ははっきりしない。図2のノンコの柄を長くしたもので、用途は麻袋のとき使うものである。片手にノンコ、片手にジョリキという使い方をするときもある。

「棉鈎」（図5） 棉花専用のもので、長柄を一廻り大きくしたものである。

棉鈎は、他の鈎とちがってつき刺して使用せず、棉花の角にひっかけて荷物を動かすのである。

棉花というのは、綿の原料で、三百キロほどの棉花を圧縮して帯鉄で締めてあるので、綿の原料といっても手鈎が刺さらない。

インド、エジプト、アメリカ、中国などから原綿が輸入されてくると、本船からハシケ、ハシケから倉庫、それからトラックで紡績工場へと運ばれる。

本船の船艙で棉花を六個から八個ぐらい、ロープにかけてウインチでつり上げ、ハシケにおろす。そしてハシケから倉庫で高く積み上げ、トラックに積み出すまでが仲仕の仕事であったが、最近はコンテナー詰で船積され、フォークリフト、サイドクランプといった荷役機械が使われるようになり、棉鈎を使う仕事もだんだん少なくなってきた。

住友倉庫の築港南岸に、下請で棉花専門にやっていた〝棉鈎のミシマ〟という男がいた。

彼が扱うと三百キロが勝手におどり廻っているかと思うほど軽々と動き廻るのである。

三百キロの棉花の右下隅に棉鈎をかけて、少しひき起すと左手で支え、す早く棉鈎を左横にひっかけ、ぐっと右にひっぱると三百キロがくるりと廻る。あとは左手で支えながら、右手の棉鈎で棉花の重みを利用してひねり廻し、ころころと廻しておもうところにぴたりと三百キロがおさまるのである。

本船にも棉のワタナベ（本当は渡辺）という男が

いた。自称柔道何段（話す相手によって段が違う）、力は強いが、力まかせの仕事で、新世界へ映画を見に行くときでも、一杯呑むときでも棉鈎をもってあるいていたので、棉ナベでとおっていた。

仲仕は仕事六分に口四分と能書が多いが、ときには「四分と六分もいるわい」とは、先のクスボリの話である。

「アヒル」（図6）アヒルの口ばしのような刃先をしているので、こう言うが、用途は、塩漬獣皮、パルプなどである。

塩皮は、屠殺場ではがした皮に岩塩をまぶして、一頭分づつを座布団ぐらいの大きさにたたみ、麻ひもで十文字にしばってある。

皮に手鈎をうち込むと皮に穴があくので、アヒルを使うが、つき刺して使うのとちがって正味の力を使うので、しんどい仕事である。この仕事も今はコンテナー詰になってくるので、殆んどなくなってしまった。

パルプのときも製紙原料の高さ四〇センチで、五〇センチ角ぐらいの二〇〇キロのものを針金で井型に締めてあるが、これも今は八個づつ帯鉄で締めてくるので、手鈎を使う仕事はなくなった。

「外国の手鈎」（図7）木箱やダンボールケースの荷物に手カギ無用と表示してあるのを見かける。輸出（入）用荷物には、手鈎の図に×印がつけてある。字の読めない人にもわかるようにしてあるのだが、この図に使われている手鈎はオーストラリア、アフリカなどで使われているようで、この図のものは、アフリカ航路の荷物のなかでみかけたものである。

（一九七八年三月）

ったそうで、「人足部屋」と言った。大阪でも一九七〇年頃まで、下請飯場のことを部屋と言いました。大阪は、神戸開港の一年後、慶応四年(一八六八年)、この年、明治と改元する。川口という内陸部の河港で水深が浅く、数年後、船舶の大型化で利用度が低くなって、神戸が主力港となります。

沖仲仕いうたら、沖の船、本船という外国から来た船やら、内航船でも大きな船の、沖の仲仕。それで浜仲仕いうのは、船から艀に積んだ荷が、岸壁に来る。それを艀から港の倉庫に入れる。そういうのを浜仲仕。それで倉庫から陸へ行く方、貨物駅におるのは、これは仲仕。

江戸時代に各藩の米蔵ができた。大坂の中之島にもありました。侍が米の荷役できんから、それで仲に立って仕事をしてくれる人に、はじめは仲仕さんと、さんづけで呼んでた。ところが賃金がええのと、余祿に米を抜く、竹の筒をビュッと俵に差し入れて米を抜いて持って帰った。余祿があるもんやから、博打して、女遊びして、仲仕って呼び捨てにされる。とくに倉庫の仲仕というのは、倉庫の出し入れやから、大事なもの扱うから、錦絵に浜仲仕の絵がようけあるんです。そのぐらいの人が、「飲む、打つ、買う」で、いつしか見下げられてきた。

日本の港というのは、そういう非近代的な、敗戦後まではまだ鎖国みたいなもんでした。そやから、そういうのがずっと幕末から戦後まで続いていた。その名残が、神戸で日雇い労働者が殺されて、しかも殺されたのに荷物の下敷きで死んだと、焼いてしもうて、証拠なくしてしもた、そんな事件に現れています。

トピック　沖仲仕　浜仲仕　仲仕

仲仕による荷下ろし．袋の中身は牛骨粉で，砂糖の精製に使われる

沖仲仕．船底は深い

神戸の日雇い労働者が殺されたちょうどその時期が、警察の暴力団追放がはじまった時期です、第一次頂上作戦という。山口組が大きくなり過ぎた、その資金源がどうも港湾や、と。

戦前は、山口組も人入れ稼業程度でね、そないに港湾で儲けてなかったんや。むしろヤクザでも、中ぐらいから以下の親分が人入れ稼業、人夫を斡旋するぐらいの仕事やった。

ところが戦後、占領政策の初期は、「ボス支配の排除」とか民主化政策をとるが、二・一ストの中止以後、方針が変わって来る。一九五〇年の朝鮮戦争で、神戸港と大阪港は軍事荷役の拠点になり、労務手配の必要から手配師がのさばり出した。

骨抜きの港湾労働法

そういうところに出た「港湾労働法」です。それで港湾の合理化と雇用の安定という、役所の言葉やったらそういうもんです。仕事にあぶれた時には、一日最高八百円程度の休業保障が出ますとか。賃金、就労時間、仕事の内容とか、行ってみな何の仕事やらわからん、いつ帰れるやわからん。それが職業安定所が紹介するのやから就労条件も保障される、あぶれた日にはあぶれ賃が払われる。その時分の八百円というたら、ちょっと魅力あったんや。千二百円ぐらいが公定賃金やったから。ところが行ってみたら、三百何十円しかもらえん仕組みや、段階があって。八百円いうのは、二ヶ月間、十四日以上働いて、きめられたシステムで一級にならんと八百円にならん。だから登録してから二ヶ月間いうたら、三百三十円にしかならんのやということやった。その他、退職金があるとか、保険があるとか、福祉施設の入浴があるとかね。

この入浴でも、汚れ仕事で、とくにスクラップとか、黒鉛の粉末、牛や馬の生の皮のくさい蛆虫がわいた、あんな仕事して上がってきた時いうのは、港区に風呂屋が何軒かあるけど、風呂屋の下足場に、その仕事に行った人は体を洗って来てくださいと。風呂へ行くのに、汚れを先に、冬でも、職安の水道で洗って下足場に新聞敷いて全部丸めておいて、そうでないと風呂へ入れてくれん。

会社には常傭労働者の風呂がある。ところが日雇いは入ったら物盗るからあかんとか、入れよらん。僕はそれを差別や言うて。これは総評からも資料もろて、どこの会社の職場の風呂場はどないして作ったという風呂場闘争の記録をとった。風呂一つでもこのぐらいがんばらな取れんのや、それで港湾に風呂を作るようにした。そしたら、近所の風呂屋が無料の風呂作ってもろたら、うちがはやらん、と、議員に働きかけたりした。それで結局、港湾の風呂も、福利厚生の風呂やけど五十円だけ料金取らせてくれいうことになった。

釜ヶ崎のあいりんセンターでも設計図では風呂やのに、シャワーになってしもたりとか。みな近所の風呂屋がいわゆる風呂屋議員に働きかけて、あのセンターには風呂ができるらしい、あれをやめさせろと、結局シャワーに変えた。ところが汚れ仕事して、シャワーでは落ちん、冬、ぬくもらん。釜ヶ崎では、風呂がシャワーにすりかえられて、だれがそれを認めたのか、いまだにシコリが残っています。

「港湾労働法」は、保険やら風呂やら何やら、退職金もありますとか言うて、その退職金は結局、それからものすごい闘争して、やっと二年目に適用させた。うそばっかりやった。

港湾労働法が施行された日の新聞見ると、釜ヶ崎、大阪港、神戸港、職安の窓口でみな騒いでいる写真が載っている。期せずして、同じ日の夕刊です。七月一日の夕刊が、「あぶれ賃で騒ぐ」という記事。このあぶれ賃で騒ぐというのは、八百円と書いてあったのが三百何十円やと言うて、騒いで、ガラス割って、機動隊が職安の入口まで来た。

こうした騒ぎの時、職安の所長が、警察に要請の電話を入れたらすぐ機動隊が突入するわけや。所長、あんたその電話したら、たしかに僕らもドツかれるけど、あんたも職業安定所の所長としての能力がないということを、自分が示したことになるで。昔から弾圧を要請した人は、必ず切腹してるんや、と。さすがに職安所長も国家公務員の上級職やから、そのぐらいわかってる。「どないする」、「わかった」って、電話置きよった。わからん職員は、所長、早うかけなはれ言う。「何やおまえら、この所長に腹切れと言うてんのか」。

職安の職員の係長クラスに、元警察官が配属されていた。そういう職業安定所です。警察も府の職員やからダブっていています。六大港を調べると、どこの港も同様だった。港湾労働法はそれほどの法律やった。一つは港湾の労働者をヤクザ支配している山口組を、何とかせないかんいう世論もあって、それが港湾の近代化の問題よりもむしろ先行していた。そやから警察官を職安にまで配置転換して作った法律なんです。

しかしそれが「仏作って魂入れず」で、初日から大騒ぎがあって、六大港全部で似たような騒ぎが起きて、それで結局、四日目ぐらいから業者が今度は直接雇用というて、港労法破りをはじめる。釜ヶ崎からなんぼでも港湾手帳、青手帳いうけど、それを持たずに行けるようになった。

そうすると、今度は業者が現場でデマをとばして、「港湾手帳持ってるやつは二百円多いぞ」と言うて、釜ヶ崎労働者にけしかける。青手帳の労働者には、「釜ヶ崎から来てるやつは手配師が二百円よけいつけとるから、あれらに仕事させえ」、言うてケシかける。日雇い同士が、登録労働者と未登録労働者が、冷たくニラみ合う。

これはまったく卑劣やね。釜ヶ崎へ帰ったら同じとこに住んでる。おまえきょうはどうやったんや。ほんまのこと言えや。そしたら、港で言うた手配師と、釜ヶ崎で言うた手配師は逆のことを言うてるわけ。それでもうすぐにその記録を、何月何日、何丸でどういうことがあったということを、きちっとした記録をとって行った。

それでこれを職安と港運協会に、抗議する。職安には、港労法破りがこないしてはじまってるという具体的なことをどんどん出していって、結局、何軒かの港運業者がヤミ手配で求人停止というて、日雇い求人一週間停止にさせた。行政処分いうたら、たいがい一週間まで。港運業者の勲五等をもろうた社長、それがヤミ手配した、これをみせしめで営業停止をくらわした。えらい職安所長やった。その所長は、あんまりそれやったばっかりに飛ばされてしまう。

それで、今度はもっと悪い所長が来よる。二代目の所長のときは、職業紹介所やなしに失業認定所やといわれる位、毎朝トラブル続きやった。

三代目に来た所長いうのが、全労働という労働省職員の組合の書記長やっとった。労働問題のベテランが職安所長となってやってきた。

港湾には港湾労働公共職安というのがある。これは全国に大阪港と東京港しかないぐらい格が高い。役所というのは仕事の量で格がつくんやから。

港湾労働法の時には、大阪港職安というのは、日本一の格付けされた。港湾労働法というのは、国の政策でやった、東京の場合は芝浦出張所とか、横浜でも出田町出張所と言って、港湾だけの出張所、大阪港の場合には、大阪港港湾労働公共職業安定所という。大阪港の職安所長を一期無事勤めたら、労働省のエスカレーターに乗れるという、それほどの重要ポストや。

せっかくエスカレーターに足かけてんのに、それ踏み外しとうない。騒ぎが起きると、係長か課長が所長の家に電話をかけて、今こないになってます、どないしましょう、よきにはからえ。港労法が施行された一九六六年から七〇年までの間に、毎月一、二回は職安の紹介機能がマヒしてしまうようなトラブルが発生し、僕が労働者の要求をまとめて、職安係長がそれを認めるということが続いた。組合の言いなりになってくるという、僕はそこで役所の仕組みというのも知ったわけです。

大阪港で成績を上げたら本省へ上がれるというので、張り切って来よったんや。それで、所長が来たんなら、労働者に今日から着任しましたという挨拶するのが当然やないか。今まで、これは役所のしきたりとしてやってきた。今日から所長が変わりましたという課長の紹介で、皆さんひとつよろし

トピック　青手帳（港湾手帳）　港湾労働公共職安　職安の紹介機能マヒ

くご協力を、ぐらいの挨拶する。この新任の野々山はしよらん。それから、野々山挨拶せいというビラを毎日撒いて、それで抗議集会を毎朝一ヶ月ぶっ続けでやった。さすがにその所長がまいってしもうて、窓口から謝るのを、外へ出て来て謝れというところまでエスカレートして、そないなると労働者がはりきってね、とうとう外へ出て挨拶させた。

その人の在任中に、一九七〇年の港湾を全部止めるストライキをやったんです。

労働者の事故死きっかけに闘争委員会組織

一九六六年から七〇年までは、一年間に大阪港で日雇いが毎年二十四、五人死んでました。

一九六八年の十月二十八日に日雇いが四人死んだ事件があるんです。船の上のハッチのふたが外れて、四人いっぺんに墜落した。深さが十五メートルぐらいある、船の底まで。ドーンと落ちた上に、ハッチの重たい板のふたが落ちてくる。その前後に死亡事故が続いたんで、それで新聞にもかなりそれは報道されたけど、やっぱり大きな事件になると、ちょっと一時、ワーッと新聞やらマスコミがとり上げる。NHKが「近畿の話題」というのを当時朝七時のニュースの続きぐらいにしました。ちょうど朝、仕事場へ行く寄り場でボートを待ってる時間帯です。おい、何や映ってんぞって見たら、大阪港のこの間の事件の船、ラジャー号というのが映ってる。アナウンサーを中心にして、港運業者が七、八人、社長か重役、海運局とか港湾局とか労働基準局とかの役人、大学の先生と、港湾の物知りさんやら、そんなのがズラーッとおって。

何でこんなに大阪港で日雇い労働者がようけ死ぬんですか、アナウンサーが質問したら、そしたら海陸運輸という会社の社長が、「いやね、日雇いさんは「オヒサンニシニシ」でね」と、こう言うたんや。それはアナウンサーも、えっ、なんですかと聞いた。「オヒサンニシニシ」いうたら、本来は刑務所の言葉なんです。お日さんが西向いたら、出所が一日近づくと。日雇い現場というのは日が暮れたら、一日すんだ、帰れると、やる気がないということを、それをヤクザ言葉で、「オヒサンニシニシ」でと、こう言う。それからもう一人の元親分は、「いや、日雇いさんは根性がないからね」、危ない仕事は根性がないからしくじるんや、こわごわやってるから死ぬんやと、こういうこと言う。そ

68.10.28 毎日夕

荷役の四人死傷

フタはずれ船倉に転落

大阪港

二十八日午前八時十分ごろ、大阪市港区海岸通二の大阪港住友岸壁に停泊中のイギリス貨物船"ラジャ号(一五、七九〇㌧、カーミチャール船長)の一番船倉の上で、荷役作業中の港区海岸通闇口運輸の作業員ら四人が約十㍍下の船倉に転落、四人とも大野病院に運ばれたが同運輸デッキマン西村岩男さん(四七)=港区高見町一の三四=と作業員の市瀬和彦さん(四二)=西成区東田町二四、東洋アパート内=が頭などを強く打って間もなく死亡、作業員、紀藤徳松さん(五七)浜口広夫さん(四七)の二人も頭などを打って重体。

大阪水上署の調べによると、一番船倉の鉱石三百㌧を荷揚げしようと、西村さんの指揮で、十数枚を組合わせてある船倉の鉄製フタの一枚(タテ二㍍、ヨコ一・五㍍)をワイヤロープでつり上げようとして失敗、元の位置に戻そうとしたところ、つったフタが大きくゆれ、別のフタに激しくあたった。このため、ワク(約十㌢幅)でささえられていた他のフタがワクからはずれて落ち、上に乗っていた西村さんら四人がつぎつぎに落ちた。

目撃者の話によると、あっという間の出来事で四人は他の場所に飛び移ろうとしながら、数枚のフタとともに大きな悲鳴をあげて深い船倉に吸込まれるように落ちていった。同僚が船倉にロープ伝いに降り、助け出したが、四人とも声も出さなかった。

西村さんは船内荷役を十年以上もしているベテラン。闇口運輸には二年前から監督として勤め、確実な仕事ぶりが買われていたという。またほかの三人は港湾労務者として港職安に登録されている作業員で、この日初めて闇口運輸の仕事に従事していた。

荷役作業中に4人が転落したラジャ号の船倉を不安気にのぞき込む作業員、円内は死んだ西村さん

れに似たようなことを三、四人が。それで学識経験者いう人も、「日雇いさんは未熟ですからね」と言うて相槌を打つんや。それで監督署あたりは、「これから一つ安全指導なんかを厳重にやりたいと思うてます」て、おざなりの言葉なんや。たった一人、鉄鋼関係の、レールやとか鉄筋とかを船に積む会社の社長だけが、「いや、しかし日雇いさんに危険な作業ばっかりやらせてる方にも責任がね」と、こう言うたんや。

その時に僕、労働者が死んだ事件を報道してて労働者の代表が一人もおらん、どないするか、こんなもん朝からやられて。根性がないとか、オヒサンニシニシ言われて、仕事に行けるか言うた。みな、やめよう、やめとこう、NHKへ行こう。そこらもう身軽やからね。組合やったら会議開いて、NHKに抗議文書いていうことになるけど、日雇いは即、よし行こうって、そのまま手鉤持って、はち巻きまいて、地下足袋履いて、NHKへ。大阪港から地下鉄で真っ直ぐや。三十人ぐらいがずっと玄関入って行った。

「今朝の番組、あれ何や」と。それでディレクターというのが出てきた。「労働者が死んだ言うて、大事件やと報道してくれるのはええけど、労働者の代表は一人もおらへんやないか」。「労働者の代表というのは、どこへ行ったら代表の方がおられるやらわからんし」と言う。「全港湾という組合もあるやないか、労働組合があるやないか。労働者の代表者を一人でも入れておったら、俺らもここまで言わへん」、夜の番組でやる時には、少なくともNHKの番組で刑務所の言葉まで使うなよと言うて、帰った。

そして、職場委員会で、NHKで組合の代表を探してもおらなんだ言われたんは、やっぱり僕らがはっきり旗上げしてへんからやと。一応、総評系として旗上げしたのはしたけど、ただ現場で賃金上げろ上げへん、この仕事はどうやこうやという、そんな交渉だけやなしに、労働組合らしい組合につくり上げよう。それで、僕らもうちょっとこのことについて、正式に抗議できるだけのものをつくっていこやないかと。それで闘争委員会をつくろうということになったんや。その時分から学習会をどんどんやりました。そこらで「抵抗なくして安全なし」というようなスローガンも生まれてくる。そんなんが一九六八年、六九年、七〇年でストライキやるところまできた。

賃上げ要求とストライキ

一九七〇年（昭和四十五年）に、日額六百円賃上げの要求したんです。それで一九七〇年の万博の初っぱなにストライキをやりました。四月十日が五十七隻、十七日が五十一隻、二回ストライキを、日雇いを中心に。これを全港封鎖という、一隻の仕事もやらさん。五十七隻言うたら、フルバース。その時、三菱の下請けがヤミ手配で仕事していた。港の通船という、船員さんを送り迎えする船をチャーターして、ヤミ手配パトロール隊をつくって、五十八人ぐらいで港を廻った。一隻仕事しとる。三菱の船や。スト破りしとったんや。それでそこへダーッと上がって行って、その場で釜ヶ崎の日雇い労働者にスト破りをやめさせた。この人ら、まだ一時間ちょっとしか仕事しとらへんけど、日額全部払うて帰った。それで明日からこれだけはするなよ、そやから日雇いはストライキ破りするんやと、言われるんやから、と訴えておいた。

大阪港でもそれに近いことがありました。常傭労働者が争議やってる。その争議やってる時に、日雇いを入れようとする。職安に求人が出てる。あそこは今日ストライキ違うのんか、スト破りやないかということになって。それで職安所長に、「公共職安がスト破りの求人するとは何事や。おまえの首とぶぞ」って言うて。さすがに所長があわてよって、昨日受け付けたけど、責任取る言うて、求人看板を下ろさせた。

ただいったん出た求人を下ろさすというのは、労働者にしたら不満がある。組合役員としてはそこでは、「おまえらスト破りやったって一生恥かくぞ」と。「そやけど、俺らやっぱりめしが大事やから」と、こうなる。そこら組合役員が時には憎まれる時がある。

四月十日、十七日、二回ストライキやった理由は低賃金です。日雇いは常傭の半額でええいうような態度やった。ものすごう安かったんです。

万博の年で、どんどん土方の方が賃金が上がってきたわけや。万博までの二、三年というのは、上がる一方。朝雇われて行って、途中で文句言ったら値上がりして。朝雇われた賃金の四倍ぐらいになる時がある。もうそれは現場次第で。もう今日中にここを仕上げな、次のコンクリートが打たれへんと。そんな時にはごきげんとりで金を出す。

その一九七〇年の時に、港湾で日額を六百円上げてくれという要求でした。結局、解決まで二ヶ月ほどかかるけど、その団体交渉をするについて、上がった賃金との差額は、四月一日に遡って払うという一筆を入れさせた。それで結局、解決は六月七日ぐらいになるけど。その間、二ヶ月間、仕事に行った賃金は上がった分との差額を遡って払うという。貯金の嫌いな日雇いが、貯金してるようなもんや。六月末に清算した時には、ちょっとした臨時ボーナスになった。それが六百円の要求が一律やなしに、仕事のきついもんには手当てがつく。二千円も上がってた部分がある。一番最低で、もう楽な年寄りでも行けるような仕事で六百円上がる。それ以上ちょっときつい労働、手鉤の仕事なんかやったら、二千円も上がってたという。労使ともに発表会の時に唖然とした。

その時分に、釜ヶ崎の賃金の平均相場が三千円でした。万博が近いから。一般土工、雑役が三千円の時に、港湾で一番上が二千四百円ぐらいやった。それが、二千四百円に賃上げ六百円で三千円、最低で三千円、手当つくと三千円以上。いわゆる僕らの悲願は、日額三千円取ろうという、その合言葉やったんや。毎朝、日額三千円、日額三千円と言うて、そればっかり言うて。みなの頭にそれをしみこませてた。

釜ヶ崎で港へ行ってると言うたら、ばかにされたんや。「おまえ、どこに行ったんや」、「港湾へ行った」、「ばかだな、朝、目が覚めて三百円あったら、港だけは行くな」と。それほど低賃金や。どうにもしょうがない時にしか港へ行かんかった。きたない仕事できつうて、3K労働の最たるもんです。今は3Kってみな知ってるけど、僕らその頃「3き」ってね、きたない、きつい、きけん。一九七〇年の万博と同時に釜ヶ崎よりぐっと上がった。

その四年間というのは、ほんま確かに、いつ殺されるかわからんほどこわい時もありました。丸い金が欲しいか、長い金（刃物）欲しいか、と言われた。何回か襲撃されて、闇討ちくろうてね、からだ動かんようになって二、三日寝て。それでも、後へ引いたらあかんのです。

トピック 公共職安がスト破りの求人 3き労働

それからずっと日雇い組合の株が上がってきて、業者団体からも相談が来るようになりました。当時の大阪港の賃金というのが、東京を百とすると、大阪が七十七やった。名古屋と横浜は百三十ぐらい。門司港と神戸港がだいたい百前後ぐらい。それほど大阪は釜ヶ崎があるから安かったんです。ただ、名古屋と横浜の賃金が高いのは、これは労働時間が十時間です。それで名古屋の場合は、沖の船へ行くのに弁当も出ない。名古屋の労働者はみな握りめしを竹の皮で包んだようなのを持って行った。賃金は高うても当たり前や、労働時間は長いしね。そやけど大阪が七十七て極端に低かった。それが四年かかって、一九七〇年のストライキで一挙に上がるんです。

一九七〇年に大阪で万国博があるから、バナナの専用埠頭を建てた。バナナ荷役というのは、これはむずかしい。まず陸揚げしたら、殺菌燻蒸、青酸ガスを二十四時間、倉庫にぶち込んで、それで殺菌してから、今度はそれを中和して、四十八時間たつと倉庫から出して、それで今度は市場のムロへ入れる。それで青いバナナが黄色くなって出荷される。この設備が大阪になかった。それが七〇年の万博で需要が増えるいうので、バナナ埠頭というのを大阪市港湾局が建てた。そういう燻蒸施設までの専用埠頭。バナナしか使わん埠頭です。七万ケースぐらい積んだ船が毎日二隻入るぐらい、需要量があるんです。大阪から今度はトラックに積んで、それで舞鶴からフェリーに積んで、北海道まで行く。これは東北地方にはバナナ埠頭はないからね。

バナナの仕事というのは、ものすごいきつい仕事なんです。箱をパレットに積む、狭い船底で。とにかく忙しい、七万ケースもあるから。それでこれを十二度ぐらいの低温で持って来てるから、寒いぐらいや。夏なんか、この中に入って仕事して、上がった時にたまらん、外が暑いから。それで体をこわしてしまう。だいたい二時間ぐらい残業やけど。それでこれがみなカミカミという、忙しいから。作業場に弁当を持ちこんで、一口食べては荷物を吊り上げ、また一口食べてる、埃だらけの中で。そういう仕事や。

七〇年にバナナ埠頭ができるというので、僕は門司と横浜へバナナの荷役をどないしてやってるんか、勉強しに行ったんや。実地に向こうへ入れてもろて、一緒に働いてみて、そないしてずっと覚えて、バナナの仕事がいつ来ても、やれるよう準備していた。

そこまでやったのに、一九七〇年の春の賃金協定の時に、バナナが入ってない。それで港運協会の代表に、「社長、バナナどないしますの」言うたら、「あ、バナナは日雇いさんには絶対触ってもらわんから」。「なんでですねん」と言うたら、そしたら、別の社長が、「いや、日雇いさんがバナナの仕事やって、バナナ食うて下痢でもされたら、だれの責任やいうことになるから、だからバナナはうちの仲間が全部やるから、気にせんでもええ」と、こうきたんや。大阪港の代表五社が、うちの会社でやる言いよった。それが四月です。

それでたしか七月頃になって、全港湾の事務所へ僕宛に、電話がかかってきて、「平井君、ちょっと相談があんねんけどな」言うて、親分社長が。「僕みたいなもんに相談て、うちには委員長がおりまっせ」と。「いや、君に折入って」、猫なで声や。ああ来たなと思うて、「何でっしゃろ、すべってころぶやつでっしゃろ」と言うたら、「おおそやそや、バナナや」と。「社長、あんたとこ、もう口そろえて日雇いにはバナナは触らせへんて、僕らが下痢するまで気つこうてもろたんやから」。僕はバーンとけとばしてやった。

そうこうしてたら、大阪市の中央市場の役職者から直々に名指しで、「ちょっとお会いしたいので、組合の役員さんご同道下さってもけっこうです」と言ってきた。僕は、「バナナのことでしょう。僕らは仕事がイヤだと言うてへんのや。日雇いがバナナ食うて下痢するとか何とか、そんなこと言われて、この体質が僕はね。あんたどない思うんや。バナナ以外に青果埠頭、魚、全部もうほとんどが日雇い現場ですよ。みなイヤな仕事や、冷凍の魚とか、野菜、玉ネギのハッチなんて、それはふた開けたらどんなに臭いか。ニンニク、生姜、これが台湾から来る。全部日雇いにやらしよる。常傭労働者は上でクレーン巻く仕事だけですがな。こういう現場に、港湾の近代化いうて登録されたのに、こんな目に会うてんのや。これに対して、あんたらどない思うのか。バナナをやるならやるで、僕らきっちり官公庁立会いの上で正式に会議開いてほしい」と言った。

きいてみたら、朝会社に出てきた常傭労働者が、バナナの船の仕事かかってたら、有給休暇取って帰ってしまう。それほどきついんです。

低温の中で一日仕事したら、体がだるうて、あくる日働かれん。結局、一日働いたら、あと一日は休まんならん。それやったら、その日一日、有給休暇取った方が、有給休暇がなくなったやつはもうさぼってでもみな帰ってしまう、仕事にならん。それで結局、釜ヶ崎から臨時に入れたりしてたんやけど、やっぱり常時港湾労働をやってる労働者とは、同じ日雇いでも違うんです、昨日、土方してた人にバナナやれ、そんなむずかしい仕事入れたって、みなケツ割りいうて、途中で帰ってしまう。能率上がらん。バナナ徹夜してるで、と。残業二時間で終わるはずが徹夜して、あくる日まだ残ってる。それほど遅れる。

船の停船料が高い。一トン今四百円ぐらいかかるから。一万トンの船を一日留めたら四百万円かかります。港の費用がいります。タグボートやら、レーダーやら。それで水の補給やらせんならんし。検査があるし、検疫せんならんし。停船料というのはそのぐらいかかります。それで徹夜になるんです。そういう停船料の高さもあって、荷役が遅れたら、それであとの船がつかえる。先船が、契約過ぎたら罰則を払う。しかもあとの船に、もし足の早い食べ物類が積んであったら、これは他の埠頭へ回さんならん。そしたら、艀を余分に使わんならん、臨時にチャーターせんならんから。すごう高うついてきます。

少なくとも残業二時間までで一隻の船を仕上げてほしい。そういうことで、万博で需要が増えた、市場経済にまで影響してくる。船の荷役が遅れたら、たちまちバナナの値が上がってくるからね。

そんなことがあって、それで、僕らは仕事がイヤなんと違う。人間として扱えと。それほど常傭労働者がイヤな仕事を日雇いがやるについては、それだけの条件があります。常傭労働者と日雇い労働者の二十四人入るところは十二人ずつにしてくれ、公平やということ。それから賃金についてもそう

トピック　停船料一日四百万円

や、日雇いは半額でええというような考えでやってもろうたら困る。社長が、「それはこちらからお願いするんやから、お願い料はそれだけのものは出さしていただく」、もう慇懃な言葉でね。

それで結局、大阪港の日雇い労働者のバナナの賃金が高くなった。鉄鋼よりも自動車よりも雑貨よりも、もっと高い荷物いうのはバナナや。そしたら日雇いが競って行きます。そないなると常傭労働者の握り銭も増やさなしょうがない。常傭の労働組合が、やっぱりこれは全港湾の日雇いを見習わなあかんなというふうに変わってきて、全部日雇いが先兵になってやってきた。

その間に、結局間に合わんで、全然不慣れな労働者ばっかりで、バナナ五百トンも腐らせた。低温のところがふた開けたままで、一日、二日たつ。ムロで黄色くするバナナが船の中で黄色くなってしもうて。残り五百トンほどが全部黄色くなってしもうた、黄色いやつは、もう絶対荷揚げさせないから、全部本国送還です。その船が瀬戸内海航海中に全部捨てさせたんや。そしたら、ダンボールがみな浮き上がって、バナナのマークが入ってる、フィリピン産のバナナ。マニラから積んだそのケースが五百トン分のケース、ずーっと瀬戸内海に浮かんだ。海上保安庁が追いかけて、その原因を調べたら、荷役が遅れて腐らせたと。

危険な積荷

問題になってるアスベストというのは、だいたい当時はソ連から来る。シベリアのあのへんで採れるんやね。あれは発がん物質やいう情報が入った。

アスベストが問題になってきた時に、麻袋に入れて、手鉤でロープの上に乗せて、吊り上げて、ブワーッとほこりが舞う、僕らその中で仕事してたんや。

それでソ連船のデッキの上で座り込みやった、釜ヶ崎も港湾手帳も全部集まれって。それでその日はもう用意していったアスベストの発がん性の新聞記事をコピーしたやつをみなに読ませて、監督に、「監督さん、あんた自身がこれ不安にならんか」。「俺はもう先が短いから」。「先の長い短い問題やない、よけい短うしてるやないか」、そんなケンカしながら、これはやれんということで、マスクを持ってこい、と。持ってきたのはガーゼマスクや。それで、これはあかんと言うて、いわゆるブタマスク言うて、防塵マスク、それ持ってこい、と。その段階で、何とかこの船だけ終わらせてくれと言いよった。荷物は五百トンぐらいやったから、仕事の量としては二時間ぐらいで終わるんやけど。四時間座り込みして、かき集めて、防塵マスクと防塵メガネ持ってきよった。それで防塵マスクの下にまだガーゼはめて、それでほっかむりしてやって、それで手当てを賃金の二倍ぐらい出しよったけど。なんぼ出しても船留める停船料より安うつくわけや。

そういうことがあって、今度はソ連の極東港湾何とかいう、いわゆるソ連の港湾管理者のブルージンという、日本語ペラペラしゃべる、「おそまつ」というような日本語を知ってるおっさんやけど、たまたま神戸へ来てるというので、このブルージンと交流会をした。日本語ペラペラ通じるからね。その時にアスベストの話をして、そしたら、さすがにソ連のそのぐらいの政治力のあるおっさんやから、わかりました、以後、コンテナにしますと。もう日雇いが騒がんでええように、アスベストはコ

トピック　ダメになったバナナは本国送還　ロシアからくるアスベスト　ガーゼマスクとブタマスク

ンテナに詰めると。後にアスベストは禁止されんねんけど。

神戸港で積んだ上に大阪港で積むことがある。下に何が入ってるかわからん。神戸で積んだ上にベニヤ板一枚敷いて、大阪でまた上から物を積むわけや。それが何かでベニヤ板が動いた時に見たら、ポイゾンって書いてある。ポイゾンて言うたら毒薬や。外国のマークはみな、ポイゾンと書いて、シャレコウベの絵が書いてある、字の読めん人でもわかるように。こんな毒薬の何か化学薬品の、こんな上に重たい荷物をどんどん下ろして、これはたまらんわ、と。きいたら、これがやっぱり何か引火性の毒薬やったんや。そんなんも知らなんだら、その上に荷物どんどん下ろしていって、一つガッと荷物が動いて摩擦したら爆発するかもわからん。

沖仲仕．1979年(昭和54年) 7月27日．安治川M 2 宝船埠頭のそよかぜ丸2907t．冷凍魚，カレイ，すり身を積載．船内の温度は－25度，外気の温度は31.4度

それに船に積んで来る荷物いうたら毒薬だけではなく、肉やら魚やら、エビでももうほとんど冷凍の輸入品で。白身魚、大ヒラメ、オヒョウです。ああいう冷凍物が、全部石みたいな、手鉤でもはねかえるぐらい固いんです。

あれ全部、船からパレットに乗ったやつをね、クレーンで陸(おか)へ上げる。船の中は作業員は四人×四組とクレーンマンです。あとは倉庫で仕分けをして、積み上げていく。そういう寒いところは、マイナス二十五度ぐらい、あんまり厚着したら仕事でけんから。手袋も、ゴム引きの手袋だけ。綿手袋を下に入れると、汗で綿が凍ってしまうて、手袋脱いだときに皮ごとめくってしまう、これは知らん人ほど軍手なんかを使うけど、綿を入れたやつはみな凍傷にかかるんです。

マイナス五十度で船から上がって、倉庫はマイナス二十五度。そのマイナス二十五度の中で、ゴム引きの手袋だけで、防寒ジャンパーと。長靴は、防寒靴を貸してくれるけど。一時間やって一時間休憩。真夏にマイナス二十五度から、休憩で外へ出たとき、外の気温が三十五度、温度差が六十度。そうすると、吐く。大阪では、高血圧で倒れた労働者を、労災で何人か認定させた。はじめは酒飲み過ぎやという、そういう温度差の健康診断せんと。僕は、労働災害認めさせせんならんから、実際どんなか、温度差がある日の倉庫の温度計の写真を撮ってます。その日の新聞の本日の気温何度いうのある、あれを貼りつけて。外気が三十何度かの日に、マイナス二十五度で仕事してる、と。それで認めた。

たまらん仕事いうの、挙げてたらかぎりないけどな、それはようけあります。

朝鮮戦争当時、神戸港と小倉と、朝鮮戦争で死んだアメリカの兵隊みな持って帰って来て、それで日本の浜で、内臓だけ抜いて、ホルマリンにつけて、それで向こうはジュラルミンの棺桶、あこへドライアイス詰めて、それで星条旗で包んで、それで認識票、兵隊の番号つけた。何々部隊何千何百号

トピック　マイナス二十五度の船内から三十五度の外気へ　朝鮮戦争死亡兵の解体

ってプレート、それを星条旗のところへ縛りつけて、アメリカへ送った。朝鮮戦線で解体できへんから、向こうでやったんもあるけど、神戸の浜と小倉の浜でそれをやった。死体を船から引き上げる仕事は日雇い労働者がやって、ホルマリンを詰める仕事は、インターンの学生が動員されて。

それはもう臭い。戦場の死体やからね、半分腐ったのもある。手のないのも、首のないのもある、戦場で手だけとんでんのもある。それを持って来て、そやから右手も左手もとにかく一体に恰好つければいいわけや。映画では唐十郎のがあります。唐十郎が九州の対馬で解剖を見て、焼酎飲んで吐きよる。「玄海灘」っていう映画やったかな。

それから、港湾荷役安全推進協会というのがあります、港運業者と官庁が指導してやってんねんけど。ふつう安全委員というて会社に一人ずつおる。これは監督クラスや、三本線巻いて、安全委員と書いた緑の十字マークつけて。

それで何するか言うたら、ヘルメットのあごひもかけとか、そんなこと言うて回るだけで。沖の船に、緑十字の旗立てて、安全委員が週に二回、パトロールに来る。そしたら現場の監督が、おーい、安全委員が来たからあごひも締めよとか何とか言う。それで表向きは毎週二回、安全パトロールをやっております、と。

それではあかんわと。いっぺん現場に下りてこいや言うて、それでそのベニヤ板めくって、「これ何や」と。「何や横文字書いとるのう」、こうやもん。僕でも読めるポイゾンや。ポイゾンって何や。花札わかってもポイゾンがわからんような安全委員や。

それで結局、安全委員もやっぱり研修会をやって、安全資格を持った人、クレーンの免許の資格ぐらいあるほんまの現場の労働者から、安全委員は選ばないかんというふうに、みなこっちから押し上げていって、だんだん変わってきたんやけど。

身元不明の死者

日雇い仲間のお通夜にもなんべんも行きましたが、お通夜になると、死んだ人の労災補償のことが問題になってくる。

日雇いの場合、やっぱり何でか名前が、これは本名言われへん事情があるんや。そやから佐藤栄作が四人おったり。釜ヶ崎邦夫くんもおりました。それで鴻池運輸の社長が当時、鴻池十郎で、日雇いに鴻池十郎がおって。その手帳持って、鴻池の仕事ばっかし行って、楽なところばっかり回してもろとる。なかなかかしこいですよ。あ、社長さんおはようございますって。これ一つのユーモアです。それで通しよったもん。吉田茂もおったし、山中鹿之助やら、何やらようけいろんなんおります。

それが死んだ場合に、監督署に補償金請求したって、受取人がおらん。そないなると身元探して、やっぱり親か兄弟に渡してやりたい。それでいろいろ調べたら、もう過去には、日雇いが死んだら半分ぐらいは結局、受取人なしで、二年たったら国庫収入で、書類は浮いてしまう。

それで身元探し。組合のビラ機関紙に、昨日亡くなっただれそれ君の、今日は葬式があるから、仕事にあぶれたら来てくれと。そこでそんならやっぱり仕事あっても、仕事順番で当たってても行かんと、

トピック　安全委員　受取人のない労災補償は国庫収入

葬式に来るのは友だちや。そして僕はその友だちに、あれ名前がわからんか、どこの出身や。やっぱり労災補償を宙に浮かすわけにいかんのや。会社からも慰謝料取らんならんから、会社はだす言うてんねんけど、やっぱり家族がおらんと出されへん言う。ぽつりぽつり話してくれるのや、あいつはどこどこの出身やいう話やったで、釜ヶ崎の何々のドヤの何号室に泊まってたで、というのを聞いて、そしてそんな時はすぐにタクシーとばして、組合の役員二、三人やら友だち連れて、西成署へ行って事情を話して、立会いさせて、それでドヤの荷物を全部探すのや。手紙なり、何かの時のためにメモなんか残しておく時あるんです。それを調べてみたら、先方に連絡つく。それでやっと親なり兄弟なりが来て、労災補償の手続き、会社からの慰謝料、それから遺品、それなりに何かある、そんなん持って帰らすとか。

ある時ね、苦労して探して探して、親らしいところの電話番号を聞いて、それは静岡県の浜松中央署から連絡してもろうて、それで村の駐在所へ電話して、連絡してもろうたんや。お宅の息子らしい人が亡くなったんやけど言うたら、関係ありません、バーンと電話切られたんや。ああ、これは親不幸がたたってんねんなと思うた時に、横手におった警察官が、平井さん、交通事故で死んだとか、労働災害で死んだとか、先に言わなあかん。これは警察官の知恵でね。そうすると、お金が絡んでくるから、いっぺん行ってみますという返事がくる。それがお宅の息子が死んだと先に言うと、何か事情があって家出て来てるのが多いから、そんな例が何回もあって。鑑識係の警察官というのは、無縁仏探しとるから、その辺の機微というか、よう知ってます。それで死んだ時の交通事故なら交通事故ということを先に言うて、お宅の息子さんらしいけども、特徴か何か言うたら、いや、すぐ行くからいう返事が返る。その時も、いっぺん切ったところへ、村の駐在所からそういうふうに言わせたんや。駐在さんから電話かかって、今お宅の組合の住所を教えたから、もう家を出よるからって。着の身着のままで静岡県からでてきて、やっと出棺までに間に合うて、開けて、息子や言うて、見つかったけど。

そないして身元探し。僕が警察より先に探して、府警本部から、平井さん、また負けた言われて、何回か僕が警察より先に。何でいうたら、昔二十年も何十年も前に家出した時と、町村合併やらで地名がまるきり変わってるところがある。何々村字何々が、何々市になって。そんな時に、松本清張やないけど、相模の国愛甲郡何々村なんて、僕は時代小説好きやから、どのへんやろないうので、それで勘はたらかして。事情を言うて、県警本部へ電話入れて、地域の警察に電話をつないでもろうて、そこから駐在所につないでという、そういう方法をとる。港湾の事故は、港警察か水上警察から府警本部を通じて、それで静岡県警を通して、ずっと警察電話でやるから時間がかかる。彼らは手続き、記録をとってやるから。民間でやったら、すぐわかるわからんの返事ですむから速い。静岡の場合、警察より二時間早うこっちが見つけて、それで大阪府警本部から水上署へもう一回戻って、水上署から静岡へ電話が行ったら、さっきそのへんの労働組合から言ってきて、もう家族は大阪向いて出て行ったという話聞いて、それで府警本部がそれ聞いて、「平井さん、また負けた」言うてな。

おもしろい警察官おって、鑑識一筋でね。戦争中にフィリピン海域で軍艦が沈んで、重油で顔が焼けて、鑑識課でね。そういう人やから、無縁仏専門にやってた有名な人です。数年前に死んだけどね。だから僕、ほんま警察官の名刺もろうたん言うたら、その人だけや。他のやつは出したかてもらわへんけどね。その人だけは、平井さん、また何かあった時にお互いに勉強しましょうやと。お互いに立場上、個別に会ういうことはむずかしいから。警察官と組合のあれやから、会うのはちょっと具合悪いけど、情報だけは交換してくれと。だからそれ以後に、釜ヶ崎の無縁仏で何人かはやっぱり身元探しで情報交換で見つけたことある。

無縁仏が出ると、警察は死体から指紋取りよる。身元探しのために指紋を取ってくれることもあるけど、未解決事件を解決する、はっきり言うて、指名手配の人を探す、警察はそれが狙いや。だから目の前でね、警察の死体置場で、黒いインクつけて死体から指紋取りよるというのは、何とも言えんような気持ちになります。これで身元わかったら補償金でるやないかという。そういうふうに警察は言うけど、未解決事件をそれで一件、被疑者死亡で消せるかも知れん、本当の狙いはそれや。

港湾を体をこわしてやめて、釜ヶ崎の日払いアパートでひっそり死んで何日かたって見つかったＹという、これは新聞記事が残ってるけどね。新聞では爪に火をともすようにして貯めた五百万という金のこして、体こわして、それでもその五百万だけは使わずに、ずっと握ったまま、アパートで死んでたいう。これも結局、Ｙやなかって。警察も一生懸命探したし、僕もたいがい友だち関係きいて、当たって回ったけど、まったく手掛かりなかった。だからそんなんみな国庫収入です。

知らん言うて切った電話、もう一回、労働災害や言うたら行くて言う、もう手のひらを返したようになる。だから人間の裏表の両極端を、僕はもう嫌というほど見てきてる。そやけどね、喜んでくれた家族の方が、数は少ない。無縁仏の方がずっと多い。でも結局やっぱり僕がずっとこれを続けてるのは、やっぱり無縁仏にならずにすむということがあるからね。

それで無縁仏になると、葬られる前に、今度は大学病院の解剖用にもっていかれる。大江健三郎の小説にありますね、『死者の奢り』。それはそれでいろいろありますけどね。

第5章

よう見てみィ、これが現場労働や！

飯場の火事

一九九三年（平成五年）十一月十日の早朝、京都の飯場で火災事故があって、六人の死者が出ました。この京都の火事をテレビで見た時に、すぐに、これが一九七七年（昭和五十二年）に大阪市大正区の飯場で起きたのと、場所がよう似てると思うた。袋小路の中の、住宅に囲まれた中で。ボロボロの廃材みたいな建物で。その大正区の飯場の時は、十二人死んだ。これは、社長が報知機設置の義務を果たしてなかったいうので、有罪判決でした。

ところが京都の場合には、炊事場で炊事をしてた人が天ぷら油の鍋を火にのせて、便所に行ってる間に火が出たということで、本人は起訴されたんやけど、結局、ひょっとしたら、このままでいったら、本人の過失責任だけにされてしまう可能性がある。

それとこの火災場所、壬生寺のちょっと南の方、住宅街の中で焼けた飯場は友禅工場の跡で。よそでは普通、飯場地帯というのが固まってあるけど。京都は壬生のあのへんには、友禅工場がたくさんあったんです。機械友禅。川へ洗いに行くんやなしに、工場の中にプールを作って、それで機械で洗う。

それが機械友禅工場が韓国とかへ移ったりして、その友禅工場の廃工場になったところ、本来人間の住む建物やない。そういうところに、ベニヤ板で仕切って、労働者を住まわしてる。

トピック　防災設備の不在

京都中京区壬生の中広組の飯場の火事．６人が焼死した

惨憺たる内部．焼けているのは子ども用の二段ベッド

外見からは内部の凄まじい焼け方は想像もつかない

遺品のスコップに花と供物をそなえる

中はみな二段ベッドです。その狭いとこに詰め込んでいる。ただ、消防法で、三十人以下だと火災報知機の設置義務はない、という規定があるらしいんです。そういう法律があろうがなかろうが、火災警報機もないし、消火器もあったけども使えるような状態やなかった。この火事の全景、外から見ると、それほどひどくないのに、中の焼け方の方がひどい。そういうふうなことなんで、一応この作業員、起訴されたんです。それだけでやられると、本人さんの過失責任に終わる。

飯場の労働者が仕事に行ってる先を聞いたら、京都市内と大津の公共工事が多いんです。いわゆる労働者派遣です、人夫出ししている。わりあい古い土建業者で、ここ以外に、このへんにまだもう二ヶ所飯場持っとる。それで、ここで、こんなボロボロのとこで、全部で八十人から百人ぐらいの朝めしの弁当を作るわけです。火が出たら、いっぺんに燃え上がる。その真上が狭い二段ベッドで全員が、逃げる間がなかったんやろ。そういう会社側の責任を問わないかん。

飯場での災害というのは、火事で焼け死ぬのが多いけど、ほかには台風で飯場がふっ飛んで、これは山の中の飯場です。こういうこともあるし、それから伝染病。コレラなんか東京。関東の方は、赤痢とか腸チフスとか。飯場で伝染病が多いのは、やっぱり水が。東京周辺やったら水に不自由してる。不衛生になります、そういう地域は伝染病が広がりやすい。

飯場の貸布団、汚い汚い布団です。この布団がどっから来るか言うたら、修学旅行の旅館。京都なんかやったら、修学旅行と寺参りの団体旅館。一シーズン終わったら、布団はみな払い下げ。食べて

トピック　飯場の布団は修学旅行宿の汚れものの払い下げ

尼崎の飯場の内部（右下写真は外観）

雨漏りはシートで防ぐ．室内はむせて臭い

大阪市港区．この飯場では釜ヶ崎労働者２名焼死

こぼすし、修学旅行やったら漏らすのもいるし、とにかく汚れて、使いもんにならへん。こんなん、カバーだけちょっとつけ換えて、中の布団は天日に干すだけ、飯場の布団というのはみなそういうふうなものです。

明治、大正時代のタコ部屋と、今もあんまり変わらん。尼崎市内にある飯場やけど、用水路の上に建てとる。こんな違法建築、それは臭いです。それで雨漏りするから、シートを屋根にかぶせて、窓がない。窓がないというのは逃がさんように。建物の入口に手配師が寝泊まりしている。手配師は、宵のうちに寝て、夜はマージャンをして、ずっと監視してるわけです。便器でも、床に穴開けて子ども用のやつをボンとはめ込んだだけ。これが下の用水路に流れてる。この飯場の隣に酒屋があって、自動販売機が並んでんのや。ところが、そこへ買いに行くと、親方の姐御が、うちのは飲めんのかって、きついいやがらせやるんです。それで、飯場にあるやつは高い値つけて、ピンハネします。こんな飯場が今でもある。

タコ部屋と呼ばれる飯場

大正十一年(一九二二年)やったかね、宮城の前でダイナマイトで自爆した男がおって、これ当時の朝日新聞に載ってますが、天皇に対する上奏文というのを持っていました。加太こうじという人の書いてるもんで読むと、タコ部屋、監獄部屋があるから、それをなくしてくれという上奏文。天皇に頼んだってどうもならんけど、しかし社会的にかなりこれが問題になった。それで、やっぱり行政の側もあわてて、いろんな調査をやった。かなり精力的に調査してるんです。

東北地方、だいたい関東から北の方の鉄道工事のトンネル工事の飯場なんかで、伝染病とか、労働災害とか、そんなことがようけ起きて、大正十五年（一九二六年）の本にも載ってます。それで調査を載せた本の中に出てんのを、場所をずっと見たら、ほとんどが当時の大倉土木の飯場です。大倉土木の飯場が徹底的にタコ部屋、監獄部屋が多いんです。

労働者が、逃げるんです、トンコ言うて、もうこんなとこにおれん言うて。それを捕まえて、見せしめのために、それで殴りすぎて殺してしもうて、近くの山へ埋める。それが雪が融けてから骨が出てきたとか、そんな記録が、大倉土木の工事場にはようけあるんです。当時の大倉、大倉喜八郎、政商という、政府と結託して、あらゆる工事に金をばらまいて、今とそっくり。

飯場の暴力というのは、それはずいぶんあるんですわ。リンチで殺したのもあるし。滋賀県の朽木村の飯場で殺して、その時はリンチくらわしてグタグタになったのを手配に来るついでに、早い時間に出て、大阪の南港まで行って、南港の資材置場に捨てて行った。大ケガして捨てられて、結局、寒さで死んでしもうた事件がある。

これ殺人やけど、解剖の結果、捨てられた時はまだ生きてたという、生活反応が出て、いわゆる傷害致死になるわけ。殺人と傷害致死とえらい違いや。あの人はセンターから行ったで、というのがわかってきたんで、それで地元でビラ撒いたり、騒いだんで、西成署もめずらしく、どこの手配師に連れられて行ったかいうのをチラシつくって撒いたんで、それで朽木村の飯場までわかった。ところが

トピック　用水路上の飯場　窓をつけず逃亡防止　飯場内高値品買いの強制　大倉土木の飯場　大倉喜八郎　暴力飯場

最初は殺人死体遺棄で裁判にかかったんが、途中から訴因変更で、傷害遺棄、傷害罪にトーンダウンして、四年ほど。普通ならやっぱり十年はくらいます。

姫路とか、あのへんの臨海工業地帯の暴力飯場というのは、ほとんど組関係です。駅手配のとこも暴力飯場が多いんです。

結局は、工事が終わったら労働者が余るから、使い捨て労働者を使おうということです。それに対して公共工事でも、工事の推進の方ばっかりやって、労務対策というのは、全然、この監獄部屋時代から、北海道の囚人労働以来ずーっといまだに、本質は一つも変わってないということです。

人夫出しの飯場

それで飯場という言い方が、地方によって言い方をかえる。

北九州では飯場と言わずに、「労働下宿」。下宿の親方が、いわゆる元請けから一次下請け、二次下請けぐらいから、何人ほしいというふうに電話が入ると、下宿人を行かせる。だからその下宿でめしを食わせて、部屋代取って、それで儲けて、それで労働者を派遣して、また何割か手配料をもろうて。ケガと弁当は自前持ちという、そんなとこなんや。

伏見の深草の龍谷大学のすぐ近くに、陸軍の大隊旗が組の代紋になってるのがある。これは日露戦争で、伏見の十六師団の弾薬、食料運びに行って、それで戦争に勝ってから何がほしいと言われた時に、それをうちの紋にくれと言うて。陸軍大臣が一つぐらいそういうのがあってもよかろうというので、許可したという。

大阪では大正区とか、此花区、港区、ここらは飯場ばっかり集中して、見える飯場やけど。京都とか、地方へ行くと、見えない飯場が多いんです。

みないわゆる人夫出し飯場で、元請けから明日何人よこせと。それで飯場に寝泊まりさせてる人間を、おまえ、明日何番から何番までというふうに交替で出して、忙しい時は残業さすし、それから夜勤、徹夜、そんなんあるし、それで足らん分を釜ヶ崎で。とにかく常時飯場にはある程度、五割か六割ぐらいは確保してるわけです。その足らん分をその日によって、天候やら工事の関係で、今日まで使うた人間が明日からいらんという工事の関係がある。例えばコンクリート打ち込む時、生コンのミキサーが入る日はおおぜい人入れる。ところがそれをある程度打ってしもうたら、乾くまで次の仕事でけんから、今日百人いったからいうて、明日百人いるとはかぎらん。そういう調整を飯場とか釜ヶ崎で、人間の調整されて、そういうふうな構造がずっともう明治のタコ部屋以来、一つも変わってない。もう何重もの調整構造になってる。

こういう焼けたら被害の大きい飯場というのは、いわゆる孫請け、曾孫請けぐらい、そこで次々ピンハネ。ピンハネというのは、一割ハネる、博打でピンて言うたら一。ピンハネというのは、一割ハネるということから出てねんやけど、不景気になると、ハネ方がきつうなる。百人手配してる手配師が、三十人になったら三分の一ですむか言うたら、彼らは贅沢してるから、やっぱり百人分の時と同じ収入を得ようと思うたら、ピンピンピンピンハネくらいにせな。そうなると、釜ヶ崎へ来ると、値段が

トピック　労働下宿　ケガと弁当は自前持ち

一応、労働組合があるから、あんまり下げられん。

駅手配の暴力飯場

京都駅、大阪駅、天王寺駅、京橋とか、失業して、家出してきて、どないしようかなと駅でウロウロしてる人を、うまいことだまして、連れて行く。駅手配という。手配師はよう知ってます。僕みたら、賃金未払いしたらこのおっさんどない言うかぐらいのことは、何者や知らんでも見分けます、それが商売やから。

終電車過ぎて駅におるの見たら、飲んでるわけでもないし、もう帰るとこないのやろ、ニイちゃん、腹減っとんのかと、まあ飲めやと声かける。それが駅手配。京都の飯場の火事もみなそれで連れて行かれたような連中。

競艇場からトボトボと日が暮れた道を歩いて帰って来る。そしたら、その競艇場の帰り道に手配師が車持って行って、ちゃんと車の中に缶ビール、ワンカップ、ジュース、弁当、用意して。「ニイちゃんどないしたんや、行くとこないんかい。うちの会社へ来んか。今晩から暖かいとこで寝させてやるから、まあまあとにかく元気つけや」と一杯飲ます。もうこの一杯飲んでしもたら帰られん。腹減ってんのやろて弁当出されたら、つい手つけてしまう。「おまえ何か、それで黙って帰るんか」言われたら。そこらからヤクザの本性です。「俺べつに、あんたが失業して困ってるやろと思うて、親切に声かけたのに、弁当だけ食うて、はいさよなら、それで通るか、世の中が」。声が強うなってくる。弱みつかまれて、それで飯場へ着いて、翌朝、地下足袋の古いの履かされて、作業服の古、みなくれたと思います。「おい、これ着て行け」、ポーンと放り出す。前に飯場におったんが、帰りしなに捨てていったもんや。ところが、それがみな、勘定日になると、地下足袋、作業服、手袋と、みな引かれます。これも北海道のタコ部屋以来、ずーっといまだにそうです。

手配師は現場知っとるから、人を見て、ああこの男やったらどの程度の仕事、ほんまの単純な土掘り仕事か、ちょっと職人さんの手元の仕事をするとか、いろいろあります。僕らやったら、どんな仕事やねん、あれか、これか、これかと、専門用語をバーッと使うたら、これはもうええわと、そんなん使うたら高うつくからね。

それと、スポーツ新聞に求人広告がようけ出てる。最近は、土木関係いうたらもうページの半分ぐらい。バブルの時分というたら一ページ、二ページに、土木の求人がずーっと出る。僕らはそれで、どのへんの相場がどのぐらいになってるというのが、ある程度判断できます。それで、あれ、ここなんで釜ヶ崎へ来なくなった、この前労働者ドツいて悪いことした、当分は釜ヶ崎にワラジ履いてるなと。そんなんわかるんです。

あいりんセンターに求人に来て、登録業者いうて労働センターに一応届出て、検印押して、これをマイクロバスの前に貼って、それで手配するのもいる。食事、部屋代、衛生費二千五百円とあります。だいたい食費が二千円以上ぐらい。それと部屋代とか衛生費。全個室というても、ベニヤ板で仕切っても個室です。たしかに見ず知らずの人と顔つきあわせるわけやない。衛生費いうのは何やいうと、便所の紙代、用水路へたれ流しで衛生費とる。これだけが引かれる。それであと、中で買うた酒と缶詰やらが、二倍から三倍の値段で。なかなか額面通り取れんような仕掛けになってます。

だいたい播州の飯場というのは、もうみんな悪いんですわ。姫路から加古川、高砂、あのへんは臨海工業地帯で、化学工業と鉄鋼。そこの会社の中の補修工事やら改造工事、土工、雑役言うて連れて行って、それでいわゆる公害の産業廃棄物の、社員がやらんようなもんを、ドラム缶にスコップで詰めるような仕事を。高砂なんかで、ＰＣＢのドラム缶が穴あいてきて問題になってます、あんなやつです。

こういう言葉がある、「朝のうちニコニコ、昼からガミガミ」。朝のうちはごきげんとってニコニコして仕事させる。それでメドがついてくるとギャアギャア怒鳴り回して、逃げるように仕向けてきます。これが一日雇いの現金仕事でいくと、そうなる。三十日でいくと、二十五日ぐらいはごきげんとって使う。それ過ぎてから、わざと逃げ出すように。そうすると、自分から逃げたわけだから、契約違反。だから金払わんという。

それで、労働センターを通じて請求するんです。そうしたら、もうなかなかまともな返事がこない。大阪市内ならええけど、姫路あたりの監督署までわざわざ労働者は行くのがおっくうですわな。それで行ったかて、なかなかまともに取り合うてくれへん。あんた酒飲むのん違うかとかね。会社の方へ問い合わせたら、夜中に酒飲んで暴れて、大声出して、他のもんが寝られへん言うて、そやから本人がおりづろうて出たんやろうと。だからなんぼか払うけども、契約違反は契約違反やでというて。それで結局、わずかな金しかくれん。食べてもおらんもんを食べたとか、飲んでもおらん酒飲んだとか、一滴も酒飲まん人間が、酒十本飲んだいうような明細を書かれるわけです。

日当のうちの二割か三割ぐらいは貸してくれます。それが小遣いになるのや。それでタバコ買うたり、ちょっと外へ飲みに出たりなんかするのに貸付はあるんやけれども、それがサインだけ。それで精算日になると、二千円借りたのが三千円になってたり、三千円借りたのが五千円になってたりするわけ。こんなようけ借りてへんでと言うたら、なんじゃ、おまえサインしてるやないか、拇印押してるやないかいと。証拠あらへん。

僕でも伊丹の飯場でこんなことありました。

朝六時の早出で出たんです。それで晩が九時まで残業したんや。ところがその現場の監督が、手帳に六時から晩の九時までやったら、二十四時の計算で書かないかん。晩の九時いうたら、二十一時と書かなあかん。ところが九時と書きよって、それがそのまま事務所へ行ってるわけです。それで十日目の精算日に行ったら、えらい少ない。僕なんでこんだけ早出、残業して、ちょっといっぺんこれ見直してくれや、と。僕はそういうことがあるから、いつも紙切れにずっと自分でメモしてる。そしたら、二十一時が九時になってるから、六時から三時間しか働いてないことになる。ところがそれが労働者というのはきつい仕事してるから、そんな細かい勘定わからんで。えらい少ないなというままにだまされてるのが多いんです。それを意図的にやってるのと、僕の場合はたしかに監督のミス。その監督に、あんたはっきり書いといてくれな困るでと言うた。僕は言うけども、ほとんどの人はこわい

[トピック] 産業廃棄物　朝のうちニコニコ、昼からガミガミ　六時〜二一時の労働を六時〜九時で計算

からよう言わん。いつバーンとやられるかわからんから。

手配師の辣腕ぶり

手配師というのはボロい商売です。

宵のうちに寝て、夜明けの二時に起きて、それで車運転して釜ヶ崎へ出て来て、それで元請け会社に電話で今日何人いりますかと。どこへ何人とずっと注文を聞いて、それでその労働者を二、三時間のうちに集めて送り込まなならん。

手配師の財産というのは、どんだけ顔見知りの労働者をもってるか。というのは、ものすごい忙しい日がある。どうしても注文通り送らんならん。にわかに三十人よこせ、五十人よこせ。その時に集める能力が手配師の値打でね。あぶれた日にちょっとワンカップを飲ますとか、五百円ほど小遣いやるとか、今日の仕事は手袋いるぞ、これ持って行けて、自腹切ったようなふりして、そういう手なずけ、これが手配師の才覚です。こういう仕事にはだれが向いてるとか、やっぱり特技やね。それぞれの日雇いの個性というか、そういうのをちゃんと押さえてる。

一九八四年（昭和五十九年）に大和川の水害があった。

まず一番先に土嚢作りです。土嚢をどんだけ速いこと放り込んで、あとの土手崩れを止められるかどうかの瀬戸際や。そんな時は、もう公共工事やからなんて言うてられん。役所から直接手配師のとこへ、頼むわ、今すぐできただけずつ五十人送れとくるわけですわ。そうすると手配師がすぐに釜ヶ崎のドヤを回って、それで顔見知りを叩き起こして、どこのドヤにだれが泊まっとる、そいつに頼めば何人集まるというのが手配師の財産です。

大和川の水害、僕はあの現場の写真をずーっとみな仕事しながら撮ってきた。読売新聞のヘリコプターより三時間前に現場撮ってます。それも下流側から撮って、山越えて上流側から同じ場所を、崖崩れはその瞬間に、ブワーッと土煙を立ててるとこから僕撮ってんのがあるけど、こういうのはそういう仕事の時に、僕に来たんやないねん、他の人に来た時に、これはちょっと関心あるわというので、港の仕事ほっといて、港を四、五日休んでその方へ行って、そういう時にそういうところを見てくるんです。

水害とか、大事故とか、いろいろある、脱線事故とか。元請け会社からの職員が来るまでに時間かかる、朝一番までにとにかく列車だけ開通ささんならん。そしたらもうそんな時の緊急で、機械を使われん、みな手掘りで。そういう時には手配師がええかっこするんや。俺らはお国のためにやってると、こう言う。彼らの誇りはそれです。

原子力発電所でも、手配はほとんど組関係です。彼らは原子力発電所の飯場へ行った労働者に、組は絶対つぶれんという話を前夜にきっちり聞かしよる。反対運動のあるところで仕事するほどつらいことないんやと。それを俺らはお国のために引き受けとるんやから、カタギやと言うわけ。カタギの仕事してるけど、つい手なぐさみをやったり、仕事がひまな時に人を脅かしたりするさかいに取締り食らうけど、本業はこういうことやってんねやからと、国策行為をやってると言う。手配師は手配師の論理がある。田中角栄が、国のためにロッキード入れたんやいう、あの論理と一緒です。

手配師がらみで人生を誤った男もいる。港の仕事というのは、全国で大阪港が一番安うて、それで釜ヶ崎でも嫌われて、人が集まらんかった。暴力手配師が、通行人を引っ張り込む。あるとき、各商店から百円、二百円の掛け金させて、それで必要な時にそれを落として、最後まで残った人はその配当を一番ようけもらえる日掛けの無尽講いうやつ。チャックカバン持って、ハンコ押しては百円、二百円集めていく集金人、だいぶ年配の人やった。その人が歩いていたら、いきなり手配師にボーンとトラックに放り込まれて、それで港へ来たんや。港へ来た時に、僕らみたいに港湾手帳で職安から行く人間は、職安の横手にロッカー室作らせて、そこで着替えて行くんやけど、釜ヶ崎から来た人は、そのロッカー室も、着替えする場所もない。

その人、人がよかった、悪さ知らんから。それでその手配師にそのお金の入ったチャックカバン、これ大事なもん入ってます、預かっておくんなはれと預けたんや。夕方になったら、手配師が、そんなん俺預かってへんと言うて。それでだれに預けたんや、あんたや、いや、おれ、おっさんみたいなん手配した覚えないでと。結局、おっちゃんは会社に帰られへん。そういう無尽講なんていうのも、ちょっとヤクザっぽい会社で、高利貸し屋やから。こわいし、帰られへんし、それで家族のとこへ電話かけて、二、三日旅する言うて。

その晩、だれに聞いたんか、僕のとこへ、ちょっと釜ヶ崎で泊まるところ世話してもらえませんか、と。それで僕、何か事情があるなと思うて、それで一杯飲みながら話聞いたら、いや、じつはこないなってしもたんやと。どの手配師かはっきりわかってるかというと、そんなん一見でぱっと道で放り上げられたんやから。とにかく働いてお金貯めて、それで会社へ帰る、と言う。

それが二日ほどたったら、しょぼくれた顔して新聞持って、えらいことになりましたと泣いとんのや。集金人持ち逃げという新聞記事が出てんのや、名前まで。そないなると、もう家へも帰られん、警察沙汰になったから。それで結局、数年間、日雇いして、それなりに本人さんは謝って帰るつもりや言うて、返す金貯めて。それでもし返したところで、警察が指名手配してんねんやから。一旦は逮捕されます。

それで組合関係で知った弁護士さんに事情を話して、いろいろ弁護士さんを通じて調べてもろて、先方の高利貸し屋も、金さえ返す気があるんやったら、うちは告訴取り下げると。告訴取り下げても、そういう横領事件というのは、これは民事事件と違う、刑事事件やから。警察が一旦指名手配したら、それは消えません。一旦は逮捕される。それで、今度は弁護士から警察に何回か接触してもろて、事件の内容はこうこうやということで、本人がもう必死になって金貯めて、返す目処がついたから、本当に早いこと嫁はんと娘さんに会わせたいから、逮捕しないという自首という形式で、それで送検するかせんかは、なるべく意見書を付けて、処分保留で、ほんまは。事件と違うねんから、それは警察は確約はせえへん。できるだけそういう穏便なはからいにはすると。

それでもパクられてしもうたら、やっぱり裁判にかかるし、執行猶予がつくにしても、前科者になるわけや。本人にどないする言うたら、わたしももうこんな港の仕事、年やしつらいし、覚悟します言うから、それで弁護士さんと僕とで、警察に出頭して、それで事情を話して、それで僕がずっとその事件以来の、ずっと釜ヶ崎のドヤで一緒に暮らして、この人がどんな生活してたかということを、酒も飲まずにきつい仕事をして、ここまでやってきてたと言うた。それで警察もだいぶん時間かかったけどね。

結局、逮捕はしない、それで意見書付けて、処分保留を検察庁で、起訴するかせんかは検察庁が決めるから、書類送検だけですんだ。刑事事件で指名手配くろうて、書類送検だけというのは、めったにない言うてた。一旦は逮捕して、それから不起訴処分になって、それで処分保留になって、ブタ箱四十八時間と拘置所へ十日間と、最低十二日間は行かんならんのを、それをなしに、もう異例や言うてた。

使い方にもコツが要る

一九九三年（平成五年）の夏、敦賀の北陸自動車道の高速道路の仕事に行った。

着いた日に、最近はそんなことめったにないけど、長期の飯場というのは、行くと、昔は乗り込み言うて、着いた晩は親方がみなちょっとした料理出して、酒もビールも出して、明日からがんばってくれよというのがある。これを入飯（いりはん）というけど。最近はがめつうなって、めったにそれがない、たまたまそれがあった。

おっちゃん、ええ日来た、今日は親父さんから乗り込みがつくでと言って、高速道路の仕事やから移動するから民宿で、料理が出る。敦賀やから刺し身やら、焼き魚やら、魚でも三、四種類で、もう食べきれんほど、それでドーンと酒、ビールが出て。

後でわかってきたんやけどね。その時の親方は、その前回までは子方、下請けやったんや。ところが、ちょっと功績上げて、一次下請けに昇格したんや。前回の仕事までは同格やった下請けはまだ下請け。それで現場にはいくつかの組が入ります。溶接なら溶接、鳶なら鳶、セメントはセメントいうふうにね。僕らはそれの補助に行くんやけど。そんなら前回までが同格やったのが一段上がったから、ごきげんとりやから、その時サービスしたんや。

僕と行った八人が、二日目の晩帰った時には、きげんよう酒飲んで駄べってた、酒はどんどん出るし。ところが三日目の朝になったら、四人おらん。それで僕はピーンときたんやけどね。それで残ってる連中に、何で帰りよったんやときいてみた。それで社員はもうどんどん飲んで食うて、あとで天引されると思うたんや。

引かれるいうのは、その分を全部勘定の時にね。向こうの社員も何もかも、二次下請けの社員も入れて、どんどんやったんを一律に負担が来ると思うて、勘定の時になんぼ引かれるやらわからん。こんなとこにおれんぞて言うて、それで二日目の晩もきげんように飲むだけ飲んで、それでおらんようになった。朝になると、四人もおらん、宿の手配から仕事の段取りから、高速道路の仕事は、人減らしてやるわけにいかん。トンネルの中やとか狭いとこでやるから、一車線封鎖してやる。人員配置がきちっとしとるところで、一人減ったらものすごうこたえる。四人も欠けたらどうしても残業になります。残業代がいる。

それであとの補充するために、また手配師に電話入れて、明日何人頼む。四人ぐらいやったら手配

トピック「乗り込み」「入飯」

するけど、一人だけという時なんか、手配するほどでもない。元請けの検査工に、ニイちゃん頼むわと。検査工というのは写真撮るだけやから、元請会社から安い給料で雇われてる。時には下請に使われて、裏金取れるのを元請会社は見越してます。それはもう巧妙な仕掛けになっている。

土建業というのは、それほどお互いに上を食うたり、足食うたり、手食うたり、頭かじったり、もうとにかくあらゆる角度で。余禄のある仕事をやってるやつは賃金を安うして、余禄で取れという、江戸時代の役人と一緒で袖の下です。それを下手に怒らすと、手抜きしたとこにバチッと写真撮られてしまうわけ。

その時は結局、八人行ったのが次々と、六日目には僕一人になってしもた。僕は別にそんな契約で来たんと違うさかい、それはタイの刺し身食わそうと、マグロ食わそうと、食い抜きいうて来てるから残っていた。

飯場仕事は、食費を引くという契約と、「食い抜き」と書いたのがある。食い抜きというのは、向こうが食べさせる。その時分、釜ヶ崎の日給は一万三千円やから、これが一万二千円になって食い抜きになるわけ。ところが、そのたった千円で、民宿で毎日ビールと酒がついて、それで飲み放題やと、中にはそれを勘定日に全部引かれるところがある。長いことおったら損やから言うて、二日目、三日目に夜明けになったら、おらんようになる。食い抜きかどうかきかんということは、きくとこわいとこもある。えてしてこわい。こんだけうまいもん食わして何が文句あんじゃ言うて、そういうこわさがある。

親方が、「おっちゃん、もうみな帰ったし寂しいやろ」と、帰れと言わんばっかりに言う。「いや、契約通りやらしてもらいます。満期までおりまっせ」、て。こいつただもんやないなというもんや。普通ならもう僕も帰ります言うとこなんやけどね。僕はこの仕掛けきっちり見届けていったろうと思うて。

高速道路の仕事いうたら、とくにトンネルの中の仕事というたら、それはこわいですわ。時々、どんどん通ってる車がパタッと止まる時がある。上手で事故が起きてる。そうすると、事故処理に二、三時間かかる。車が通らんから、その間、気楽に仕事できる。ところがそれが終わったら、ビュンビュン来よるから。それと何とも言えんホコリと音で、暴走族が来た時なんか、たまらん。トンネルの中で暴走族三十台が、みなでブワーッと行きよったら、それはもう鼓膜が破れるほど。

トンネルの中の仕事の時は、保安灯を三個に一つずつ減らして、暗くします。明るいとかえって事故が起きる。走りにくいようにする。赤い回転灯を倒していく時あるから。そんなんがボーンと来たら骨折や。当たりところが悪かったら死んでしまう。

確かにああいうとこの社員というのは、体張ってやってます。今年になって、だれとだれともう四人死んだなというような話を、晩に飲みながら。おっちゃん、今日、回転灯倒れたやろ。あの時は気つけよ。今年の何月に、うちの社員、あれで死んだんやでと言うて。そんなとこで仕事しとる。

金属カッターでワーンと切っとって、腕を切ったんや。骨が見えてる。それほど切っても、医者は行ったけど、包帯巻いて帰って来て、また仕事しよる。休まん。普通なら労働災害で治るまで労災補償もらえるけど。そこまでケガしてても、仕事してる。それで痛いから飲みよる。そうすると、二、三日したらかゆいんや。腫れてくる。「兄貴、酒だけ止めとけや」。「痛うて寝られへん」。「痛うて寝られへんのやったら、もう入院せえや」と。骨見えるほど切れたら入院できますのや。

それでも、これやっぱり親方、子方の、いわゆる主従関係があるのや、職人として鍛えてもろたという親方に対する恩義。それはあんな仕事なかなか覚えられへん。職人仕事というのは教えてくれへんから、見よう見まねで覚える。

片やそういう義理の世界があって、それで晩に飲む時のよもやま話で、その昇格した社長が、僕の横へ来て、おっちゃん飲めやて言うて、いろいろ世間話してきて、それで僕がだいぶんわかってきたんやろな。「こんだけええもん食わして、飲み放題に飲ましてサービスしたつもりやねんけどな、なぜ帰るんやろな」、「それはおやっさん、あんまりええもん食わすからや」。何でや言うから、「みなこれ勘定日に引かれると思うてんのや」、「わし、そんなこと思うてへんのやで」、「それはあんたは善意で出しても、受ける側はずーっと今まで騙されてきたんやから、今度も何日働いても、このめし代でみな引かれると思うてんのや」、「最初に親方、あんたがほんまに労働者を使う気があんねんやったら、これから先、着いた晩に、今日は乗り込みでサービスする。明日からがんばってくれよ。明日からビール一本、ワンカップ一本を全部並べるから、この分まではわしが出す。料理は全部食い抜きやから、それ以上飲みたい者は、おばちゃんに言うて、帳面つけて飲んでくれ、と。その一言が乗り込みの晩にあったらええ」、「はぁー、俺、親方になるまで三十年も仕事しとるわ。そんなこと言うてくれたん、あんたがはじめてや。うちの社員も言うてくれへんわ」。それで社員にどやねんときいたら、

「それはおっちゃんの言う通りや」と。

　社員は知っていても親方に気兼ねして、意見ようせえへん。その点の主従関係というのは、もう絶対的に親方。僕は他人やから言える。そやけど他人でも言う人間おらん。僕はそれをわかるように、親方に、何で帰るんやということと、それから仕事場の人員配置について、現場によっては、その日の割り振りによって、ものすごいきつい仕事と楽な仕事とある。人を見て、その人の体力を見て、そういう使い方をきちっとして、それで納得させてやること。右から何人までどこへ行く、次の何人はと、これやったらあかん。こういう仕事やけど、希望者おるかと、まず希望者を募って、それでその希望者を先に入れて、それから残った分に、この次のどの仕事いうのをきちっと割り当てるのに、五分かからへんやろ。たった五分が何時間もの損失になってくるのと違いますかと言うた。親方は、社員に、「おまえら、何で俺に言うてくれへんのや」と。

　それで結局、二十日の契約で行って、それで三日延長になった。三日の延長の時に、「おっちゃん、あと三日おってくれや。それで打ち上げで、また宴会やって帰すさかい、それまで付き合うてくれへんか」と。「それはけっこうですよ」と。その三日間は、契約以上いてくれたと、その時は食い抜きで一万二千円で行ったのに、もう三千円追加する言うて。それで、帰りは駅まで車で送ってくれて、敦賀の駅から特急雷鳥の特急券と弁当と酒と、酒のアテまで買うてくれて。また頼むでて言うて。その社長が、「ようやってくれた、ほんまに、助かったわ」言うて、「ええこと教えてもろたんが、俺一番助かった」と言いよった。「だから社長は使いよう、俺は使われようや」。「そんなこと、うちの社員一言も言いよらへん」。「みな知っとる、聞いてみなはれ、それはみな、僕らみたいな目に合うて育ってきた社員やからな。だからだれそれが帰ったの何で帰ったいうの、みな知っとるわけや」。

港湾運送は封建的な主従関係がもっときついから、港湾で組合役員してきたからこそ、そういうことを覚えたんです。沖の船の場合、これはほんまに寒気がするほどこわい時があります。それを耐えていく中で、使い方、使われ方というのを体得できる。ゴマすったらあかん。ゴマすったら、なんぼでも付け込んできよる。と言うて、言い方がまた角が立ったらケンカになる。ヤクザ屋さんというのは単純やから、わかるように言うてあげたら、けっこう、うん、それはそうやのうと。あんたは小理屈言わんだけええとこあると、逆に自分を下げてくれる。「他のやつは小理屈しか言わへん。あんたの言うのは立派な大理屈や」と。

ヤクザというのは、ほんまにつき合うてみたら、なかなか単純でね。彼らの言葉に、「バカでなれない、利口でなれない、半端でなれない」、これはもうどのヤクザでも言いますわ。そやけど、そういうのがもう崩れてきてます。今のヤクザはもうそれほどでなくてね。警察に保護を訴えに行くぐらいやからね。

第6章

博覧会の輝く電光の影に

第二次大戦後の博覧会ブームと東京オリンピック

第二次大戦後、地方博覧会はいろいろありました。初期の頃は、いわゆる戦災復興のため、それに地場産業振興、平和博覧会が各地でやられてきました。

一九四八年(昭和二十三年)に、伊勢で戦後初めて博覧会をやってます。戦災復興を伊勢神宮に祈願するということで。

それから神戸貿易博覧会。

戦後最初の大規模な博覧会で、神戸市の王子公園と湊川公園の二ヶ所の会場で開催することになった。湊川にも王子公園のところにも、神戸で大空襲でやられた人やら、海外の引揚者やらが、バラック建てていて、強制立ち退きをやったんです。それを撤去する口実が博覧会です。当時、資材がなかったんやけど、アメリカ占領軍と吉田内閣が支援してやらせたんです。

何で貿易博覧会をやったか。博覧会が終わった日に朝鮮戦争が始まってます。もう目的が目に見えた港の博覧会、軍需物資の積み出し港。朝鮮戦争というのは、一年ぐらい前から計画してたというから。

博覧会というのは、表の華やかな面を見てるけど、その前後に起きてる事件を合わせて見ると、ものすごくキナ臭い。神戸の貿易博覧会も、そういうもんでした。博覧会が三月から始まって六月に終

トピック　バラック撤去の口実としての博覧会　神戸貿易博で対朝鮮軍需品輸送港化

わった、その日に朝鮮戦争が始まった。博覧会の会場のオープンの時から、アメリカ占領軍の司令官が来て挨拶するというような。神戸貿易博覧会のテーマの一つが「アジアの工場」という。戦後五年目です。

一九六四年（昭和三十九年）に東京オリンピックがありました。あの東京オリンピックも、最初の計画は、一九四〇年、昭和で言うと十五年、もう一つ紀元二千六百年です。『紀元二千六百年、奉祝記念事業大東京博覧会、東京オリンピック』という本が出て、神武天皇の持ってる弓の先に金の鵄がとまっているというような、そういうポスターができて、前売り券まで売れてる。神武天皇が東征に行った時、案内したという。戦争中に、最高武勲に金鵄勲章いうやつくれた。紀元二千六百年の歌がありました、「金鵄輝く日の本の、栄えある光り身に受けて、今こそ祝えこのあした、紀元は二千と六百年」とか言うて、オリンピックと万国博覧会を東京でやることになっていた。今の駒沢球場はそのためにつくられたもので、東京湾の月島埋立地が万国博会場の予定地やった。

ところで、昭和十五年という年は日中戦争が深みにはまった年で、とても開催するだけの国力がなかった。それでオリンピックと万博と両方とも開催を返上した。世界中がそのまま戦争に入ってしまって、オリンピックも博覧会もみなできなかった。

それで戦後の復興期に、高度成長の入口に来た時分に、一九四〇年にやれなかったオリンピックを、今度こそ日本でやりたいと。

そのオリンピックの前段に何が始まったかいうと、あの新幹線の工事。オリンピックの開会九日前にやっと開通したという、突貫工事も突貫工事でね。

ようけ事故を起こして、いまだに新幹線の塵肺裁判をやってます。それはもう無防備で突貫工事やったから。東海道新幹線だけで、労働災害の死傷者一万人越している、トンネル多いから落盤やら。国家的イベントがあれば交通アクセスやらなんやら、かならず突貫工事でやる、突貫工事をやれば、かならず事故が起きる。

博覧会とかスポーツ大会とか、国策興行をやる時には、まず会場の取り合いが起きる。どこを会場にするか、会場になったところは土地の値段が上がるから、どうしても政治家が出て来る。だから開催期日は先に決まる。会場の取り合いで工事が遅れる。それで開催日までに突貫工事をやる。そないしてやったのがオリンピック。

万国博覧会は犠牲者を下敷にして突っ走る

一九七〇年（昭和四十五年）に大阪で万国博覧会に向けて名神高速道路、東名高速道路がずっと一本化していく。大阪では、吹田の万博会場に向かって地下鉄の工事がどんどん、各路線が延長されていくんです。

それで一九七〇年の吹田の万博では、まず会場の整地工事、あの会場予定地は一面竹藪で根を全部切っていかんならん。ものすごい難工事です。竹藪の下というのは柔らかい赤土で、基礎工事がものすごくやりにくいところです。そこを突貫工事でやったもんやから、生き埋め事故が多かった。あの

トピック　「アジアの工場」　オリンピックと新幹線　東海道新幹線の労災死傷者は一万人　会場の取り合いが生む突貫工事
万博会場造成で十七人生き埋め事故死

会場の造成工事だけで、十七人事故死している。

　あそこを会場に選んだのは、土地が安かったからや。その安い土地で博覧会をやることで道路ができるから、周りの土地の値が上がる。いわゆる「地上げ」のはじまりです。千里の住宅地というのは、全部そうしてできてきたわけです。

'70年大阪万博会場内（エキスポタワーの下）にある17名の碑

　今も万博跡地のエキスポランドの南の端にエレベーターのついた塔が建っている。北の端にある太陽の塔と対角線のところ、丘の上にエキスポタワーが建ってます。そこに、工事死亡者の十七人の慰霊碑がある。万博協会が立てたんやなしに、工事をした協力会が立てたんやけど、慰霊碑はあるにはあるんです。十七人の出身府県と名前を彫り込んだ、一メートルぐらいの黒御影石で、一番人の行きにくい公園のはずれ、塔の外側やから、ちょっとわかりません。

　建てた時は僕知ってるけど、それ以後、行く機会ないし、長いこと行かなんだが、一九八三年（昭和五十八年）の大阪築城祭りの始まった年に、また労働災害が増えたんです。その時に釜ヶ崎の三角公園で、いっぺん土木災害で死んだ仲間の慰霊祭をやろうやないかということで、僕がいろんなところの工事の災害の慰霊碑を探して来て、それを写真パネルにして、それで夏祭りの会場にそのパネルを飾った。釜ヶ崎というのは、そういう時はワンカップが来る、スイカが来る、ウイスキーが来る、だれが持って来て、だれが飲むかわからんけど、とにかく線香とロウソクがバーッと立つ。

その時に展示したパネルが、明治以来の阿倍野の無縁墓地の、一つの墓石に年によっては七百七十何人という、そんなんが、ずっと明治末期から大正時代にかけていくつかある。

大阪市大正区の尻無川の慰霊碑

それから尻無川（しりなしがわ）の甚兵衛の渡し、そこに今、大きなアーチ型の水門がある。尻無川と、安治川と、木津川と、三ヶ所に、川の上にアーチみたいになっておって、高潮が来る時、これがグーッと降りる。そうすると、同じ型のものが下から上に上がる。これで高潮を止めるという。大工事です、万博の開催中に。大阪は当時、地盤沈下で、大阪西部というのはゼロメートル地帯やから。ちょっとした高潮が来ると、水が上がってくる。それで高潮災害を防ごうというので、水門工事を、これもまた突貫工事でやった。その時に尻無川水門で、水面下二十メートルまで、ケーソンという、鉄の枠を入れて、次々にケーソンを継ぎ足して、中を掘っていく。中に鉄筋などを作っていくんやけど。その水面下二十メートルのところで、直径十メートルほどの中に十一人入って作業をしてる時に、このケーソンが炸裂して、ドーッと泥水が入ってしもうた。

大阪市北区天六国分寺公園の慰霊碑

熊谷組が請け負ってやっていたんやけど、下請けまかせで手抜き工事をやったのが原因で事故が起きた。機械で掘るわけにいかんし、潜水夫が入って、手探りで十一人上げるのに四日かかった。そこのところには、今かなり立派な慰霊碑、黒い御影石で十一積み上げて、ほんまに人柱ですわ。その前に、何年何月にどんな事故が起きた。あやまちは二度と繰り返しません式のやつがあって、その裏側に出身府県と名前がある、秋田とか東北地方と九州と、朝鮮の人が三人ほどと、十一人。

それから阪神高速道路の本町のへんで、これがまた高速道路の橋桁、あの柱をコンクリートが固まらん先に仮り枠を外してしもうた。中のコンクリートがみなドドドーッと流れ出して、それで八人ほど下敷きになってる。

それから天神橋筋六丁目、いわゆる天六（てんろく）のガス爆発。万博に向けて地下鉄を延長工事してて、地下の埋設の水道管やらガス管やらいろいろある、これを下請け工事でガス管を切ってしもうた。大量のガスが地下鉄の工事場に充満して、臭いというので、それまでに中の工事場の人はわりあい逃げたんやけど。ガス会社の緊急工作車が、サイレン鳴らして、ガス管を塞ぎに来る。その車のスパークで爆発したという。そのため、第二次の大爆発が起きた。長い裁判で責任のなすり合いをしている。全部で死傷者は八百人ほど、通行人、新聞配達の子なんかがいて、バーンと飛ばされて。あそこもちょっと離れたところに慰霊碑がある。

市の役人が言いよった。それは確かに事故は申しわけないけど、そのおかげで天六は開発されましたよ、あの爆発なかったら、スラム街の名残がまだあるんや、と。役人というのはそんなもんです。天六、長柄(ながら)いうたら、釜ヶ崎と同じように、大阪の北の端のスラム街でした。

もうなくなったけど、数年前まで、天六から淀川までの間に、まだ長屋で共同水道があったんです。そういうバラックやった。一軒で水道つけられへんほど。水道はカギをみな持ってて、それで自分とこが使う時にそれを持ってって水を出した。天満の駅からずっと淀川までに至る間は、そんなんやった。それが中心地で大爆発があってから、だいぶん変わってきたんやけど。

原発推進のための万国博覧会▨

一九七〇年の万国博覧会の最大の目的は、原子力発電所の推進だったんです。あの時に美浜の一号

トピック　慰霊碑（二四〇ページ）　尻無川水門工事で十一人事故死　天六ガス爆発死傷者八百人

機の突貫工事を、当時の芦原義重、関電社長がやった。「原子力文化」という、万博会場で配った関西電力のパンフレット、この博覧会の目的は、原子力の時代の幕開けやと、そう書いてます。七〇年の万博が始まってしばらくした夏頃に、会場に美浜の原子力の電気が来たというので、点灯式をやったんです。あれが原子の灯、原発の平和利用とかいって。

テーマは「人類の進歩と調和」か、何かわけのわからんテーマやったけど、七〇年万博のパビリオンの半分以上が電気屋です。日本の博覧会は明治以来ほとんど電気の博覧会といわれている。

博覧会のことではいつもいうんやけど、僕らの仲間が、博覧会で殺されてんのやから。それと僕も、いろいろ運動に関わってから、公害やらいろんなことの問題意識が出てきたから、博覧会の記録は、全部残してます。何をやったということが立証できるから。

難波(なんば)の「虹のまち」も万博に間に合わせるいうのでできたんです。それで近鉄が難波まで乗り入れして、阪急が動物園まで乗り入れ。日本の鉄道で自動改札が導入されたのが、七〇年万博の時、阪急電鉄が始まりです。

七〇年万博では、そういうのと一方、事故とものすごいインフレ、万博インフレいうて、物価がグッと上がって上がりっぱなし。博覧会が終わっても、値は下がらなんだ。

労働組合の仕事した時に、心ある役員に、この年の物価をコーヒーからラーメンに至るまで、大盛りめしがなんぼ、みそ汁がなんぼ、みな記録残しておけよ、この次、博覧会やった時に、それがどないなるかいうの、そういうことをずっと記録しておけよ、と。やっぱり何人かそれを残してくれて、いまだに会うたらその話する人います。やっぱり日雇い労働運動やってる人に、ただ賃上げ賃上げだけ言わずに、自分らの生活がどない響いているいうことを意識する、一歩、深く見てもらうことを覚えてもらわないかんから。

七〇年の万博で取り残し食ろたのが、大阪南部から和歌山です。第二阪和道路ができなかったんです。それで和歌山から大阪いうのは、京都、大阪の倍ぐらい時間かかる、交通費も時間も。不便です、いったん難波か天王寺まで出てから、もう一回乗り換えなならんから。結局、泉州から和歌山が取り残し食ろうてます。これが関西で、知事とかそういうのが集まって何かやる時に、和歌山がいつも横向きよるのは、その万博に置いてけぼり食ろうたからやということです。

それで結局、新空港は泉州に決定していく。泉州沖に新空港を作らな大阪は南へのびない、堺ぐらいまでしか延びてない。その堺も、一時は臨海工業地帯やったんやけど、たった二十五年か三十年で、新日鉄が高炉の火を全部落としてしもうた。あの当時に堺の市長が、臨海工業地帯ができて新日鉄が進出決定した時のテレビで、「やがて堺の空には七色の雲がたなびくでありましょう」という挨拶しとったのを、覚えているんや。それがあの黒い公害の雲になった。いやいや、本当は七色の方がこわい、黒よりは。色つきの雲というのはこわい。

それは僕ら、大阪港で仕事してたからわかるけど、それは夏になると臭い臭い、かなり沖でブイで停泊中の船で仕事してても、大阪湾の臭いは何とも言えん、色も汚い色になってるし、赤潮よりもっと汚い、腐ったような臭い。

大阪港に流れ込む大和川が汚いトップや。

大和川でも柏原の前後からずっと、石川を除く大和川流域というのは、排水設備ができてないところに工場を造ってるから、工場排水は全部川へたれ流していた。大和川へ魚釣りに行くというたら、みな笑う。不景気になると、川も空も少しキレイになる。

一九九六年、大和川はまた日本一汚い川になった。

万博で外見四階、内部十一階のドヤ出現

七〇年万博で労働者が足らんから、全国から集める。それが釜ヶ崎にドーッと集まって来た。大阪府の労働部が東北と九州、沖縄に、課長クラスが出張して、大阪で仕事がいくらでもありますから来てくださいと言うて、いわゆる誘致やね。これは大阪府の『万博の開催への歩み』という記録、役人というのはみな記録残しますから。沖縄から何百何十人連れて来たとか、青森から何百人とか、これは官庁の統計資料やから数字があるんやけど。

それから大阪駅のコンコースの北側の通路に、万博の二年ほど前に、旅行者相談所と大阪府労働部の職業相談所というのが、万博対策で、とにかく大阪へ来て勝手がわからん人が相談に来るようにというので、大阪府の各職安の課長ぐらいの人が来ていた。何回かここへ色々ききに行ったけど。「ここは職業相談で、どこの飯場でドツかれたとか、どこの飯場で賃金くれんとか、警察か監督所へ行け

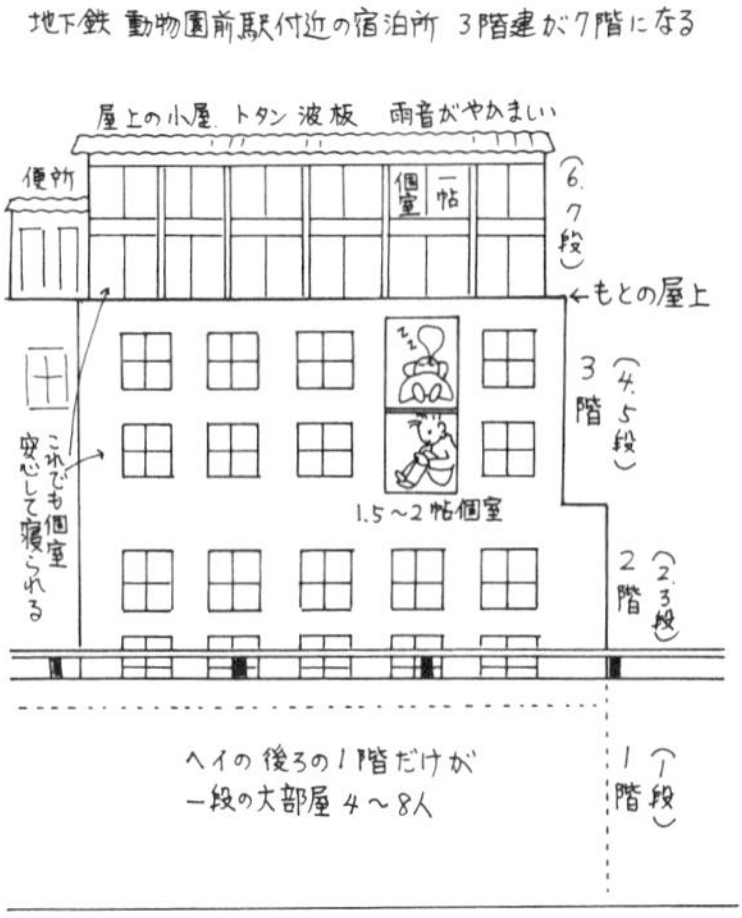

'70年万博の3年前頃から建て増し二段仕切りが始まった

ばいいのに、みなここへ来るんですわ」と、そこの所長が言うてたけど、当初目的というか、もう意味がなくなってますけど、こんなんつくるほど、それほど行政が人集めには金をかけてやったんです。

それで工事が終わったら、集めた人のことを全然考えてない。公共の宿舎に入れたら、失業した後、金払うて帰らすか、どっかへ転職させるか面倒見んならん。それをせんために、ドヤを利用させた。それで、お金があっても泊まれんほど人が増えた時がある。ドヤがみなプレハブで屋上に建て増して。にわかに宿泊者が増えたから、建て替え工事してるひまがないから、在来の建物の一階を二段に仕切って泊めた。当時は最高で四階建やった。ところが、その四階を、一階だけは表から見えるからそのままやけど、二階から上は全部二段に仕切って、そしたら四階建が七階になる。その屋上に今度はプレハブで、そのプレハブの二階建を建てると、これがまた四階になります。それでもう十一階です。プレハブの屋根裏の三角の部分まで部屋にした。そんなとこどないして入るか言うたら、廊下で服を脱いで、頭から部屋へ入って行く。寝たら頭の部分が天井に手がとどく。ほんまに寝るだけ。

簡易ベッドというか、二段に仕切って。畳一枚、それで新建材で仕切ってるだけ、それが二段で。小さい梯子をつけて、上へ上がる。火事があったら、それはメラメラメラメラと燃え上がる。そして新建材のガスが出て。逃げるまでにガスでやられる。とにかくあの時分に火事が多かった。その火事の記録も全部とってある。

火事が起こったら、必ず、人が死ぬ。建物は保険に入っとるから。一年もたったら、そこに豪華なやつが建つ。それで消防署の検査のマル適マークというのがドアについて、その代わりに部屋代が三倍ぐらいに上がる。火事がこわかったら、部屋代が三倍になる。安いところに泊まったら、焼け死ぬのを覚悟で泊まれという。これが七〇年代の釜ヶ崎のドヤ。

大阪築城四百年祭と今太閤

大阪築城四百年祭大阪城博覧会が、一九八三年（昭和五十八年）にあった。

一五八三年に豊臣秀吉が朝鮮侵攻をやる基地にするために、大坂城を造った。それと天下統一のシンボルで、当時の地形から言えば、上町（うえまち）台地というのは、大阪湾から丸見えです。あの高いところに、もともとは石山本願寺というのがあった。信長以来、本願寺と長い戦争してきたから、本願寺に対するいろいろ報復措置とか、そんなんも含めて、大坂城を造ったわけで。そこを基地にして朝鮮へ二回ほど出兵するんやけども、大坂にとっては大土木工事です。あの石垣を、瀬戸内海の島からどんどん切り出して運んだのと、生駒山系から切り出したのと。河内磐船（かわちいわふね）いうところに、石が御神体という磐船神社がある。あれはあの石を加藤清正が取りに行ったんやけど、あんまり大きすぎてよう取らんかって。清正の刻印だけ打ってある、それが神をおそれたというふうになるわけです。それで天（あめ）の磐船という伝説もあって、その石が御神体になってる神社がある。石切という生駒山の、あれも石切場の跡やから。あのへんの石が切りやすい、生駒石、花崗岩やから。大坂城は、河内の農民からいろんな役民がかり出されて、刀狩りをやって、抵抗を防ぎ太閤検地ということで年貢をきびしく取り立てて、巨大な工事をやって、それから四百年たつというので、最初は築城四百年祭りをやろうということで始めた。前の年の一九八二年には大阪二十一世紀協会がつくられ、松下幸之助を会長にしています。松下幸之助は、七〇年万博の時に会長になるはずやった。大阪開催の万博やのに、関東の石坂泰三が万博の会長になったんです。

梅田の歩道橋、一番最初についたのが阪急と大阪駅東口のところだけで、これが日本で最初の歩道橋や。当時、交通事情が悪かった梅田の乗り換えで時間がかかるので、遅刻者が多かった。タイムレコーダーいうのは、一分でも遅れたら遅刻になる。会社の近くまで走るけど、サイレンが鳴ったら、みな引き返す。喫茶店に入って、一時間遅刻の五五分ぐらいまで時間つぶして、それで入って来る。労働者としたらこれは当然の話や。一分遅れても五五分遅れても同じ一時間遅刻になるのやったら、一時間遅れて来る。何でこない遅刻が多いんや言うたら、梅田の乗り換えがネックやと。そこでアメ

トピック　よく燃えるドヤ　焼死覚悟の安いドヤ　日本で最初の歩道橋は松下寄贈の梅田の歩道橋

リカで見てきた歩道橋をつけたらどうやという話が出て、そんなら私が寄付しましょうと。これは宣伝になります。今でもあの歩道橋の阪急の側と阪神の側に、松下電器産業寄贈というプレートが入ってます。昭和三十七年（一九六二年）に、建てた年号で入れてます。

松下幸之助のことを会社の中ではご主人という。ご主人がここまで気つこうてくれてはるのに、君も明日から遅刻したらあかんよと、早う起きたらええんやないかと。

そういう発想からできたのが歩道橋で、それ以後ずっと、いろんな寄付する。松下電器の松下幸之助があそこへ寄付した、ここへ寄付した、今太閤というのはそこなんです。豊臣秀吉が戦争で焼いては、あとにお寺建てて、金撒き太閤言います。

松下は七〇年万博以後、ずっと成長してきたから、それで築城四百年祭りの会長にと。築城祭りだけやったら、それで終わりやないか。大阪で今何が必要なんや。それは関西空港。これをつくろうという計画が出て、あの時分にもうだいぶん煮詰まって、およそ泉州沖には決まってきたけど。明石沖とか、淡路島とか。政治家の綱引きがあって。とにかく関西に国際空港を作りたい。万博の時に大阪空港へジェット機が乗り入れして、あの騒音公害が起きたんやから。大阪空港ではもうパンクするから、とにかく関西に大空港がほしい。空港を作るための町おこしをしようやないか。一九八二年に大阪二十一世紀協会、初代会長に松下幸之助、関西電力の芦原義重、日商の古川と財界から三人、それと知事と市長、この五人が会長、副会長になって。

それで二十一世紀計画の幕開けとして築城四百年祭を。その当時、教科書問題で、朝鮮侵略の問題が出てきた時に、朝鮮侵略した秀吉の築城四百年祭を今の時期にやるのは、これはなんじゃということとで、文化的反対運動をやったんです。その時に僕は、大阪の博覧会の歴史をずっとひもといて、大阪城というのはどんな役割を果たしたかということを、築城四百年祭に反対する本の中に書きました。明治の初年から大阪城が陸軍の発祥地になった。「ちょっと待て、大阪築城四百年祭」という集会などをくり返したんです。それで築城四百年祭が町づくり四百年祭に変わってきた。だいぶ秀吉の影が薄らいで。秀吉の展示が降ろされて、秀吉抜きの築城四百年祭、町づくり四百年祭と内容をすり変えてきたんです。

二十一世紀協会というのは不思議な団体で、大阪府と大阪市から二十人ずつ、それから各大企業から出向社員を出してました。最初百人ぐらいが、天満橋のキャッスルホテルの四階に、ワンフロアを借り切った協会事務所で始めたんです。キャッスルホテルは万博の時に大阪市が造って、赤字出して倒産状態になって、結局、ホテル半分、貸しビル半分になってしもうたんです。

築城四百年祭の頃から関西新空港を早く造れという、二十一世紀協会のニュースというのは、毎号、新空港をどないして造るかです。それから二十一世紀まで、空港を中心にしたイベントのくり返しで、町づくりをしていくという大大阪グランドデザインいうのが出て。財界と行政が一体で事務所を作って、給料はみなそれぞれが出して、協会の役員がいうてる、「なんせ不思議な団体でございまして」と。それはもう類例がないですね。一つのイベント団体に給料出して、職員も何十人も派遣するという。産、官、学、労組、文化各界が群がる新版大政翼賛会が作られたわけです。その時に、御堂筋パレードというのが始まった。このとき御堂筋で野宿している人から指紋、顔写真をとった。

築城祭というのは、そういうふうにして始まったんです。大阪城とその周辺で工事の最中に、不発の一トン爆弾が出た。元の砲兵工廠の跡です。あそこは六万五千人のアジア最大の兵器工場。大砲から戦車から何でも作ってたという。砲弾の殻はあそこで作って、それで枚方で火薬をつめてた。もと国鉄の片町線、今はＪＲ学研都市線、あれは軍用路線です。へんぴな片町というところに始発駅がある。それで沿線の枚方の星田に弾薬庫があります、戦時中から戦後まで。片町線沿線では祝園（ほうぞの）にも弾薬庫やらあった。枚方市の香里園（こうりえん）の団地の中も、もと引込線を入れて火薬製造所やった。

関西国際空港と二十一世紀協会

そういうことで築城祭が始まって、関西新空港の推進やということで、御堂筋パレードからイベントを次々と始めた。

一九八三年、「関西新空港はいらんど百人委員会」。最初は二十人委員会で、百人委員会になって。僕も会に参加して大阪南港の埋め立て地の地盤沈下の例をあげて、山を崩し、海を埋め、空を汚す三重公害を訴えました。そんな運動やら、かなり市民運動が盛んにあの時分ありました。泉州でも、地元住民が空港反対住民連絡会をつくってました。

一九八五年ぐらいになると、田中角栄が軍事空港やいうたらすぐ造れるということを、大阪に来てしゃべったんです。それで、日向方齊（ひゅうがほうさい）は、それは田中さんが勝手に言うてるんやいうて、内心はそうなんです。日向方齊は他のところでいうてます、関西には軍用空港がないんやと。ほんとにないですわ、関西には。名古屋の小牧空港から西には、岩国まで、軍用空港としてはないんです。関西空港が成田と違うのは、国の一種空港やのうて、民間からの資本を出している。関西がいろいろ陳情して、請願空港や。角栄は、「軍用空港と位置付けしたら国の空港というかたちにできる、話はいっぺんに解決するよ」と。彼の発想はそうなんやけど。関西財界人の狙いは航空貨物や。船で二十日もかかるより、飛行機で八時間で飛ぶ方が、何億という品物やから金利が違います。飛行機は大型化するわ、荷物は小型化するわ。空港できたら航空貨物には便利やけど、客にとってはあんな不便なとこ、かなわんというところ。

確か一九八五年に、田中角栄がそういう軍用空港論をパーッとすっぱ抜いた。それで関西財界があわてて、イベントで隠して、ほんまの町づくりの空港やということに必死になってやりはじめたんや。築城四百年祭というのは、そこから始まった。二〇〇一年まで十八年間、関西空港できた後も二十一世紀までずっと、いろんなことで続けんならんというので、二十一世紀協会が花博を計画したんです。それに行政が乗りました。行政を乗せて、道路やら上下水道やら公共工事をやらんならんから。

ブランク埋め合わせの天王寺博覧会

一九八三年が築城四百年祭で花博計画が一九九〇年(平成二年)でした。ところが、八三年から九〇年の花博まで、七年も間があります。それと九〇年の花博も、最初の計画は八九年の市制百周年記念事業として、「花と緑」やなしに、「花」の博覧会やった。ところが市制百周年というのは、日本国中の大都市は明治二十二年（一八八九年）市制を施行した。一九八九年に仙台から広島にいたるまで、三十何ヶ所が市制百周年博覧会、地方博覧会をやったんです。それだけ乱立すると共食いになる。大阪は市制百周年記念事業として九〇年にやることにした。その段階ではまだ花の博覧会という、園芸博覧会の計画やったんです。

その時分に、中曽根首相が学園研究都市へ来て、生駒山系の山越えで大阪へ入る途中で、緑の三倍増計画いうことを、もう森林破壊がはげしいというので環境問題が出てきたから、ほんまの思いつきでしゃべった。それで八九年を一年延ばして、九〇年に花の博覧会をという。

築城四百年祭が一九八三年、花博が一九九〇年、その間七年もある。そのつなぎとして天王寺博覧会というのを考え出して、それで天王寺公園で博覧会をやろうと言う。これは天王寺駅が関西新空港への鉄道の始発駅になるから、大阪南部の都市開発ということで、天王寺駅の再開発から阿倍野再開発に続くあのへんを、いわゆる町おこしという言葉が流行った時代で、始めたんです。

天王寺公園は釜ヶ崎との関係でいうと、江戸時代から茶臼山いうのは、茶臼山騒動いうのがあったぐらい、野宿の多かったところなんです。今は繁華街の近くやけど、寺が多いから。昔はみな寺の近くに野宿したんです。モチやらお供え物もあるし、貰いものがあるから。天王寺博覧会以前も、オイルショックから以後ずーっと、多いときは七百人ぐらい公園にいた。茶臼山のあたりは、仮小屋を建てて、棒立てて、シートかけて、一応ちょっとした住居にしてしまうぐらい、あそこだけでも三百人ぐらいおったんです。

それを行政がいきなり手を出さず、その地域の住民、町内会の住民に洗濯物が盗まれるとか、娘がひやかされるとか、そういう苦情を出させる。住民の意向で、茶臼山公園を有料化して下さいという陳情書が出た、その陳情書を市が検討した結果、ということにして、博覧会をやって、地域をいっぺん整備してという、それで博覧会をやった。釜ヶ崎とその周辺ずーっと、西成、浪速、天王寺、阿倍野、これを行政では重点四区という、いわゆる野宿者排除の重点です。

それで、夏休みを中心にした子ども相手の、動物園の博覧会やから、各学校にそれに対するアンケートやら、いろんな働きかけやって、行政は夏休みの学校の行事として組み込んだんやけど、天王寺公園に近いところの学校が、かなり行かんところが出て来た、途中から僕ら学校の先生に働きかけたけど。明治の博覧会以来の、いかに博覧会が華やかな陰に、こんな犠牲者が出てるんやということをずーっと言って。

結局、天王寺博覧会は百日やって、五億円赤字出したんです。それとだいたい子ども相手の動物園の博覧会やから、天皇は来るほどの行事やないけど、おそらく皇太子が来るはずやったんやけど、そんな反対運動があったんで、皇族は来なかったんです。三笠宮だけが、いわゆるおしのびという形で、公式やなしにちょっと寄ったという程度でね。実に内容のない、ただとにかく天王寺公園の木が全部なくなってしもて。丸裸にしてしまいました。図書館もあったけど、あの図書館も博覧会でなくなったし。美術館も博覧会期間中、中止していた。

トピック　中曽根の「緑の三倍増計画」　茶臼山　野宿者排除　天王寺博は百日で五億の赤字

博覧会が残した天王寺公園の有料化

博覧会が終わってから、その囲いをそのまま残して、有料公園にして。都市公園というのは、いこいの場でもあるけど、大災害の時の緊急避難場所なんです。公共避難場所というのを表示してある。阪神大震災の日の朝公園へ行ってみたけど、出入口に錠前がかかっていた。天王寺公園も緊急避難場所です。それがあの囲いしてしもうて、有料公園にして、その有料が百五十円という、自信がないから百五十円という半端な値段で、内容ない。動物園に行くについても、そこを通過せな行かれへんから、不便で中身のない有料公園になって、赤字解消するために有料公園にして、また赤字出してるわ

四天王寺は鉄柵で野宿者を追い出した

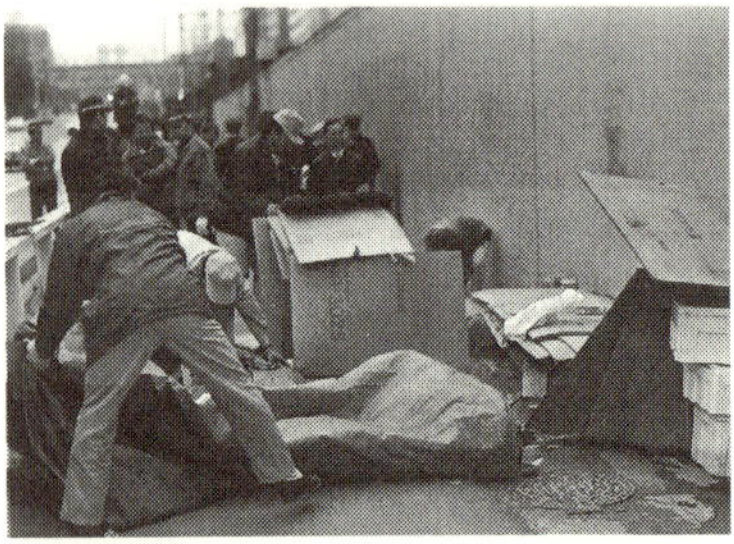

天王寺博覧会時のダンボール住居の撤去(奥に見えるのが天王寺駅)

けです。ところが役人というのはメンツがあるから、何とか数字上つじつまを合わせているが、あと何年で有料化を廃止するか、赤字が累積したら止めるか。

それが天王寺博覧会やった。その時に公園におった野宿の三百人ほどが追い出された。行くところがないから四天王寺に行った。四天王寺は、聖徳太子の四恩というのがある、聖徳太子の教えで、弱いものを慈しめという和の精神です。けれども、彼らが野宿してくれると重要文化財があるから、汚れたりするというので、締め出したり、また入って行ったり、その繰り返しやって。野宿者がエアガンで襲撃される事件も発生したり。それで結局、四天王寺創建千四百年の行事のためいうて鉄の門をつけた。鳥居の下の鉄の門が、夜になったら閉まる。野宿者を入れさんためというと角が立つから、創建千四百年祭りをやるので、お寺の整備をするからという形でずーっと囲いを作っていった。

野宿いうても家族の写真とか手紙とか、大事なものを入れた袋をたいがい持ってます。ダンボール拾いに行く時に、それも持って行ったらじゃまになるさかい、小屋のどっかに隠して置いてるわけ。それで帰って来たら、それが全部撤去されてしもうて、本人の手がかりもなくなるし。

何回もそれは排除と中止で、僕らと小競り合いしながらやってきて、とにかく病人とケガ人は保護施設、病院へ送るということで、撤去に来る時は、救急車を連れて来て、事前調査してるけど、保護させて、博覧会をやって、終わった結果は、赤字が残っただけのことになった。

それ以後、バブル景気があんまりふくれ上がった時期には、もうそんなことも言うてられんほど、景気に浮かれとった。最初は花の博覧会という園芸博覧会で計画が始まって、それでいわゆる造園業者が力入れてたわけです。ところが途中ぐらいから、何せ二十一世紀協会の会長が松下やから、松下がまず花博公園の中に六十億円寄付して、博覧会が終わったら寄付しますという形で、松下記念館というのを据え付けたんです。何でいうと、花博会場は松下エリアです。道路隔てたら、松下の守口工場、乾電池工場がずっと見える。

そこで花の博覧会が花と緑に、あの緑というのは電気の緑、水耕栽培、温室の。自然の緑やなしに。何せあの花博をやるために、鶴見緑地の木を三万本伐ったんやから。花博のために自然に生えてる木を三万本、じゃまになるいうて切ってしもうて。そのうちの六千本がユーカリ、コアラのエサになる木。コアラを日本へ連れて来て、そのためにわざわざ栽培してた。それを花博のためやいうて取ってしもうて。

もともと鶴見緑地は生ゴミの埋め立ての山、花博の工事でほじくり返して、二十五年前のゴミが出て、何とも臭い、腐りきらんナイロン製品がある、あそこの工事場へも何回も行ったけど。僕は仕事が目的で行ったのやなしに、それを見たいから。

にわかに花と緑に変わったのは、そういう電気の緑の。花博やけど、電気屋ばっかりです。電気屋とおかし屋とビール会社と、グルメ時代やから食べ物屋と。園芸屋はかすんでいて。

一応、動員数は二千万人突破したということになってるけど、工事業者に券をみな押しつけるんや。

その上で、前売り券の数で動員数が二千万突破したと、成功やということになってるけど。土建業者で前売りの入場券を持て余していた。公園の近くの住民には招待券配ったというが、開会前日の招待客は近くの人のはずなのに、地下鉄が満員になったというので、問題になった。あと地元の町会長とか、そういう役員だけ招待されてるけどね。ほとんどがいわゆる押売券や。

花博の仕事は僕、狙い打ちで見るために、仕事に行きました。開会してから各府県の日というのがあった。その日だけ、富山県なら富山県の日とか。その仮設工事なんかも何回か行ったんやけど、イベントホールがある、その後ろにずっと大スクリーンがついてて、その銀幕のスクリーンの上に、モーターボート振興会寄贈という金文字が入っとる。その下で皇太子が開会式やってました。そこまで気ついてる人はおらんけどね。僕から見たら、へえー、モーターボート振興会の寄贈という、その字の下で皇太子がな。

花博の会場は防空緑地いうて、戦争中に、大阪が大空襲で避難民があそこへ逃げるための防空避難地や。大阪の周辺には久宝寺緑地と鶴見緑地と服部緑地と、防空避難所です。

あそこは泥沼地で、戦後にゴミがようけ出だした時に、その沼地に生ゴミをどんどん埋めて、一時メタンガスで、あの鶴見緑地の山が全山火の海というふうに。すきまからメタンガスが出て、火がついて、ポッポッ。近所の人がこわがって。僕らは何回も見たけど、それはこわい感じやった。ボーッと、土のすきまから、メタンガスが吹き上がって、それが自然発火か何かで火がついて、火が移って、

トピック　松下、花博公園に六十億円寄付　博覧会入場券の工事業者への押しつけ　防空緑地　メタンガスの自然発火

ボンボン、もう何年か燃えてた。メタンガスが今でも出ている。

あの鶴見緑地の博覧会の会場の中に、三ヶ所、長い塔が建ってます。花博やからツタを絡ませて、飾りをしてごまかしてるけど、それが鶴見の埋め立ての山の中に深く、穴開きのパイプを打ち込んで、メタンガスを抜いてます。空中拡散。花博の最中に、仮設工事した下水道やら何かあります。そこからメタンガスが来て、事故が起きたらいかんからと、そういう防火設備が作られた。

僕はそういう目で見てるから、よけい見えるんです。他の人はただ一日すんだらええでやってるけど、これ何しよるんや、ガス抜きやなと。開催してから、環境問題の研究者など三十人ほどで行って、その時に、これ何やと思うて言うたら、不思議なもんやな言う、これが地下深く、穴開きパイプを打ち込んで、今でもメタンガスがあの下から。二十五年間、生ゴミを埋めたんやから。

花博開催中に出たゴミ、これが奈良県のどこかの谷間に、何万トンか捨ててる。博覧会やるとそれはゴミがようけ出ます。ゴミの量がひどいです。花博のゴミやら、地下鉄は赤字のままずっと。

花博の後が、一年、二年たって下り坂になって、いわゆるバブル崩壊。もう景気の浮揚策やいうてやった博覧会は、後必ずインフレが残って、不景気がついてきてる。だからこの頃もう博覧会て言わんようになった。景気がよかったらやりたいんや。でも結局、博覧会というのは、全部一過性のものや。

第7章 震災が見せた神戸の素顔

寒い朝、仕事はどうなる

地震が発生したのは午前五時四十六分、阪神高速道路の高架の脚が折れて、車が落ちたり下敷になったりして、何十人もが犠牲になった。その中に、神戸港の冷凍貨物を扱うS運輸会社のマイクロバスがあった。それに釜ヶ崎で求人された労働者が乗っていて、運転手が死亡、三人が怪我をしている。その時刻に、大阪から一時間もかかるところで被災した。バスは五時までに釜ヶ崎を出発してます。釜ヶ崎で午前三時半頃には労働者が集まって来て、四時頃からバスに乗って、五時以前に出発して現場に送られていく。求人票には労働時間は午前八時から午後五時と書かれるけど、実際は午前五時からや。手配師による求人です。

釜ヶ崎では求人の斡旋は、あいりん職安がするんやなしに、西成労働福祉センターというところがやっている、そこは九時に開く。五時にあいりんセンターのシャッターが開いた時は、実際にはほぼ求人は完了している。それから後は、いわゆる飯場、十日とか半月とかの契約仕事です。飯場行きは着替えとかいろいろ準備せんならんので、その日暮しやら野宿状態にある労働者はそんな着替えやなんか準備ができない、その日その日の現金仕事でいかんならん、不利な立場の者ほど港湾のようなきつい仕事に行かされるようになる。とくに冷凍貨物の荷揚げというと、船内と船外の温度差がはげしい、血圧で倒れたり吐いたりする者も出る。とにかくそんな仕事でも早朝から行く。

ここ四年ほどバブル崩壊の不況で仕事が少ない、だんだん早く起きて、野宿だと寝よう思うても寒うて寝られん、それで早くから集まって来る。三十数年前の港湾労働の求人風景がそのまま、悪い習慣に逆戻りしています。バブルが崩壊して手配師が失業して、手配師に自殺者が出たこともあった。そこへ神戸の災害で、手配師もかなり、これ幸いと、これで儲けたれと。労働組合でも「今こそわれわれの力の見せどころや」というビラをつくって、そんな甘いもんやない。

以前に台風や水害があった時の体験から、僕がまず気にかかったのは、こんな非常時に労務対策はどうなっているかということやった。揺れがおさまるとまず釜ヶ崎の町に出てみました。もう仕事は全部止まっていたから、仕事に行けん労働者が街角に群がって、見て来たテレビの情報を話し合っていました。その朝は、センターの窓口に「本日は災害のために求人はありません」という紙が一枚貼ってあるだけ。労働者が全部仕事にあぶれても貼紙だけ、これが労働福祉センターです。

阪神高速道路の落下で怪我人が出た、なんで早々に知ったかというと、労働災害の金がおりてくるまで二十日はかかる、日雇いとしてはそれは困る。そこで労働福祉センターが立て替え払いをするんで、事故があったことが分かるんです。

今回は早朝やったから、道路災害も少なかった。関東大震災は昼飯時で、大八車に布団やら家財道具を積んで逃げる、布団に飛火が移って、火が広がって行った。それで、道路が使えなくなった。火が本所の被服廠、軍隊の被服倉庫に飛んで大火になって、避難民が焼け死んだ。交通渋滞は火災につながります。自動車はガソリンだから、大八車よりこわい。交通量の少ない時間やったから、道路災害もこれぐらいですんだ。

震災の日の夕方にはもう、飛田のもと遊郭の近くで被災建築物の解体の人集めをしていた。センターに登録していない業者が、手配師を使って人夫出しという人集めを始める。元請け企業が日雇いを集めるのは時間がかかる。すばやく動くのはヤクザ業者とそこで使われる臨時雇いです。手配師が人夫出しして、それを下請け企業が使う。水害の時の土嚢づくりや杭打ちもそうです。これはみなセンターではなくて、闇求人という無登録業者の人夫出しで、記録上はまったく出て来ない。

闇求人の場合は、酷な使われ方になりやすい。「午前中ニコニコ、午後ガミガミ」言うて、午前は機嫌よう働かせ、仕事の見込みがつく午後から怒鳴りつけて追い回して、「もうやってられんわ」と賃金をもらわずに逃げて帰らせようとする。闇求人やら低賃金やらを労働運動で改善して来たのが、震災でぐーっと逆戻りして、労働条件がずいぶん後退しました。

一時のことやったけど、震災後、釜ヶ崎に行くと復旧の仕事があるというので、全国から労働者が集まって来ました。震災以前はドヤは半分ぐらい空き室やった。それで、宿泊料金を値下げしたり、サービスにワンカップつけたりしてたのが、人が増えて来るとたちまち値上げする。また、労働者が金もってるから路上強盗が出てくる。これをシノギというんですが、労働者が鼻血出して「シノギにやられた」と訴えて行っても、西成警察署は取り合ってくれない、ねばると「出身地はどこや」とかイヤがらせをする。そういうことが何年目かの暴動になってくる。

僕の住んでいるドヤも壁が落ちる被害があって、電気と水道は止まりました。雨漏りもあった。ほかのドヤ、簡易宿泊所といいます、なんぼ住んでも住民票のとれん宿です、かなりその程度の被害が出てた。釜ヶ崎の古いドヤはボロやけど、部屋が小さいから、骨組の多い建物なんです。ヒビ割れはものすごいんやけど建物自体はもってるのは、みんな一畳か一畳半ぐらいでコマ割りしてるから。ただ、被害を受けても労働者はそういうことはあまり気にしないです。いつもやられたらやられっぱなし、やられたらしまいだ、というところで生きて来ていますから。

置き去りにされた土手下のドヤの町

最初ガタガタッと来た時、まず津浪のことが。大阪市は西部に液状化現象が起きやすいし、それと津浪。それで、神戸とわかって。神戸は細長い港町で、埋め立てて造った町で、鉄道はだいたい安全なところに敷いてる、昔の浜街道のところ。鉄道より海側の土地、川崎重工と三菱重工があって、その近くに下請け労働者の、バラックと変わらんような住宅がある。この住宅地に火事が出ました。ここに津浪が来ていたら、もっとたいへんなことになった。

神戸には港湾労働の友人、知人がいました。長田区のケミカルシューズ工場にも知り合いがいます。とにかく気になったから、往き帰り、ほとんど交通機関が動かんので、食料と寝袋を持って歩いて、そこで何人か訪ねた先で、死んだ人、怪我した人もおった。見あたらん者は、どこに避難してるかきいて、たずねて行きました。湊川神社から新開地(しんかいち)の商店街、その一すじ裏側にあるのがあのへんの簡易宿泊所、いわゆるドヤの街、そこへまず行ったんですが、ひどい壊れ方になっていた。

新開地の商店街というのは、旧湊川の土手の跡です。明治二十九年(一八九六年)、湊川の大水害が起こった。当時の湊川は、新開地よりも神戸よりの方にあった。山から水がどっと出て、その水が町中を流れた。明治になって鉄道をつくった。鉄道は堤防になるから、鉄道で水の流れが止められて、神戸の街を横にずーっと水が川になって流れた。それで、水害を防ごうというので、湊川の付け替え工事をやった。再度山(ふたたびやま)のところをトンネル掘って、新湊川に流した。その時のもと堤防が新開地の商店街になる。あの商店街は土地がずっと高うなってて、両側が低うなってる、あれ堤防の跡。神戸の古い人は、新開地の商店街を「土手」と言います。商店街になってからは映画館がようけできて、大阪の新世界と似たとこでね。道路のすぐ向こうには福原遊郭がある、釜ヶ崎には飛田遊郭があるし、よう似ています。

付け変え工事に土木労働者を入れて、堤防下に飯場をつくった。その労働者が土手下に残った。大きな土木工事をした後は、かならずその近くに置き去りにされた労働者が残る。神戸は街が細長うて港にも近い、新開地は手配するにも便利がええし、労働者が集まる。仕事が出てくると働きに行く、あぶれると湊川公園で野宿する。釜ヶ崎の天王寺公園と似ている。表は映画館、パチンコ屋、一杯飲み屋、その裏通りは狭い崖下、堤防下やからね、そういうところで、やっぱり地盤が弱いんです。堤防の上はしっかりしとるから、わりあい商店街残ってた、震災の時。横手に入ったら、もう裏っ側は壊れてる。

トピック　液状化現象　津波　堤防になる鉄道　ドヤ管理人兼手配師型

新開地のドヤ街ですが、神戸はちょっと釜ヶ崎とは違うんです。ドヤの管理人が手配師を兼ねているところがある。あるいは手配師が管理室の隣の部屋ぐらいにおる。それで、部屋代の払いが悪うなって来ると、「何号室の誰それ仕事に行けよ」という形で、いわゆる北九州の労働下宿型やね。釜ヶ崎みたいな派手な宿泊所の看板は出てないから、通り過ぎても分からん。

中は二段ベッド、いわゆる蚕棚型になっていて、個人の荷物は別のところにロッカーみたいに預ける。これが保証金代わりになるわけです。釜ヶ崎ではだんだん個室型になって、かんたんな自炊ぐらいできるようになってるけど、神戸の場合はそれができない、全部外食。震災で食堂から何からみなつぶれてしもうたし、避難所に行かなしょうがない。しかし、ドヤはあくまでも一時宿泊所で、そこにいる人は住民扱いしてくれない。

「あんた、どこの町内?」――避難所の差別

避難所が落ち着いて来ると、自治会ができて、名簿なんかできてくる。現実を見ると、やっぱり差別になってくる。「あの人どこの人」「町内会の人やない」「神戸市民やない」と。「これは行政からの配給物資やから、住民に配られるものや。あんたたちは、一時的に仕事に来てる出稼ぎの人やから、帰ったらええでしょう」、そうやって婉曲に避難所から追い出される。

僕が最初に、これはと思うたんが、長田区の真野(まの)地区です。二十数年前に、川崎重工やらの工業地帯とか、周りのゴム工場からとか、風が吹くとそれに乗って排気が出てくる。それから火災も多くて。

'2.13 毎

芦屋市津知町

テント村"村民証"を発行

救援物資持ち帰り防止策

阪神大震災で町内の約八割の家屋が倒壊、五十五人が死亡した兵庫県芦屋市津知町で、町内の公園内のテント村で暮らす被災者たちが独自の「被災者証」を発行した。窃盗や"村外"被災者による大量持ち帰りなどで救援物資が村人に十分に行き渡らないケースが度重なったため、救援物資を受け取る際の身分証明書として提示する。村人らは「身勝手な持ち帰りを防止するため」と話している。

テント村には四十棟が並び、一棟に二—三世帯ずつ、計約百五十人が生活。被災者証は免許証大の紙に住所、氏名、世帯人数、整理番号を記したもので、このほど、テント村内と周辺の在宅者を含む計約百世帯に、世帯ごとに発行した。

食料や生活物資は、市災害対策本部からテント村に対し、毎日、約百世帯分を配給。ところが、通りがかりの被災者が飛び込みで食事を求めて訪れたり、在宅被災者が家族分以上を持ち帰るケースが続発。夕食として配給された弁当が足りなくなり、一個を二人で分けるなどの深刻な状況になったこともある。そこで、村人はボランティアとともに炊き出しを続け、毎日、二百五十人分の食事を確保してしのいでいる。

被災者証は、住民の顔を知らないボランティアが配給の際にチェック。携帯していなくても配給を拒否しないが、世帯人数を記すことで心理的なプレッシャーを与えるのが目的。

テント村の市議会議員、杉本茂さん(七〇)は「本当に困っている被災者に救援物資を回すためにはやむを得ない」と話している。

読 2.28

夜間のトラブル自衛策

"門限"決め不寝番

神戸の避難所

阪神大震災のあと被災者約八百人が生活している神戸市東灘区本山南町、福池小学校の避難所で、先週から午後十時以降は交代で不寝番を立て出入りをチェックしている。盗難が起きたり、被災者でない人が泊まり込んだりといったトラブルがあったことから、避難者の代表が自主的に決めた"門限"。市民生局避難所班によると、避難所が"門限"を決めたのは初めて。

同小では、体育館や各教室も使って避難者が生活。以前は終日正門、南門、北門の三か所から校内に入ることができたが、二十日から午後六時に南、北門を閉鎖、十時以降は正門に交代で見張りを立てた。避難者にも、仕事柄帰るのが遅くなる人らはいるが、遅くなっても閉め出すことはなく、今のところ表立った苦情は出ていない。

ここでは、仮設電話が盗まれたことがあるほか▽被災者でない人が泊まり込んで炊き出しを受けることがある▽酒に酔って深夜に帰る避難者がいる——など、夜間の人の出入りをめぐってトラブルが続出。同避難所災害対策本部の避難者代表、会社員佐野武さん(三五)ら世話役六人が話し合い、夜の出入りを管理するために決めたという。

元警察官平山茂さん(六五)が「これまで、真夜中までいろんな人が入りたい放題だった。落ち着いて眠れず、靴や食料を持っていかれてしまうこともあった。"門限"ができてから夜は静かになった」と話すなど、お年寄りや子供のいる世帯はおおむね歓迎している。

95.3.8 読

強まる被災者管理

家族カードで配給

神戸の避難所

阪神大震災の被災者の避難所となっている神戸市中央区の中学校で、ボランティアらが独自の「家族カード」を作製、カードの提示を条件に食料など配給物資が配られていることが、八日までにわかった。避難所にまじるホームレスなど非被災者と区別するためだが、カードの交付には健康保険証など身分証明書の提示が義務付けられているほか、家族数と代表者名、住所の届け出が必要。将来的には全員の個人情報を入れてフロッピーで管理する方向で、プライバシーが漏れる恐れがあると嫌悪感を示す被災者もいる。

被災者有志とボランティアでつくる避難所の災害対策本部によると、この中学校にはピーク時、二千三百人の被災者が避難し、今でも約六百人が体育館や教室で寝泊まりしている。

当初は、本部が避難者をあらかじめ支給予定者として登録。整理番号と氏名を記入した個人カードを配布し、食事ごとにカードを提示してもらい、支給印を押して手渡す方式だった。

ところが、配布したカードは避難者を千七百人も上回る四千枚以上にのぼり、非被災者が登録して配給を受け、被災者に食事が支給されない事態も起きた。

このため、本部は管理を徹底する目的で、被災者の住所、氏名、家族構成を同校のパソコンに入力し改めて避難者名簿を作り、それをもとに、より正確な「家族カード」に切り替えた。

家族カードは、り災証明書か健康保険証を提示した被災者にだけ交付。厚紙に代表者名、家族の人数、整理番号を記載し、偽造防止用に表面にセロハンを張ってある。三月一日からカードで食料を支給している。

避難所ではボランティアを信頼、「被災者以外が支給を受けたり、必要以上にもらったりするのを防げるので、厳しい管理は仕方ない」との意見が大勢だが、情報専門家は、パソコンによるデータ管理は効率的な反面、フロッピーが容易に複写できるのが落とし穴と指摘している。

よそ者排除を報じる新聞記事

公害反対運動が起きて、ゴム工場がかなり出て行った。それで公園が一つから八つに増えた。その時にできた住民の団結が、今度はよそ者を入れんというようになってくる。

配給物資をもらう行列のところで、「あんたどこの町会や」とおばさんが大声できいている。相手は野宿してた人やから、もぐもぐしてると「町会費をどこで払ってた」と、こういうふうに言っている。僕は「通りがかりの者やけど、この避難所は町会費がいるんか」と声かけた。そしたらパンチパーマのニイさんが「おまえどこから来た」と出て来た。これが自治会の警備をしている。町内のえらいさんは年寄りがなる、夜に懐中電灯もって焼け跡を回るのはやっぱりつらい。そこに今まで排除されてたような連中が復権を求めて、警備の腕章をつけて入ってくる。夜回りもするけど、避難所ではアルコール症状の人もあるし、ストレスがたまって夜中に喚くのもいる、そういうのを「酒なんか持って来やがって出て行け」という役目です。

そこで僕は、「釜ヶ崎へいっしょに行こう。そこから仕事に行け。飯場行きの仕事で、とにかくその晩からめしは食えるから、辛抱して行けや」言うて、その時は深夜に三人連れて帰って、「四時頃からここに求人が来てるから。あと三時間待ったらマイクロバスが来るから」と教えてやった。

その頃に週刊誌『フォーカス』がどこかの炊き出し風景を載せて、「避難所におけるホームレスの優雅な生活」とかなんとか見出しをつけた。エビフライ、野菜サラダ、ハンバーグの弁当つきで優雅に暮らしているというわけです。「あいりんの労働者が、神戸の避難所に三千人とか五千人とかなだれこんでいる」というデマもとんだ。「ホームレスが、私らの配給物を横取りしてるから回ってこないんや」「変なのが周りにおらへんか」となる。地元の神戸の野宿の人までが、「あんなのおるから、うちらの配給が減るんや」と白い目で見られる。どこを回ってもその話です。

「おばちゃん、それほんとか」と言うたら、「いや、みんなが言うてる」と言う。デマというのは「みんなが言うてる」という形で広がっていくんです。で、「あんたら、どう思う。ここにもおりますか」てきいたら、「いやあ、おるはずないわな」「あここにおる人は前からこの公園におった人やから」。デマやと住民は分かっている。それで、震災前から公園で野宿していた者でも、公園にテント村ができると逆に追い立てられたんです。

大倉山の公園には、地震前から先住民がいた。そこにテント村ができて、ジョギングコースには夜になると、自衛隊の車が二百台ぐらい駐車する。そこもイヤがらせされておられんで、先住民は公園を出て、公園の周りでダンボール小屋をつくった。

避難所で独自の住民票を発行しているところも出ました。「テント村村民票」というのを作って、よそ者に寝泊りや配給物資をやりたくないという。中央区の学校では「家族カード」を作って、配給物資は四人なら四人分、きいて見ると被災者以外の人間が入り込んで来るからという理由です。

かれらも被災者なんです。仕事を失うた人たちなんです。西神戸には土木飯場が多い。暴力飯場と呼ばれるようなのもある。原発労働なんかここから送り込まれるのがかなり多い。そういうところの飯場は廃材でこしらえたバラックで、みな倒れてる。プレハブの作業員宿舎から、毎朝マイクロバスで仕事場に行っていた。その朝つぶれて焼けてしもうた。親方は仕事にならんから、日雇いはそのま

トピック　住民の団結とよそ者の排除　デマ　テント村村民票　家族カード　土木飯場の多い西神戸

ま追い出され、出て行かなしょうない。日雇いやから失業保険もない。まず食えんから、どうしても避難所へ行く。それを避難所がまた追い出す。「ホームレスは出て行け」と言えば問題になると知っていますから、「あんた家族カードは」といいます、「自分の町内に行け」と。

ふだんの、震災前の差別する構造というのは現に日常あったわけやから、それが震災で急になくなったりしない、むしろ逆に。どちら側も追い詰められているから。放火とか、洗濯物を切るとか、パンクさせるとか、連続して起きたのは、ちょうど精神的なストレスの爆発時期に来てるのやないかな。中山手教会にある救援組織は、ずっと夜回りをしていました。避難所の子どもに、おまえら家賃払てへん、というういじめがかなり出てました。親が「あの人ら、二年間、家賃いらんやないかい」って言うね、子どもがそれ聞いてる。それで、仮設の子どもがいじめられて、登校拒否になってる。僕のまわるとこはやっぱり、そういう情報が入るようなボランティアやからね。

関東大震災の時、朝鮮人が火つけをしたとか、そういう流言蜚語、デマが飛んで、それで朝鮮人が襲われたり殺されたりした。今回の震災では、そういうのでなくて形を変えた暴力というか、「じゃまになるから追い出せ」という排除は絶えず起きてましたね。

大阪市の大正橋のところに、安政の大津波の記念碑があります。この石碑に地震の始まりから液状化現象が起こったことまで、みな細かに書いてあるんです。その最後に「ねがはくはこころあらむひと、ねんねんもじよみやすきやう、すみをいれたまふべし」とある。それで町の人がずっと墨を入れている。この石碑は大正橋の工事の時に、いっぺん撤去された。それで僕は、港湾局の歴史の好きな人に電話を入れた。そこで役所が見付け出して、もと以上に立派に建て直しました。災害の慰霊碑とか供養碑とかいうのは、やっぱり貴重な情報を残しています。

この碑によると、町奉行所が今と同じように各町内の調査をしています。それから、野宿する者への施行（せぎょう）、つまり炊き出しやね、こういうことを江戸時代でもやってるんです。安政いうたら幕末やから、ずいぶん出稼ぎが出てた、死者も出ました。その人らは町内の被災者の数のうちに入っていない。大阪市の歴史にも出ていますが、それを全部まとめて無縁仏として葬った。大阪市内の大きな墓場に溺死者の無縁仏という石碑が建っています。

阪神大震災の死者は六千三百八人とかいう数が出てたけど、そんなもんやない。避難所で死んだとか仮設住宅で年寄りが死んだとかいうのは、後からでも新聞に出るけれども、それ以外は出ません。野宿していた人が、軒先の崩れたところで生き埋めになっていて、解体工事をしていたら遺体が出て来たこともあります。近所の人から、「あそこには、いつも何人寝ていた」という話が、後から出て来る。もっと早くに警察に言うたら、たとえ死んでいたとしても発見は早かったはずです。もともと住民登録も何もない。野垂れ死、行路病死という扱いになる。軒下で寝ていて埋まって、そういうところで完全に焼けて、細かく調べたら歯が出たとか骨が出たとか、家族やったらそこまで探すけど、飯場やったら、もう親方も逃げてしもうておらんから。そういう数に入らん無縁仏がかなりあるやろ。

三宮の第一勧業銀行のところには六人がグループでおった。野宿というのは、熊本出身やから熊本グループとか、仲のいいグループでおるね。その六人が第一勧業銀行の下におって、建物が崩れた。

持物や指紋から身元が分かることもありますが、分からん時は区役所に一年間おいて、それからお寺に預けて、何年に一回の合葬で無縁仏の納骨堂に入れます。生きてる間は差別されて、死んで無縁仏になる。無縁仏がいいとか悪いとかいうことやないですけど。

解体もどこへ頼んだかいうことで、えらい違うて来てます。

よ 95.3.27

仮設住宅建設で労災死

六甲アイランド 作業員、土砂に埋まる

二十七日午前五時十五分ごろ、神戸市東灘区向洋町西五（六甲アイランド）の仮設住宅建設現場で、下水道パイプを埋めるための溝（深さ三㍍、幅一㍍）が長さ約三㍍にわたって崩れ、溝内で作業をしていた同市北区北五葉、小谷設備興業の作業員堀川紘一さん（[illegible]）（徳島市南矢三町）が生き埋めになった。堀川さんはまもなく、他の作業員に引き揚げられ、病院に収容されたが、胸部圧迫などで約三時間半後に死亡した。

神戸水上署の調べでは、溝に入って土砂を取り除いていた堀川さんが、溝内を明るくするように依頼。ライトを持った同僚が溝の端から照らそうとした途端、足元の土とともに、掘り出されて積み上げられていた土砂が崩れたらしい。現場では二月末から仮設住宅三十六棟、二百八十六戸を建設、ほぼ完成していた。

95.2.23 産

労災死傷者250人

大阪 兵庫 保険給付を36件請求

阪神大震災

労働省は二十三日、阪神大震災による被災者のうち労働災害とみられる死傷者が、兵庫県と大阪府で死者四十六人を含め二百五十人（二十二日現在）に達していると発表した。労働安全衛生法に基づき、事故のあった事業所が各労働基準監督署に行った「労働者死傷病報告」で明らかになった。

それによると、地震発生時に工場などの中にいて倒壊した建物の下敷きになるなど「地震を直接の原因」とした人は、兵庫県内で死者三十八人、負傷者百九人、大阪府内では死者三人、負傷者二十人。また、震災後の復旧作業中に足を踏み外して転落するなどしての死傷者は兵庫県内で死者四人、負傷者六十一人、大阪府内では死者一人、負傷者十四人にのぼっている。これらの死傷者は今後、労災に認定される見通しだ。

一方、既に労災保険給付を請求しているのは、業務災害三十一件、通勤災害が五件。このうち遺族補償は十五件となっている。これまでに労災認定を受けたのは、高速道路を走行中、震災に遭遇して死亡した兵庫県内のトレーラー運転手＝当時（二七）＝の一件（遺族補償）。

労災保険は、労働者が業務や通勤で災害に遭った際に労働基準監督署に給付請求し、労災と認定された場合に国から給付が受けられる。遺族、療養、休業、障害などの給付がある。遺族補償では、例えば、死亡者に生計を依存していた遺族が二人の場合、基礎日額（平均賃金）の百九十三日分の年金と葬祭料が出る。

労災を報じる各紙(1995年〔平成7年〕2～3月)

3Kならまだましという解体作業

自衛隊が来て解体やった、やってもらった人には、非常にていねいやいうて評判いいんです。自衛隊のやってるとこ見たんですけどね、たくさんおるんですわ。建設業者の解体工事では四、五人のところを、三十人から四十人かかってやっている。自衛隊は別に労働賃金もろて、少人数で追い回されてやっているわけやないから、ていねいにやれる。解体業者の場合は、そうていねいにはやっていられない。とにかく安う請け合うてやるんやから。大手の土建業は地震で壊れるよう

センターだより

センター広報紙
第229号
1995年3月15日発行

(財)西成労働福祉センター
大阪市西成区萩之茶屋1-3-44
☎ 06-641-0131

労災多発!! 気をつけよう

阪神淡路大震災復興工事現場

震災で倒壊したビルや家屋の解体・撤去作業の求人ラッシュにより、あいりん地区の労働者は復興に対して貴重な役割を果たしている一方で、危険な現場であるため、センター労災係窓口にも多くの相談がもちこまれています。

全体の状況

公表された数字だけでも百六十件の労災発生

新聞報道によると、阪神地区の復旧工事の急ピッチな進展に伴い、労災事故が相次ぎ、三月中旬現在少なくとも七人の死亡、百六〇人以上のけが(休業四日以上)が、労基局に正式に報告されているようです。しかし、これは事業主が死傷病報告書を正式に提出した件数ですので、実際の負傷者はもっと多いと聞いています。足場の悪い作業現場での、物の落下・転落・足場の踏み抜き等の事故だけでなく、アスベストや二酸化窒素などの粉塵災害の危険もくりかえし指摘されています。

	災害の原因・発生状況の事例
Aさん	内装材取り壊し作業。地震でひび割れしていた側壁内装板が背後で崩れ、乗っていた脚立ごと倒され、肋骨と上腕骨骨折。
Bさん	ひび割れた4階建てマンションの2階で外壁のはつり作業中、3階外壁が振動で落下。肋骨骨折、胸部打撲。
Cさん	倒壊した建物の残材を運搬中、会所のふたが腐っているのがわからず、右足を踏み込み、右膝打撲(骨折の疑いもあり)。
Dさん	JRの傾いたガードの補強脚取り付け工事。不自然な姿勢が続いたためか、急性腰痛症。
Eさん	新幹線の破損橋脚の補強工事で、外し残していた鋼管が落下し、右足挫傷、末節骨剥離骨折。

センターでの相談数と具体例は…

センター窓口での相談ケースにみる

新規相談件数の20%が復興現場での労災!

労災係窓口には、震災発生後、一月二四日頃から復旧工事現場での労災相談者が来はじめ、それ以後三月一五日現在まで、新規相談ケース九三件のうち一九件(20%)が阪神地区復旧作業現場での負傷です。これはきわめて高い率と言えます。

A建設[センター登録]労災担当者

小さな現場は安全対策どうなっている!?

「ゼネコンがやってる大きな現場は比較的大丈夫だ。それより、民家の解体など小さな現場は対策がないので、事故も多い。うちはヘルやマスクの支給、安全教育も独自にやっている。しかし、現場では元請けの指揮に左右される。」

労働者Cさん(53才)

ヘルメットもマスクもなし!!

「わしの行った現場は、安全対策がなってなかった。ミーティングもない。ヘルメットは元請けのものが二人分あるだけで、わしのはなかったので、そのまま頭にタオルをまいて作業した。マスクもなかった。頭上の解体作業が、気になって集中できなかった。下請けも自ら用意すべきや。どっちもなっとらん」

対策は…

センターでも求人事業所に安全対策を訴える

傾いたビルでの作業等、もともと危険な作業環境のうえ、復興を急ぐあまり、日程や作業手順に無理が出るため、今後も大小の事故が頻発する危険性があります。労働省や労基局では、安全パトロールなど対策を強化しています。

当センターでも、京阪神地区約一千のセンター登録事業所に対して独自に文書を発送し、安全対策を求めると同時に、万一労災事故が起きた場合、速やかに処理するよう要請しております。

労災は最初が肝心!! 現場責任者にすぐ報告しよう

労働者のみなさんにもお願いしたいことは、まず現場名、会社名をしっかり把握しておくこと(最近は見慣れぬ業者もいるようです)。もし負傷してしまった場合、必ず現場責任者に報告し、労災の手続きを申し出ること、(たいしたことはないと思っても)医者にかかっておくこと、がたいせつです。そうしないと、あとで手続きが難航する場合があります。

求人情報

二月は、現金求人・期間求人ともに大幅な増加となりました。

昨年と比較すると、十二月までの現金求人の累計では〇・八%減、期間求人(窓口+相対)では七・四%の減となり、年明け以降昨年実績をすら下回るのではないかという不安が続きました。

そうした中で、阪神大震災による特別な需要が生じ求人状況が一変しました。しかし、阪神間の特別な災害によるものですから、今後の求人動向は復興の進展状況に左右されるものと思われます。

【先月(2月)の求人】

	当月の求人数	前月増減比	前年増減比
現金	144,837	+102.5	+79.9
契約(延べ)	93,762	+44.1	+30.8
(内、センター窓口あつかい)	26,154	+15.2	+15.2

解体・撤去作業における労災の多発を報じる『センターだより』(1995年〔平成7年〕3月15日)

な建物は造っても、解体はしない。

大手は解体の窓口にはなったけど、下請けに回した。下請けに流れるたんびに十パーセントぐらいずつ手数料を引かれる。どうしても工賃が安くなります。

工賃が少ないから、賃金も安い、人数も減らす、安全対策もしない。解体についての命令系統は大手までは行くけれども、大手から現場へは、「今日中に片付けよ」という形で仕事押し付けるだけ。解体工事の足場いうたら、かんたんな足場で一回きりやから丸太でやります。丸太の足場では、重たいのが壊れてきたら持たん。それで落ちる。鉄筋の建物の壊れたところは、鉄筋がニョキニョキ出てる、そこに落ちるから鉄筋がグサッと刺さるわけです。これが普通の工事場やったら、丸太の足場のようには落ちないし、落ちても打撲とか骨折ですむんやけど、錆びた汚れた鉄筋がズバーッと内臓まで刺さって、病院に運ばれても死亡率が高いです。マスコミは「復興災害」いう言葉をつくってくれて、死傷者は震災の起きた一月で二百五十人とか言うてるけど、もうそれどころやない、数字は正確に出ない。

監督署が何回も、現地を大名行列で。その日に行くという情報が入ってるんやから。それでもやっぱり、安全上の手抜かりがあったのが五十パーセント以上やったという。

神戸で、建設・土木労働者の交通事故が多いんです。労災にするより交通事故にした方が有利なんです。下請けは労災の掛け金かけてない。今はそれなりに裁判まで行けば元請け責任になるけど、つい下請けは弱いもんやから、上に対しては労災の申請をせずに交通事故で処理してしまう。実際は、労働災害の発表の人数より多いです。

多くの下請けは掛け金かけてない。元請けは、この工事に延べ何万人で掛け金を計算してやってるが。下請けは実際にその掛け金払うてたら儲けがない。一週間や十日ぐらいのケガの時には、示談いうて、一日五千円ぐらい、現金で。「これで辛抱せいや。治ったらまた使うたるやないか」。現金見せられたらね、それに後々の仕事のことも考えるから、いじわるされとうないとか。それが何十年続いてきている。

アスベストでもマスク全然出してない。問題になって監督署がマスクをもって歩いて配るから、僕いっぺん監督署とケンカした、「マスク配らんと、仕事やめさせ。会社からマスク持って来させ」いうて。「工賃が安いから」と。人数は減らして、マスクもなしで。人数減らすというのは、重労働、つい危険な仕事やってしまう。そういう土木業の構造が労災を生んでいるわけです。

アスベストによる被害は、すぐに発病しないから。最近は発がん性物質やというて規制されて、使われんようになったけど、規制前にどこでも使うたから、今でも建物の中に残っています。

市場とかは豆腐屋、惣菜屋、コロッケやらカツを揚げてる肉屋、それから三宮とかのビルには飲食店が多い、火周りにアスベストをアルミ箔で包んでずーっとめぐらせてある。アルミ箔が破れるとアスベストがみな舞い上がって行く。

防塵マスクをして、だいたい専門の人がアルミごと外して、周りにシートをかけて水を撒いて飛ばんようにして、撤去します。震災では、アルミ箔が破れてる。それをマスクなしで手づかみでやった。

トピック　自衛隊の解体作業（二七四ページ）　解体はしない大手土建業「復興災害」　労災避け交通事故で処理　示談　アスベストとマスク

アスベストは綿みたいな白いキラキラしたもんで、解体中にブワーッと舞い上がる。

現地を回って解体工事を見たけど、重機を運転している人だけがガーゼマスクをしていて、作業員はマスクがない。ガーゼマスクでは役に立たん、防塵マスクでなければ防げん。マスクは現場では買うこともできんし、本来は業者が支給すべきなんです。それを監督署に電話したり、現場に来た監督官に「マスクしてへんの何とか言えよ」とか、労働組合とか運動団体にも、資料つくって行ったりして。遅ればせながら、アスベストが問題になったけど、すでにかなり吸引してしまっている。

職安は賃金面で、監督署が労災の保証金、そこらが一元化してない。本質が見えなくなって隠されてしまっている。労働災害やのに、交通事故ということで処理される。本当のことが言いにくいという。表向きの数字は必ずしも正確やない。

今度の震災復旧で、建設工事にはやっぱり、長期雇用の、あるていど技術をもった人、だいたい大手建設会社の一次下請けぐらいを連れてくるけど、解体工事では、路上手配で日雇い労働者を集める。それと、門前募集いうて、業者が貼紙で募集した人。現場に慣れん人も来る。お互いどこから来てるかわからん、気心が知れん、〝人のことはかまうな〟になる。そこへ人減らしで重労働です、事故が防げん面も増幅されます。

こんな何重層もの下請け構造で、労働者の権利が認められてない。土建業にも労働組合はあるけど、元請け企業のネクタイを締めた建設労働者の組合で、ほんまの現場労働者は、場所を転々と移動しておって、個々バラバラ。

日本の近代化は明治の鉄道工事から始まるんやけど、この百年間、労働の近代化はされてない。企業の、それから官庁の対策が、現場労働者の地位の遅れになって現れてる。労働災害は、かつては港湾運送業が一位やった、今は土建業が一位や。どっちも日雇い労働者中心の労働現場、それがいまだに労働災害のトップや。

最近は「3K」ということで、みんなにだいぶんわかってもらったけれど、僕らはもう三十年ぐらい前から、「3き労働」という形で、「きつい」「きたない」「きけん」と言うて、訴えて来た。

今はそこにまた長時間が加わる。それと低賃金や。釜ヶ崎を朝五時にマイクロバスで出る。八時頃に現場に着くとすぐ仕事や。五時までやって、それからバスで帰って来たら夜九時頃です。震災直後はもっと遅かった。汚れてドロドロやから風呂に入る。重労働しているから酒が体力回復の薬で、寝るのは十一時過ぎる。世間では、釜ヶ崎の日雇い労働者は一日一万三五〇〇円やて、ええ金もろてるなと言うけどね、朝五時からバスで出て重労働して、十一時に寝ると、翌日は行けない。

神戸の被災失業者が安く使われる

震災が一月で、四月頃までは釜ヶ崎からも神戸の仕事の求人が出ました。釜ヶ崎は久しぶりに仕事が出た。ところが、五月の連休が終わった途端に、それが止まってしまった。連休明けに行ったら、全然来てない。

ちょうど神戸も落ち着いて来て、避難所から片付け作業やったらできる、というので出て来る。釜

ビル解体でアスベスト汚染
環境庁が調査を開始
50地点で

環境庁は六日、阪神大震災で損壊したビルの解体作業で大気中に飛散するアスベスト（石綿）の濃度調査を始めた。アスベストは、長期間吸い込むと肺がんなどの原因となるため、一九七五年に鉄骨などへの直接吹き付けが禁止されたが、取り壊しが必要なビルにはそれ以前に建設されたものも多い。建設省は「倒壊による二次災害防止が最優先」と対策に手が回らない状態で、解体中にその粉じんが大気中にまき散らされる可能性が高まっている。

各自治体は、学校など公共建築物からのアスベスト除去工事をほぼ終えているが、民間建物については野放しの状態。東京都や大阪府では、解体時に周辺をビニールシートで覆ったり、アスベストをこん包して処分するよう指導している。

兵庫県は、震災後調査した四万戸のうち四八％を「倒壊の危険があり、使用禁止」「要注意」と判定。これらの多くは、七〇年代前半以前の建築で、県は具体的な数は把握していないが、かなりの建物にアスベストが使用されているとみている。

建物の解体現場では日常の六十四倍、約五十㍍離れた地点でも十八倍のアスベスト濃度が検出されたという調査結果もある。このため、環境庁は六日から一週間、被災地のうち五十地点でアスベストのほか塩化水素など有害物質の検査を実施。高濃度の結果が出れば排出源の特定などを急ぐ。

アスベスト問題に詳しい東大工学部の依田彦三郎助手（設計工学）は「今後、建物取り壊しやがれきの撤去でかなりのアスベストが出るだろう。作業中はせめて、水をかけ飛散を防ぐとともに、市民はマスクをつけ、解体現場には近づかないようにしてほしい」と話している。

被災地ではビルの解体が進む＝神戸市内で

復旧工事で80人が死傷
震災 労働省が事故発表

労働省は二十三日、阪神大震災の復旧工事中の事故で、建設作業者ら五人が死に、七十五人が負傷していると発表した。同日、東京都内のホテルで開かれた政府、経済界、労働界の代表や学識経験者による産業労働懇話会で、労働組合側は、復興関連の労災事故について防止対策を強化するよう労働省に要請した。

復旧工事中の死者は、作業中に天井を踏みぬいて転落したり、修理中の屋根から落ちるなどしたもの。地域別の死傷者は、兵庫県六十五人（死者四人）、大阪府内十五人（同一人）。労働省は、震災で崩れかけた建物の解体作業などでは、通常の工事より事故の危険が高くなることから、作業現場の安全パトロールなどを強化するとしている。

また、同省によると、震災による労災事故の届けは、二十二日までに、死者四十一人、負傷百二十九人の計百七十人に達している。労災保険支給の申請は、過去の震災に比べて最大規模になることが確実だ。

復旧工事における危険を報じる新聞（1995年〔平成７年〕２月）

ヶ崎よりかなり安い。湊川公園に、もう三月段階から手配師がボツボツ出てました。神戸に全国から労働者が集まってるというけど、オペレーターとか鉄筋工とか鳶職とか、こういう技術者です。その日その日の都合によって今日は五人、今日は八人というような、解体で埃立つからホースで水かけるような、そうした単純作業は神戸で求人しています。

それから、神戸の港湾、コンテナ・クレーンが倒れて、仕事にならん。港湾労働者が陸へ上がって来た。震災前の神戸は、港と倉庫で港湾労働者は一万人前後いた。

神戸の街の求人貼紙には、どれも労働時間も賃金もほとんど書いてない。「お電話下さい　作業員人募集　寮ワンルーム　新築　冷暖房風呂カラーテレビ完備」なんて。こんなんが焼け跡にいっぱい貼ってあります。労働者は知ってます、「これ行ったらあかん」。食い抜きといって食べさせてくれるけど、食費とかなんとか名目つけて差し引かれて、手に入るのは六千円。職人さんでも安い。屋根職人で一日一万円なんて。それから、月払いにすると高くて、日払いは割安、これは貼紙に賃金を書きます。「ガードマン　日払い九千五百円　月決め一日一万五百円」。その日のお金をもらえないと困る弱い立場は千円安くなる。労基法違反です。まずは災害地にいる失職してる人を安くこき使おうということ。

新聞記者が取材して、ウソを真に受けて日当一万二千円と報道されたけど、実際の手取りにしたら八千円ぐらいです。賃金が高いと十人使うのを八人にする。

働く側は、かなりあぶないというのは、分かってます。行ってしもうたら弱いもんや。行ったかぎりは一日泣き泣き辛抱してでも金もろて帰らな、これはやってられんわで帰ったらタダ。それやると、今度は「おまえ昨日ケツわったやないかい」と、手配師はよう知っていじわるしよるから。手配師はそれはもう細やかに知ってます、誰それは酒飲みと。それで持って帰った金をまた吸い上げるとこへ連れて行くんや。

労働災害と隣合わせの低賃金のあいまいさ、やっぱり落ち着いて来たら、だれも行きたくなくなる。釜ヶ崎でも仕事がないから、はじめはみな飛びついて行った。頭数さえ揃えて現場に送れば、手配師は手配料になるから、八十歳のじいさんにも声かけた。避難所は冷えた弁当はもううんざりと言うとったけど、冷えて油物の固まった弁当ばっかりで、3Kの労働をするんでは、行く気にならん。京都やら滋賀やら別の地域の仕事に行くようになる。それを、仕事のより好みをすると言われた。だれでも職安へ行ったら、ずっと求人票を見て、自分の条件の合うたところに行く、これが職業選択の自由です。日雇いは職業選択の自由もないんか、と僕はずっと言うて来た、いまだに言わんならん。釜ヶ崎では、職安は職業紹介をせず、労働福祉センターが仕事の斡旋をする。

土木と港湾とヤクザと官権政治の町

神戸港のコンテナ・クレーンが三十何基、並んでたのがみな前倒しに。埋め立て地やから地盤が弱い。

神戸の港は、昔からのいきさつというか、開港以来の人足寄場、百人部屋とか、それの取締りからやってきた。神戸の開港の時には、港湾仲仕に関浦清五郎という相撲取り上がりのヤクザがいて、ここから始まって、神戸の中央市場、神戸の市電の工事はヤクザが請け負うてた。明治十年前後から、神戸の鉄道づくりで大倉土木が入って来た。

西南戦争で神戸で儲けたのは、土木で大倉組、大倉喜八郎、物資と軍役夫で藤田組、藤田伝三郎。まだ輜重（しちょう）兵がなかったから、馬と軍役夫が荷物を運んだ。藤田組いうたら、有名な「ボロ靴事件」、一日履いて水に浸かったらもうボコボコになるという。神戸から鹿児島まで船で運んだのが三菱、岩崎弥太郎。明治の三政商というのは、みな神戸で、西南戦争で儲けた。

大倉喜八郎は、その金で大倉山を買うて、そこに別荘を建てた。伊藤博文がその別荘へ行って、神戸の町を見おろしながら作戦会議を開いた。大倉山に伊藤博文の銅像が建っていた、今は台座だけやけど。

伊藤博文の銅像は日露戦争まで湊川公園にあったんです。日露戦争の講和条約が不平等条約やいうので、東京でも日比谷公園で焼打ち事件があった、神戸では湊川公園にみな集まった。伊藤博文の銅像に縄かけて引きずり倒して、神戸の町をデモで引きずり回して、擦り切れになってしもた。それを大倉が、伊藤さんは神戸の恩人やないか、いうて大倉山に人が上がれんほど高い台座をつくって建てた。戦時中に銅像が供出されて、台座だけ残ってる。

明治維新の時分、みな若かった。伊藤博文は明治二年（一八六九年）には二十八歳で兵庫県知事やっ

トピック　個人的事情に通じた手配師のいじわる　日雇いに職業選択の自由はないのか　大倉喜八郎（大倉組）　藤田伝三郎（藤田組）　岩崎弥太郎（三菱）　明治三政商と西南戦争　伊藤博文　大倉山

た。西南戦争当時には総理大臣までなっていた。伊藤博文と神戸との関係はそういうことです。

大倉山は神戸の町で一番せり出した山で、港が全部見える。東には和田岬、三菱重工があって、川崎重工の造船所がある。三宮の方にかけて港ができてる、居留地ができてるという、ずーっと港が見えるそこで会議をしよったわけです。

結局、西南戦争でその三政商が神戸で儲けた。神戸の町づくり、つまり開港、居留地、港湾荷役の倉庫、そういう土木工事を大倉がやって来た。港湾の労働、人夫出し、これはもうヤクザと切っても切れん。

大正の米騒動、全国的に広がって、とくに関西では大きかったけど、神戸は最大の騒動になって、鈴木商店が焼打ちされた。その頃、川崎と三菱の造船所のストが起きて、どっちも労働者が負けるんやけど、ものすごい規模のストライキやった。

その頃から、どうも神戸は明治以来の治安行政が、強うなって。それがずーっと続きます。戦後、第一代市長は任命制やったけど、初代の神戸市長には、戦時中の右翼団体の神戸支部長やった中井一夫という弁護士が任命された。山口組に、ユニバーシアードの大会中はピストルを撃つな、言うて抗争を中止させた、そういう人がやって来たんです。

神戸では住民もカヤの外。行政の会議はほとんど傍聴禁止で一方的にやられる。市のやり方を正そうとする人などが、住民運動の集会をやろうとすると、市の会場を貸さないというふうな。たしか東灘に住んでおられる女性が、市会議員の差別発言で行政訴訟をやってはる。そういう差別発言する人が、神戸市議会の議長をやっていた。その裁判についてちょっと意見書を書いてくれと言われて、いま言ったような開港以来の非民主的な体質を、最終的に神戸市には民主主義はないんだという結論で、意見書を書いたことがあるんです。

今も復興計画について、住民がみな総反発している。それもやっぱり復興計画の会議を傍聴禁止にして、密室で、やってる。いまだにこの密室行政、非民主的行政が続いているわけです。住民運動は大事やね。住民運動があれば、行政も住民の意見も聞くようにだんだんなっていく。しかし、神戸では、住民運動が、その歴史的な経過のなかで押えつけられている。これをやっぱり、なんとかせなならん。とにかく神戸の住民運動を起こして行くことが必要です。今のままでは復興計画に市民の心が入って行かないんです。

そういう政治を、ヤクザ支配でやってきた。日本で最大の港、アジア一なんて言うてるけど、あんまり大きくし過ぎたから、被害も大きい。大阪港は水深が浅いし西風が強い、港としてはいまひとつなんやけど、大阪でというんやなしに、やっぱり全国に中規模港をひろげて行って、神戸はたんなる復旧やなしに、新しい神戸に生き返ることや。

港だけやない、神戸は地形からいうても、むしろ中小企業の町です。山と海との間の狭い、そこに六本か七本の鉄道と道路が集中してる。それで、せっせと緑剥がして山削って、それで海を埋め立てて地面を広げる。そやから災害うけたら一挙に全滅です。

もうひとつ、気になることがあります。今もそうやけど、本格的な復興の建設工事が始まると、全国から労働者が集まって来る。しばらくは仕事がある。工事が終わった時に、単身赴任やからその間いろんなことが起こって、家に帰れなくなる、また帰る金がなくなったりする。釜ヶ崎はそれで出来た町なんです。一九七〇年の万博の時、吹田のプレハブ工事宿舎の後に、毛布一枚の宿ができた。その時は「第二の釜ヶ崎にするな」いうことで行政が、博覧会の後で全部撤去した。

今度も、神戸に集まった労働者が、結局、取り残されていく。分かってても、どうするかという見通しを全然立てんと、ただ切り捨てて行く。これは、太平洋戦争で戦場に残された一兵卒と、本質的にいっしょや。

工事にも問題がある。新幹線の橋桁に木切れが入ってたのが、震災で崩れたからバレて、新井組の社長が謝った。

一九八四年（昭和五十九年）の西宮の道路工事の現場で、工事をスピードアップするために、まだ固まらないうちにコンクリートを流し込んだので、陥没して、釜ヶ崎の労働者の何人かの転落事故が起きた。八四年に陥没したところが、八七年にまた崩れた。「〝安全工法〟二度も崩れた」という新聞の見出しが出ました。

それから、直接、人身事故にはならんかったけれども、落石事故があった。山の崖際をどんどん重機で削って、ダイナマイトかけてるから、緩んでくる。大きな何十トンという石が、ゴロンゴロンと工事場へ落ちるのを、僕も現場で目撃しています。こういうことがみなそのへんの高速道路やらの工事で起きているんです。

一九九一年（平成三年）に広島で橋桁が落ちた事故があった、アジア大会に向けての交通アクセスです。この時の朝日新聞の記事で、「人柱」という表現になってるんやけど、僕の話が出ています。土木の下請け構造がどうなっているか、ということが分かります。

いちいち挙げてたらキリないね。性懲りもなく同じことやってるんや。

神戸で復興博覧会をやるというてる、ほんとうに神戸は博覧会好きなとこやけど、どんなやり方するんやら。

トピック　「第二の釜ヶ崎」化　新幹線橋桁中の木片　新井組社長の謝罪

第8章 APEC大阪開催が残した負の遺産

APEC（エーペック）につき仕事あぶれ

一九九五年（平成七年）十一月に、大阪でＡＰＥＣをやった。

ＡＰＥＣ前の十一月十三日、月曜。その日から大阪市内の工事が全部ストップした。これはいつでも、植樹祭とか何とかで天皇が来たり、ああいう時には土木工事は全部、事故が起きたらいかんとか、あるいは工事場の高いところから射撃するとか、そういう口実で中止されます。だから、にわかに仕事がなくなる。十一月頃いうのは、冬の前やから、わりあい仕事がある時期や。ところが十三日の朝、全部、総スカン食ろうてしもた。

そういう日僕は、だいたい八時頃に何軒かの喫茶店に行くんです。ようけおります、全部仕事の道具やら着替えを入れたカバン下げて、その恰好で喫茶店に集まって来ている。休みの日の喫茶店とは、服装と持物が違う。みな仕事の恰好で入ってる。

「なんでやねん、なんでまた、こないことになんのけ」と言うてる。そこへ僕は、ちょっと大きい声で、「ＡＰＥＣで仕事みな止まってるやないか」。「ほんまけ、おやっさん」。「おまえら、競輪新聞ばっかり読んでるさかいな」。「ＡＰＥＣって何やねん」。それでＡＰＥＣ論議が始まる、それはそれなりに。ちょっと物知りがおって、「アジア太平洋経済協力会議の略じゃ」なんて言うとね、「何が経済協力じゃ、おれ不協力やぞ」というようなことで、ワーワーなってくる。

センター周辺から飛田筋のあのへんの大きな喫茶店に行くと、その日は朝からアルバイトが足らんほど忙しうなってしもて、満席。新聞が足らんから、また新聞売場でスポーツ新聞を買うてきて、それでも持たしておかな、うるさい。新聞売場はその日は全部売り切れる。それでAPECの一週間、その週はもう完全に仕事が止まりました。APECの時、マンホールも全部カギをつけた。東京では、マンホールは全部溶接した。あれ終わったら溶接はずさんならん。溶接をしたりはずしたりしたら傷むんです。大阪では、人がくぐれるぐらいのマンホールの蓋は全部カギをつけた。五年先がサミットで。それで、五千個のマンホールのカギをつけた。水道とかガスとかのは、人間が入れるほどのスペースがないから、それは当日に爆弾を仕掛けたらいかんというので、白いテープを張って、めくったかめくってないかわかるように封印した。大阪のマンホールに大阪城のデザインで、桜の花やら三色か四色のカラーを塗ったマンホールがあります。あれは、底のところが楕円形になってカギがついてます。いずれそのうちにまた、カギがなくなった言うて騒ぎよるのわかってる。

それから、ダンボールで小屋つくって野宿してる人の規制をやりました。六月頃から大阪城周辺では説得という形で、APECの時には出て行ってくれという。かなり救援活動がいろいろあるから、下手に弾圧したらまた抗議が起きる。そこへ道頓堀事件が起きた、直前に。戎橋でリヤカーの上で寝ていた労働者を、若者が二、三人がかりで道頓堀川に投げ込んで、死んだ。あのことで世論がどっと来た。またもや、神経尖らすことが降って湧いた。とにかくAPECの期間に騒ぎ、トラブルは一切起こすなという方針やったんです。

大阪城は十一月一日から立入禁止になった。

おまわりが、あの草むらのなかまで全部、長い棒で突ついて歩いた。大阪城公園に、飼うてた鳥を捨てる人がおる。野性化したニワトリが、石垣の隙間から何羽か出てきた。ニワトリがこれだけ出てくる穴やったら、ひょっとしたら人もおるで、というので、そこら中の石垣の隙間つっ突いて廻った。とにかくもう、ばかげたと言うのも通り越して、やってるおまわりもただボーッと突いて歩いているような。

APECの開催中、難波宮の跡の草むらに警官がおる。道路を歩いておったら、それがニョーッと出てくる、人騒がせもええとこや。

難波宮は遺跡で、その中に警察の大型車両なんか三十台ぐらい入ってる。市民が入れたらどないなるか、埋蔵物があるところ。そこへ大型の、あの赤いのがピカピカ回ってるやつが、ずらーっと入ってる。

APECの本番前、十三日から僕は自転車で回った。おまわりが、ダンボールを集めてるおっさんを追い出しにかかってるわけや、じゃまになるから、いうて。「どうじゃまになるんや」と。あのかなり急な坂をリヤカー引いて上がってくるから、道端にリヤカー置いて休憩してる。それをじゃまやから退けって、人っ子ひとり通ってない、あの難波宮から森ノ宮へ行く広い通りで。十三、十四、十五日には、もう通行人がいない、おるのは草むらにおるお庭番だけです。

十六日から本格的にAPEC会議がはじまった。僕は十七日に、ある学校の教職員組合の平和研修会で、八十人ほどで大阪城の周りをずーっと歩いてきたんやけど。ちょっと見られん光景を見てきた。戒厳令状態です。

十七日の研修会は、わざわざその日に設定しました。会期が迫ってから、運営委員の先生が、「平井さん、こんな日に大丈夫ですか」と。天下の大道ですから、めったに見られん風景が見られます。

当日、大阪城のとこ歩いておったら、おまわりが、「どこへ行くんですか」言う。学校の研修会やからみなパンフレットをいろいろ持ってます。「戦後五十年と大阪城」という表紙の付いたパンフを見せて、「こういうことやから、あんた方はAPECの警戒でしょう、僕らは学校教育の研修会なんです、関係ありませんから」と。あの広い道路、人も車も何も通ってない、市民で通ってるの僕らだけ。それで、先へ歩いて行く、すると、もう先へ先へトランシーバーで連絡している、「これこれ言う人数が、そっちへ行くから」と。それで、次々におまわりが出迎えて見送ってくれる。絶対トラブルを起こすなという至上命令があるから、それは穏やかにやります。

そうやって歩いて、警備の風景、どういう号令かけて、どういう隊形を取っていくかというのが見られました。お召し自動車なんかの重要車両が向かう方向を向いて、白バイがずーっとおる。その後ろに、今度は逆向きの白バイがまたずーっとおるんです。これはお召し自動車が行ったら、それを見送る白バイと、後ろから来たやつを見張りして警戒するのとなんです。後ろからもしだれかが来たら、ダーッと道の真ん中に広がって、体当たりで阻止しようという。それが笛一つ二つの吹き方で、バッ、バッ、バッと、もうほんまに踊りの振付けみたいなことやって、こんなんめったに見られんですよ、先生方みな喜んでね。

それで難波宮のとこのおまわりに、「あんたら、もうクリントン来ないのに」と言うてやった。「ほんとですか」と。そういう情報入ってへんらしい、前日にそこ通るのが中止になったんやけどね、知らされてない。彼らは南港のインテックス大阪の中の見本市会場の展示ブースの宿舎に泊まってる他府県の応援部隊や。インテックスだけで一万人泊まってたんやから。おまわりは大阪が一万人、他府県一万五千人、全部で二万五千人。

大阪周辺では自衛隊の信太山駐屯地のところの信太山新地、もとの遊廓が五日間の自粛休業しとる。市内では、飛田の料理の出ない料亭が客引きをやったいうて、営業停止の処罰を食ろうてる。沖縄で少女が暴行された時に、繁華街に遊びに行くなと、兵隊を止めたといっしょで。兵隊の足を止めるの、禁足いう。禁足やって、遊びに行くような場所の営業停止させて、こういう形で自衛隊まで待機させられたのやけど、自衛隊の近くにもと遊廓があることを、あらためて市民が知った。

朝になると、インテックスのある南港から大型車両が、見たら静岡とか神奈川とか愛知とか、後から後から車、車、車、後から後から。短時間に一万五千人の警察官を南港から大阪市内、大阪城周辺に入れこまなならんから、工事も交通もみな規制する。

APEC直前やった。難波宮の前の交差点で信号を止めてマイクで交通整理やってるけど、もひとつ要領得んから、それでかえって混乱してる。信号に慣れてるところで信号止めて、交差点に警察官

トピック　警備隊形　禁足

が大勢いるんやけど、車がどう行ってええかわからん。えらい騒ぎになってたけれども、あんな交通整理、かえって混乱させてるだけや。多分、他府県の応援組やろ。

ただ、やっぱり僕は、ああいうのを機会に全国の警察官が来て、その後で、このあいだの年末の予算改正国会で、警察官が三千何百人増員で、広域捜査で他府県にまで行けるという警察法の改正が出た。今のは自治体警察やけど、もう実体は国家警察にだんだん近づいてきてるという、これが気にかかる。

ＡＰＥＣを大阪でやるというのは、阪神大震災以前に計画した。一九九五年の一月一日の新聞に全部、四ページぐらいの特集で入っていた。東京でいま遷都論が起きてる、あれは結局、関東大震災を意識しとる面もあるんやから。まさか一月段階で神戸で地震があるとは思うてなかったんや。震災が起きてすぐに、ＡＰＥＣを大阪ではやれんのと違うか、という新聞記事もあった。外国の人が来るのを、神戸からたかだか四十キロのところでやるのはどうか、言うて。だけどなんで大阪へ引っ張ってきたかいうと、関西国際空港ができたからで、あれはそのために急いで工事をやって来た。

ＡＰＥＣは、中身はなかったし、経済協力どころか、己の国の経済摩擦でクリントンが来られんようになってしもた。片や、東南アジアの国には、アメリカが入ってるのが面白うない国がたくさんある。ＡＳＥＡＮが今さかんに、もっと参加国を増やして、今までＡＳＥＡＮに入ってないベトナムとかビルマまで入れて、ＡＳＥＡＮを強化しようというふうな、アメリカを抜きにしよう、という動きも出てきてる。これはどうせ、経済協力という騙し合いやから、昔の国際連盟といっしょです。表向いて握手して、後ろで手ェふり上げてる、そういうもんです。

観光ルートにない大阪城見学

一九九五年は、僕は九月から十一月まで、大阪城見学会の案内を九回やったんです。ＡＰＥＣの時と、戦後五十年の大阪城にどれだけ軍事施設がまだ残ってるか、遺跡があるか、というのでね。僕といっしょに一歩踏み込んだとこ歩いたら、かなり大阪を知ってる人でも、「こんなん知らなんだ」いうのがあるんです。

大学のアムネスティの学生三十五、六人で歩いたときに、観光バスの旗持った団体が来とって、バスガイドが、「豊臣秀吉公がお造りになりました」とやってるわけや。「ネエちゃん、違うで、これは大林組が造ったんやで」と。そしたら、グループがごちゃごちゃと混じってしもうて、その観光バスの連中も、僕が学生に説明やってんのを、みないっしょに聞いてる。「これは昭和六年の、東京でやった御大典の二回目を大阪で、というので、その記念に石垣だけしか残ってなかったとこへ、天守閣を造ろういうことになって、大阪市が市民から寄付を集めて、大林組が建てたんや。だからコンクリートのお城で、エレベーターがあって、松江城とはえらい違いますよ」て説明して。

「あそこにある博物館が師団司令部の跡で、上に銃眼の切り込みがあるという不思議な建物です。そっちにレストランみたいな売店が見える。あの裏側に庭園みたいなのがある、そこが紀州御殿という。あの司令部ができるまでは紀州御殿が明治時代から司令部やった。その紀州御殿を戦後アメリカの兵隊が火つけて焼いてしもた、太平洋戦線から来たアメリカの兵隊が。とにかくヨーロッパ戦線から来たアメリカ兵は、地蔵さん見ると、「ナチス」ってワイヤーかけてジープで引っ張った。地蔵さんの卍マークはナチスとよう似てる、向きが逆やけど。それを「ナチス」って、ヨーロッパの戦線から来たアメリカ兵は、もう地蔵さんを片っ端からつるして行った。その時に、太平洋戦線から来たほうのアメリカ兵が紀州御殿を占領して、あれに火をつけて焼いてしもた」。

そういう話をしてると、バスガイドのおネエちゃんがしゃべることない、そこの人がみなこっちへ来てる。それでちょうど昼の休憩になって、向こうは食券でレストランで食べよる。こっちは学生連中やから、天守閣の北側の大林組が工事やった記念碑があるから、そこで弁当食うと。そうすると、その団体の人が、「この食券、後でもいけるやろ」と五、六人、僕のほうへついて来た。「大林組下請け一同」と書いた鳥居があるんで、それをみな写真に撮って。

天守閣の東側に広い空き地がある、「これは何ですか」、「それは水源地です。昔の大川からポンプで上げた水を、あの高い水源地に入れて、二十何メートルの落差を利用して、大阪市内へ水を送った。いまはそれで足らんから、府庁前のところに水道のポンプアップがあるけど」。今でも天守閣の東側には、大きな広い広い空き地があります。あれは上をふたしてあるけど、大きな水源地があるんです。「何でここへ水源地造ったんや」、「ここに軍隊がおったからや」。大阪城というのは、明治以来ずーっとあの中は全部兵舎やった。何千人という兵隊がおったんです。僕の持ってる大正十四年の大大阪博覧会の地図に、兵舎が全部書いてある。こんなすごい兵舎があるんです。それがずーっと敗戦にいたるまで。

空襲で焼けたりもしたけど、かわいそうなのは、防空通信隊というて、十八歳から二十五歳の女の子が三交替三百何十人かいて、防空通信をみなやった。レシーバーで聞いて、タイプを打って、それで司令部に流して行く。だから空襲が来ても最後まで避難できん。空襲が来たら、砲兵工敞の男も防空壕へ逃げた。ところが、防空通信隊は女の子が逃げられん。ドカンドカンやり出したから、怖いから飛び出して、そこを銃撃されて、何人か死んで。あの石垣に機銃弾で撃たれた穴がなんぼか残ってます。生き残った人が小さい記念碑を建てた、「第百三十五防空通信隊　一同」と書いた、それで表に「まごころ」なんて書いてある。みな僕ぐらいの年代のおばちゃんです、当時の娘さん。

戦後、朝鮮戦争の時に、北九州で空襲警報が鳴りました。当時、大阪で朝鮮戦争に反対の運動をやってたから、その時に、その空襲警報のシステムを調べていて、その防空通信隊の人を二人見つけて、話を聞いたことがある。

それから、将校だけが逃げ込んだ防空壕がまだ残ってたり。そういうもんがいろいろ大阪城の中に、新聞に出てる以外にまだまだあるんです。

僕は大阪城見学会でいつも最後に言うことは、「せっかく砲兵工敞の、戦後がらくたのクズ鉄の山があったアパッチ部落のところが整備されて、だんだん公園化してきて、ＯＢＰオーサカビジネスパークとか何とか余分なもんもできてきたけど、戦後五十年かかって、とにかく市民の公園になってきた。それがＡＰＥＣで一挙にもとの城に戻ってしもうた、ということが戦後五十年とは何やったんやろ」と。

戦後ずーっと戦争反対をやってきて、ＡＰＥＣで一挙にそれがくつがえったのは、上滑りの反対運動やったからか、ＡＰＥＣでふたたび完全にお城になってしもうた。かつては一般庶民は入れない、将軍以外通れなかった門を、戦後やっと市民が通るようになった。その門を、ＡＰＥＣで市民の通行を禁止し、ＡＰＥＣの車が通ったんです。徳川将軍の時代にまで、五十年逆戻りどころか百三十年ほど逆戻りしてしもうた。

第9章 釜ヶ崎三百六十五日

釜ヶ崎の住まいの事情

一九六一年（昭和三十六年）の第一次の暴動の時から、僕は釜ヶ崎に住みついたんですが、そこが、いわゆる簡易宿泊所と言う。ドヤというのは宿（やど）をひっくり返した言い方で、これはヤクザの符丁みたいなものです。ヤクザはそういう隠語を使う。簡宿とも言う。

簡易宿泊所というのは、法律上は夕方泊まって、宿帳に名前をつけて、翌朝十時までに出たらそれでもう終わりというのが、行政の建前です。ずっと定住する建物はアパートになる。住民票とかそういうものがない人が多いから、簡易宿泊所というのを作ってるわけです。これも江戸時代から続く、江戸時代から明治頃まで木賃宿です。一般の人の泊まるのは旅籠。木賃宿というのは、馬方とか仲仕、駕篭かきが泊まった。ドヤは、いわゆる消防法とか、環境衛生法とか、そういうものの適用があんまり厳密にやられんわけです。

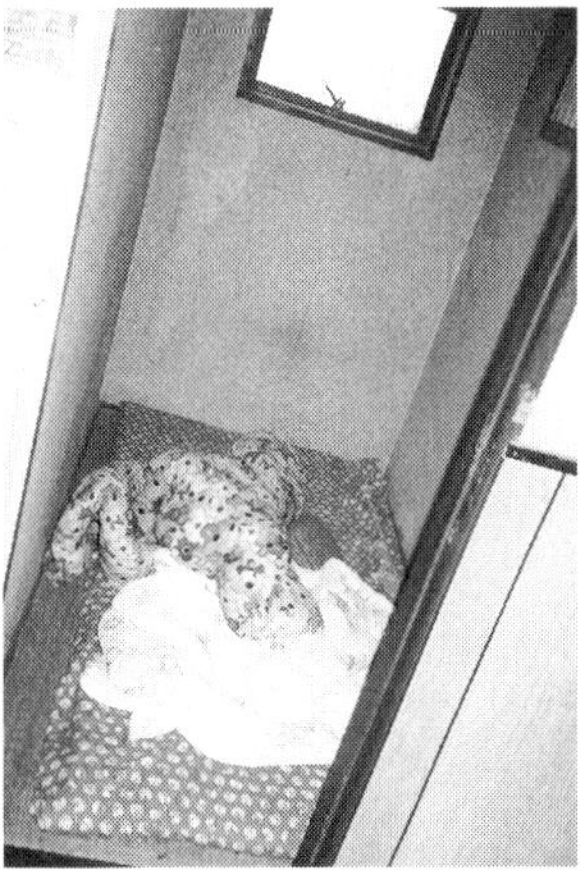

窓の小さい一畳の個室．1969年（昭和44年），宿泊料１日180円．1985年（昭和60年），宿泊料400円

人間の住む建物として、家賃を取って住むところやったら、防火施設とかそういうものはきびしいけど、この木賃宿いうのは、それほどきびしくないから、業者はその裏をかいて、建て増し、建て増しで屋根の三角の部分まで部屋にしたり。

今は建物が建て替わった代わりに、高い家賃になったんやけど、安かった頃は、一階を二段にして、真ん中に一メートルぐらいの板の間の通路を作って、両側に蚕棚。一番下が、あぐらかいて頭と天井の間にゲンコツ一つ入るぐらい。これで、この上にもう一段。普通の部屋で二段に、簡宿の内部を改造するんです。今でもまだ少し残ってる。

それから、大部屋に相部屋いうて詰め込む。だいたい畳一枚一人。八畳の部屋やったら、六人か七人。入口だけ便所へ行ったりするから空けて、多い日には七人。七人入れた時は十円か二十円安うしてくれる。

布団いうても特別サイズの、畳一畳の大きさ。もっと安いところへ行くと、カシワ餅いうて、上布団一枚でカシワ餅になって。これが戦後からずっと、僕来た時分でも、まだカシワ餅がなんぼか残っていたけど、もう蚕棚になってるのが多かった。

簡易ベッドとも言う。当時の古い写真なんか見ると、看板にベッドハウスというのがある。それが高度成長期。僕来た時分にはもうぼつぼつ一畳個室。戸を閉めて鍵かけて、個室になる。たとえ一畳でも、個室になると安心して寝られます。相部屋で泊まると、イビキ、寝言、寝相の悪い人、寝込んでしもうた時なんかに、脱いだもの全部いかれてしもたり。油断も隙もならん。

あいりん地区と言われてるところのドヤ街になると、これはほとんど労働者です。ややこしいのがまぎれ込むと、労働者がイヤがる。あいつらと同じように思われると。俺らはカタギでやっているんやと。みなが忍びの者をイビリ出します。これが労働者のプライドです。もし何かあったら、俺らがみなそないに思われるんやと。

そういう労働者のプライドは、暴動の時にどない表れるか言うと、労働者はショーウインドーを壊して物を盗ることはしません。警察やヤクザに石投げるとか、そういうことはやるけどもね、ショーウインドーを割って、時計盗ったりするのは、暴動にまぎれ込んだ連中、これを労働者がイヤがる。

僕のところ、一九六九年（昭和四十四年）、万博の工事が盛んになった時に、新館建てよったところに入ったんです。それ以後いろんなことがあって、今まで名義人が四回変わってる。二十八年の間に家主が四回変わるという不思議なところに住んでる。一回目の時には万博当て込んで建てたんやけど、翌年からずっと下り坂になって、採算合わんから売ったんです。

ある日、夕方帰って来たら、「あんただれですか」。「四階の平井というんやけど」。「今日から社長が変わったんで部屋代上げさせてもらいます」と言う。社長が変わって部屋代上げるというのは理由にならん。「何という社長か知らんけど、弁護士三人ほど頼んで、裁判所で取ってみい言うてたと言え」。それで四、五日して帰って来たら、「あ、平井さんでしたなあ」と、えらいていねいや。「社長に言いました」。「どない言うとった」。「あの平井さんやったらしゃあないな」。

その次は朝鮮の手配師上がりのおっさんが買うたんやけど、これが博打で失敗して、あのへんの経営者が失敗するいうたら博打が多い。

それで今の家主が入ったんです。二十八年も住んでるの、僕だけです。人間関係もむずかしいし、向こうはある程度で追い出して、新しいのを入れて、四代前の家主からおるなんていうのは扱いにくい。僕自身は狭い部屋やけれども、気分的に安心して寝られる。

トピック　簡宿（三〇三ページ）　蚕棚　畳一枚一人　一畳大の布団「カシワ餅」　一畳個室　労働者のプライド

僕もドヤみたいなんはなくならないかんと思うてる。なくならないかんからこそ、ずーっと住んでみて、中をやっぱり見といて、いずれ労働者がまとまって、労働者の住宅を建てるというような要求出せる時代が来れば、やっぱりドヤというものがいかに危険なところで、住みにくいところかというところを、それを言えるだけのもん、持っていたい。住んでもうすぐ二十八年になる、二十八年が三十年たって、同じとこに住んで言うというか、行政に対してものを言うとき重みがあると思うてます。これは僕、港湾労働者やってた時に、行政に対するいろんな要求を出す時に、総評式の箇条書きで、きれいごとばっかり書いて並べるんやなしに、僕は実際のところでぶつけていって、役人もイヤと言えんとこまで押し込めます。僕今のところを出えへんのは、そういう思いもあるんです。その中で、人間というのは年取っていくのでね。単身者住宅というのを、長い間ずーっと考えてる。港湾では宿舎がある程度できたけれども。

僕は建てる計画段階で、大阪府の役人と、労働省の役人と、雇用促進事業団と、この三者の前で、あんたらコンクリートのスラム造るんかと。二十年たったらどないなるか、三十年たったらどないなるか。結局、建てるだけは役所は建てた、建てる頃は港湾労働がものすごい必要な時期やったから。あの時に職住接近というスローガンやったんで、住宅が職場近くに建った。ところができた頃になると、コンテナやら港湾の合理化で労働者が減ってきた。一万人以上働いてた労働者が、今もう二千人台に減ってしもうてる。

浪速区の改造住宅、あれが僕らが子どもの時分にどんどん建っていった。僕はあの近くに住んでたから言うんやけど、昭和の始め頃に建てた時から、当時としては大阪でも立派なもんでした。不良住宅改造事業。長町の跡に、伝染病の多かったところに建てた時は、それは見違える町になったと言うたんやけども、その中でボロ切れを分別して、ほこりだらけ。建物造っても内容は変わってない。炭鉱住宅見なさいと、事業団の職員や労働省の役人に言うた、あの炭住がどないなってるか。それから造船が一時、不況になって、そういう時期に労働者を転職させる、雇用促進事業団というのがつくられた。炭鉱閉山が動機になったんやけど、その時に都会の周辺に雇用促進事業団の住宅が建てられた。住宅を確保するということが、労務政策の一環として考えられている。それで炭鉱から来た労働者をそこに入れて、都会の建設労働なんかの仕事をさせた。

だから港湾でもってた町が港湾労働者がいなくなったら、あとどないなるんやと。年はいくわ、合理化で不景気になるわ。先を見て、労働者の住宅は大阪市内に分散して建ててくれ、それやったら僕も入る。市内に分散していたら転職したかて、何なとやれるけど、港の一角に港湾労働者の住宅ではどもならん。それの最たる見本が釜ヶ崎やないか。第二の釜ヶ崎を港区につくるんか。

それが土木の場合には、飯場という使い捨て住居で。釜ヶ崎も一種の飯場いうか、飯場をもうちょっと幅広げた簡易宿舎や。そんなことでええのか。今まで日本の高度成長を一番どん底で支えてきたのが、あぶれたときは炊き出しに並んで、それでもやっていけん人が結局、野垂れ死にして、無縁仏がようけ出る。その上にそびえ立ってる、これが本当の経済のあり方か。

ほかの安定した工場や会社と違うて、建設業だけが社員を含めて労働者みな移動人口。建設業の社

トピック　単身者住宅　港湾住宅　職住接近　炭鉱住宅　労働者住宅分散の必要

員いうたって、一つの工事が終わったらまた他へ移っていく。熊谷組の社員といえども、間組の社員といえども、ダム工事なんて言うたら、十年、二十年かかるけども、必ずしもはじめからしまいまでおるわけやない、職種によって、その労働者が必要な時期にそこへ入るから、五年か十年たつとまた他に移っていく、家族ぐるみで。社員でも同じです。山の中の建設宿舎へ入って、そこで子どもが生まれて、小学校へ入るぐらいまで育ってきて、今度は次の現場へ移っていく。社員でない日雇い、下請けはそこで使い捨てや。

行政が何にもせんというのは、選挙権がないから。釜ヶ崎に選挙権が全部がないんか言うたら、かなりの人、四万人のうちの八千票。選挙権はあまり行使していない。

年金もらってる人だいぶ増えたけど、労働災害と高齢化の関係で。年金をもらうための住民票を置いてるだけやから。これは労働災害の年金もらう時は、住民票がいるから一応、どこかの施設に住民登録を預けて、そして年金をもらうとか。僕らぐらいから上の人やったら軍人恩給とか、老齢年金とかもらう人もある。

何で住民票を釜ヶ崎に移さんか言うたら、故郷に知られたくないとか。同じ都会に住んでて、親と二十年間会えなかった、飯場の火事で焼けてはじめて親が知った、そんな人がおるんです。

結核を媒介するドヤ

今、結核は全国的に減ってる言われてるけど、最近また増えている。釜ヶ崎では全国の四十何倍か。東京の山谷も横浜の寿町も、それほど増えてないのに、釜ヶ崎だけが結核がずっと増えてる。一九九〇年（平成二年）の新聞記事でも、四十何倍になってる。

行政から釜ヶ崎の結核対策なんか嘱託されてる、山口先生という結核の研究者なんやけど、その人の学習会、全港湾の西成分会ですが、結核予防の学習会というのをやったんです。その山口先生が、結論的に言うのは、「うまいもん食うて昼寝しとったら、かかっても進行しない」と。釜ヶ崎でうまいもん食うて昼寝できるか。そんなことを言う人が釜ヶ崎の、大阪市から嘱託された結核予防の先生や。それでその時に僕、いろいろ実態を言うたんです。

釜ヶ崎のドヤというのは、蚕棚時代から、一九七〇年の万博の時に高層化して、各個室になって、部屋代が高うなったら冷暖房をつけた。これは万博で賃金が上がったから、部屋代が高いのがどんどん建った。そうすると、冷暖房が入りだした。それが玄関に、駅にあるような大きなクーラー、一つ置いて、全館、八階建てのドヤの中に、強烈冷房を吹き込む。そういう冷房の仕方やった。

何人かの結核患者が、排菌してる人がおったら、その冷房の風やったら飛沫感染する。そのドヤの構造でとくにひどいのが、冷房の効率を上げるために、窓のないドヤがあった。建築基準法も消防法もない。冷房の効率を上げるために、窓を全部ふさいでしもたりする。火事あったら逃げられん。

それ以外にも、その個室で結核で死んだ人がおるとする。それは救急車が来て連れて行きます。その後、シーツ換えただけ、その布団はそのままです。朝、死体上げて、シーツだけ換えて、その日の夕方、またそこへ次の人が入ってる。そんなのを何回も見てきた。

トピック　釜ヶ崎の結核は全国平均の四十数倍　冷房効率のために窓をふさぐ　結核死亡者の布団をそのまま使う

それからパチンコ屋、そういう結核患者が多い町でパチンコ屋が多い。他に娯楽がないから。菌を出している人がガラスに向かってゴホンとやる、その隣の人が風邪ひいてたら、非常に弱い。

実例上げたら、先生、困りよって。ウーン、これはしかし結核予防を通り越した建物の問題だねなんて言いだして、それで先生、もうちょっとまじめに実態を調査してくれな困るでと。結核対策いうてもそんな程度です。

組合では検診日は何日やでというビラを配ってるが、検診受けるのをイヤがる。検診受けて、入院や言われた時に、何の用意もない。僕も何人かそういう人の説得して、手続きとってもらうということになって、更生相談所というのがあるんです、何日何時にそこへ行くことにする。ところがぎりぎりになると、逃げてしまいよる。そんだけ具合悪いのに何で入院せえへんのや言うと、着替えも何も持ってないから。とことんまで血吐きながら働いて、それでいよいよ倒れて、はじめて救急車で。そやから手遅れです。

結核病院なんて言うと、大部屋で、そこへ他の人は家族があるから見舞いに来るし、見舞いに来たら、果物やらケーキやら、何か持って来る。ところが、単身で着替えなしで行って、そこへ見舞いがない。隣のベッドの人から果物一つももらうけど、自分は返されんわけや。それがたまらんで出てくるんや。そんなら釜ヶ崎だけのベッドというと、これまた差別ベッドやということになってくる。

結核が釜ヶ崎ではずばぬけて多い。増えて来たのは、一時ほとんど消えた時代があったから抵抗力

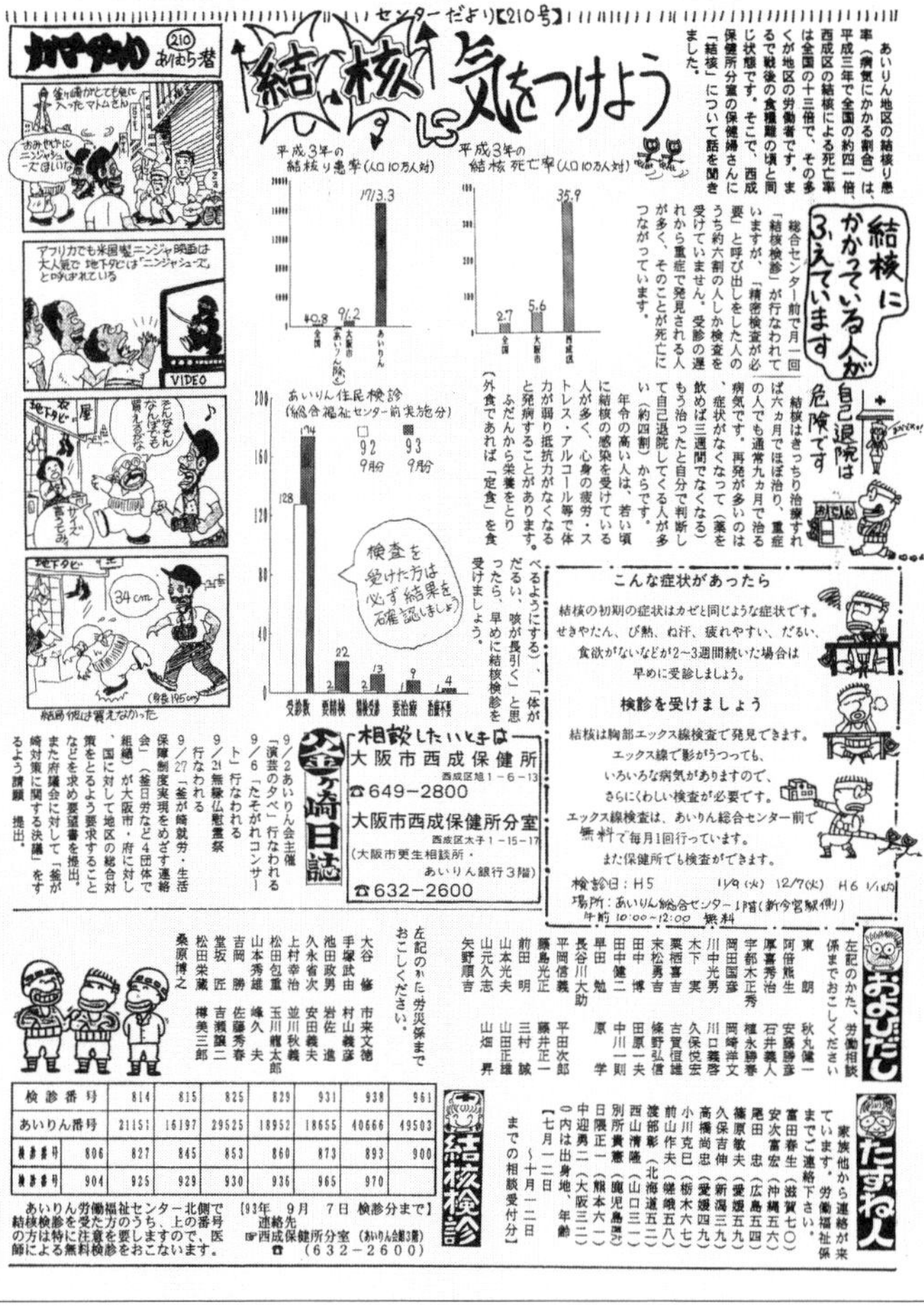

センターだより【210号】

結核に気をつけよう

あいりん地区の結核り患率（病気にかかる割合）は、平成三年で全国の約四一倍、西成区の結核による死亡率は全国の十三倍で、その多くが地区の労働者です。まるで戦後の食糧難の頃と同じ状態です。そこで、西成保健所分室の保健婦さんに「結核」について話を聞きました。

結核にかかっている人がふえています

総合センター前で月一回「結核検診」が行なわれていますが、「精密検査が必要」と呼び出しをした人のうち約六割の人しか検査を受けていません。受診の遅れから重症で発見される人が多く、そのことが死亡につながっています。

自己退院は危険です

結核はきっちり治療すれば六カ月でほぼ治り、重症の人でも通常九カ月で治る病気です。再発が多いのは、症状がなくなって（薬を飲めば三週間でなくなる）もう治ったと自分で判断して自己退院してくる人が多い（約四割）からです。

年令の高い人は、若い頃に結核の感染を受けている人が多く、心身の疲労・ストレス・アルコール等で体力が弱り抵抗力がなくなると発病することがあります。

ふだんから栄養をとり（外食であれば「定食」を食べるようにする）、「体がだるい、咳が長引く」と思ったら、早めに結核検診を受けましょう。

こんな症状があったら

結核の初期の症状はカゼと同じような症状です。
せきやたん、び熱、ね汗、疲れやすい、だるい、
食欲がないなどが2～3週間続いた場合は
早めに受診しましょう。

検診を受けましょう

結核は胸部エックス線検査で発見できます。
エックス線で影がうつっても、
いろいろな病気がありますので、
さらにくわしい検査が必要です。
エックス線検査は、あいりん総合センター前で
無料で毎月1回行っています。
また保健所でも検査ができます。

検診日：H5　11/9（火）　12/7（火）　H6 1/11（火）
場所：あいりん総合センター1階（新今宮駅側）
午前 10:00～12:00　無料

相談したいときは

大阪市西成保健所
西成区旭1－6－13
☎649－2800

大阪市西成保健所分室
西成区太子1－15－17
（大阪市更生相談所・
あいりん銀行3階）
☎632－2600

釜ヶ崎日誌

9／2あいりん会主催「演芸の夕べ」行なわれる

9／6「たそがれコンサート」行なわれる

9／21無縁仏慰霊祭行なわれる

9／27「釜が崎就労・生活保障制度実現をめざす連絡会」（釜日労など4団体で組織）が大阪市・府に対し、国に対して地区の総合対策をとるよう要求することなどを求め要望書を提出。また府議会に対して「釜が崎対策に関する決議」をするよう請願　提出。

およびだし

左記のかた、労働相談係までおこしください

東　朗　秋丸健一
阿倍熊生　安藤勝彦
厚喜秀治　石井義人
宇都木正秀　権永勝春
岡田国彦　岡崎洋文
川中光男　川口義啓
木下　実　久保悦宏
粟栖喜吉　古賀恒雄
末松勇吉　條野弘信
田中　博　田原一夫
田中健二　中川一則
早田　勉　原　学
長谷川大助
平岡信義　平田次郎
藤島光正　藤井正一
前田　明　三村　誠
山本光夫　山田正雄
山元久志　山畑　昇
矢野順吉

左記のかた労災係までおこしください。

大谷　修　市来文徳
手塚武由　村山義彦
池田政男　岩佐　進
久永省次　安田義夫
上村幸治　並川秋義
松田包重　玉川権太郎
山本秀雄　峰久　夫
吉岡　勝　佐藤秀春
堂坂　匠　吉瀬譲二
松田栄蔵　樽美三郎
桑原博之

たずね人

家族他から連絡が来ています。労働福祉係までご連絡下さい。

富田春生（滋賀七〇）
安次富宏（沖縄五六）
尾田　忠（広島五四）
篠原敏夫（愛媛五九）
久保吉伸（新潟三九）
高橋尚忠（愛媛四九）
小川克巳（栃木六七）
前山作夫（滋賀五八）
渡部彰（北海道五二）
西山清隆（山口三一）
別所貴憲（鹿児島58？）
日隈正一（熊本六一）
中迎勇二（大阪三二）
○内は出身地、年齢
【七月一二日～十月一二日までの相談受付分】

結核検診

検診番号		814	815	825	829	931	938	961
あいりん番号		21151	16197	29525	18952	18655	40666	49503
検診番号	806	827	845	853	860	873	893	900
検診番号	904	925	929	930	936	965	970	

あいりん労働福祉センター北側で結核検診を受けた方のうち、上の番号の方は特に注意を要しますので、医師による無料検診をおこないます。

【93年　9月　7日　検診分まで】
連絡先
☞西成保健所分室（あいりん会館3階）
☎（632－2600）

結核関係の情報を提供する『センターだより』（1993年〔平成５年〕年10月15日）

がない。建設需要が増えて、無抵抗の若い労働者が来た時にこわい。検診で引っかかるのも、若い人が多い。

ドヤの火事

ドヤの構造からいうて、火事になったらえらいこっちゃと言うのは、よう分かる。

ただ、これ正式な住居契約結んでいるところやない。それで住んでる人間がその日から、もう着の身着のままで逃げ出してるから。だからわずか二万円か三万の見舞金でね。最初は千成（せんなり）ホテルの時は五千円やったわ。火事で焼け出されて、着の身着のままで、たいしたものは持ってないにしてもね。それがとにかく何もなしで飛び出てるから、その五千円でももらう。その時に拇印でも何でもいい、取ってしまう。

宿泊者名簿は毎日とることになっている。山田とか、田中とか、山本とか、書きやすいように言います。それだけで出身地も年も何も書かない。言うた名前を書くだけ。それでもあったらましなほうです。ほとんどがないんや、名簿もない。あるのはあっても、田中とか、山田とか、山本とか、それだけや。

それで、火事のあった時に行政は見舞金と、作業服、地下足袋、手袋、下着、洗面道具、これを大阪府と大阪市が労働部とか民生局とかから、釜ヶ崎の火事というとそれを配る。文句言わさんように。僕がそんな目に会うたら、それは負けてもええ裁判で、まずそのドヤの構造からやるんやけど。シャツ一枚で、火事やーって裸足で出てるんやから。いち早く行政がちゃんとそのセットを、区役所にでも用意してあるんやろな、早い早い。翌朝、夜が明けたらもうそれ配ってるもの。

それでドヤの経営者が五千円ずつ、後には三万円ぐらいまで値上がりしたけどね。それにしても、裸足でシャツ一枚で出てるから、ついそれに手が出てしまう。これでもう文句言われんようにしてしもてんのや。

あの当時の火事の記録を、新聞の切り抜きをとって置いて、これはものすごい集まってるけどね。一九六九年（昭和四十四年）ぐらいから以後の火事の記録は全部、手元にずっと残ってます。

火事で、山田一族の物語がある。

山田一族はあのへんの大地主で、多角経営で。それから『がめつい奴』という小説の、それの女主人公のお鹿ばあさん、あれは小山田鹿、モデルといわれる実在の人物は山田です。映画であのお鹿ばあさんをやった三益愛子のところへ電話できいた人がいるが、知りまへん言うて怒りよったらしいけど。僕はお鹿ばあさんは他のことで知ってる。

新今宮の駅のところに、山田のタカラホテルってある。ホテルの裏側、ちょうど高架のところの部分が焼けて、環状線を二時間ほど止めた。国鉄時代です。

山田一族というのは、お鹿ばあさんと、当時の当主伊太郎さん、今はもう二代目、三代目、とにかく釜ヶ崎のドヤは山田一族のが多い。西成区の長者番付で一位やった時があるんです。今はだいぶん外から入って来ましたからね。バブルの時分に、釜ヶ崎は儲かるというので、地区外からの資本とか

トピック　釜ヶ崎では結核は若者に多い　火災見舞金二〜三万円　毎日とる宿泊者名簿　文句封じる見舞金と見舞品　山田一族『がめつい奴』

山田タカの福壽園（1981年〔昭和56年〕夏）

焼けた福壽園（1982年〔昭和57年〕年２月１日）．　外観２階だが中は４階．この建物の中が150室になっていた

土建業者が入ってます。だからドヤであり、飯場であり、そういうことでバブルで儲けた時に、かなり進出した。

ドヤの経営者いうたら、零細の業者やとみな思うてるわけです。そうやない。とにかく子どもの学校いうたら、私立の学校、それで住んでるところが帝塚山とか、生駒の学園前とか、平野とかいう、高級住宅地や。

少なくとも以前の釜ヶ崎の商売人は釜ヶ崎に住んでました。それが高度成長の、とくに万博ぐらいから儲けだしたから、それでもうどんな部屋でも営業用に使うて。たとえ一坪でも営業用に使うて、もう住宅は外へ出たんです。

釜ヶ崎の町角で

釜ヶ崎は暮らしやすいという。

夜明けから夜中まで、酒も食べ物もあるから。それで夜通しの映画館がある。三本立て八百円の映画館、ずっとオールナイト営業する。二十年も前の東映のヤクザの鶴田浩二やらフーテンの寅さん、あんなんばっかりやってるわけです。芝居小屋もある、芝居小屋はよそからの人が見るにしても。

釜ヶ崎のように四万人がだいたい似たような境遇の町なんて、ほかにちょっとない。わりあい人のことは言わない。人のことをあれこれ言わん。それは安心して住める町です。

職を求める人々．1983年(昭和58年)冬のセンターの朝の風景．築城400年祭りがあり，仕事のあった頃

三角公園には一年に二回、夏祭りと正月にはいつも歌手が来て歌うてるけど、絶叫、熱唱型で、ただやっぱり、全部今までに来た芸能人の人がみな言うのは、ちょっとでも手を抜いたらものすごう怒りだすと。その代わり感激したら、もう涙ボロボロ出して、なけなしの千円札、しわくちゃのを持ってくるという、その点では、修行の場やと。これは漫才師でも浪花節語りでも、みな言います。釜ヶ崎行ったら怖い。うっかりええかげんなこと、手抜いたら、なんじゃ、わしらバカにしとんのかい、もう聞けん、帰れ帰れって怒る。その代わり良かったらアンコール、アンコールで、もうほんまに金なかったら五円、十円でも出して持って来る。

ただ、僕らやっぱり残念なのは、ごく一パーセントか二パーセントはどうしょうもないワルがおる。シノギ屋いうて、路上強盗です。

大阪ではシノギ。京都あたりでは介抱泥棒とか、言葉通りのことやけど。酔っぱらってる人に、おじさん大丈夫か言いながら、やる。それからアンマとか、いろいろ言い方がある。東京ではマグロって言う。マグロみたいにころがってるのをやるからやけど。大阪ではシノギというのは、ヤクザの言葉やけどね。シノギ屋いう路上強盗が、これが多少おるんです。

「釜」へくる取材者たち

一九六八年（昭和四十三年）頃に、『隠された公害』という東邦亜鉛のカドミウムのこと書いた本が出た。外国から船でカドミウムの原料が対馬に入って、対馬の東邦亜鉛で鉱石を精錬して亜鉛にして、国内の工場へ運び出す。それが対馬で反対運動が起きて、対馬に船が入れんから、大阪港へ入れて、大阪港で小型船に積みかえて対馬へ行く。東邦亜鉛のカドミウムのイタイイタイ病が、対馬から始まって、大阪港を通じて、そういう手間のかかる運び方を始めた頃に、鎌田慧さんが全港湾の事務所に訪ねて来た。

港湾労働法の手帳持ってる人間は、そんな仕事は行かん。ものすごいほこりのたつ鉱石の原料やから。港湾労働者の日雇いが行かんところに釜ヶ崎から補充が入る。だから僕はどの手配師が、何丸の手配してるというのわかってるから、それで三菱の下請けの手配師に、ちょっとこのアニキ、地下足袋履きたい言うとるさかい、何々丸に入れたってやと言うて、朝早うに、鎌田さんを預けて、その前にまず作業服から地下足袋の古、全部古を買うて、恰好つけないかんから、サラやったらなめられる。ドヤも東淀川区のビジネスホテルみたいなんに泊まってたんで、釜ヶ崎のドヤに泊まれ言うて、八日ほど泊まった。

そのうちの一週間、ずっとその船に仕事に行って、実際にそのカドミウムの原料の、外国船から上げて艀に積んで、その艀がまた対馬まで瀬戸内海を下がっていくわけ。その仕事をやって、それで八日目に一杯飲んで、もう三十年近くなる。それ以後、彼がだんだん有名になってきて。数年前に国労会館の集会で会うた時に覚えていてくれた。

船の船底の船倉に入り込んで取材をした人、あの人も港湾労働者で来てた。あれは名前何て言うたかな、京大出て脱サラしてフリーライターになってた。カンカン虫いうて、ペンキ塗る前にサビを落とすんです。長いこと航海すると、サビてペンキが浮き上がる。それをカンカン叩いて落として、グラインダーをかけて、そうせんとペンキがうまくつかんから。かつては吉川英治もカンカン虫やってたんや。金になる仕事やけど、それは危ない仕事や。船の側面にぶら下がって、板一枚の上に座って、今みたいな命綱つけてくれん。片手でロープをぐっと抱えて、僕もやったことあるけど。僕はカンカン虫やなしに、リベットの補助をやったけどね。船というのは上からぶら下がったら、後ろはもう海。ドックの中やったら、落ちたら命ない。それが下がって行くと、今度は船とのすきまがひらいていく。ぶら下がって、ハンマーでカンカンとやって、長いデッキブラシみたいなやつでペンキつけて。ぶらんぶらん揺れて。想像すんのやったら、ビルの窓拭き。ビルはまだ真っ直ぐやからいいけど、船というのは下がる程あいだがあいて来る。それで、虫みたいにへばりついてサビ落としする。

取材者はよう来る。挙げたらキリがないです。

原子力発電のこと取材してるルポライターが、原発労働者のこと知りたい言うて、取材で来た時、原発の手配師が来よる喫茶店へ連れて行ったんや。チンピラヤクザが刺青入れて来ると、人に見てほしい。夕べ入れたとこやいうようなこと言うて、喫茶店の中で見せておるんや。それを見て、「わかりました、ここではちょっと取材できません」。そこへ入って取材せな、ほんまのこと書かれんわ。原発の手配師のことでも、僕からまた聞きしたんでは、あんたの記事にならへん。ここへ何日か通うたら、そのうちにだれが手配しとんのかわかるから、て言うんやけどな。もう、びびってしもとる。

ブラッド・バンク（ミドリ十字）に血を売る▨

薬害エイズでミドリ十字が問題になってる。「ミドリ十字の黄色い血」って、僕がそういう表題で書いたんがあるけど（後出コラム三二五ページ）。

今のミドリ十字が、朝鮮戦争の時に、ブラッド・バンクを作った。あれを作ったんは、七三一部隊の、二代目部隊長の北野政次軍医中将です。初代が石井中将で、二代目が北野政次軍医中将。軍隊では技術官は中将までやから、最高位です。本官は大将になるけどね。技術官は全部中将止まりです、海軍でも、造船技術官は、造船中将が最高位です。技術を一歩下に見とったんや。

朝鮮戦争の前ころに、北野中将と石井中将が、七三一部隊を戦争犯罪人からはずしてもらう条件で

トピック　カンカン虫　ミドリ十字　血液銀行（ブラッド・バンク）　七三一部隊　北野政次　石井四郎

ブラッド・バンクをつくった、と言われてます。戦争で血液の需要が増えるから、朝鮮戦争以前から朝鮮戦争の準備計画が進んでいたわけや。

ちょうどその時分に失業者が多かった。釜ヶ崎で失業して、やっていけんとき京橋まで歩いて行った。ミドリ十字は京橋からちょっと東に行ったところの、京阪電車のガードの東。今その本社は中央区今橋の近くに移っている。

ミドリ十字の東側マンション（1977年〔昭和52年〕撮影）

日本ブラッドバンク（血液銀行）という名称で始まったんで、バンクと言うてた。バンクの前というたら、夜中二時頃から四、五百人ずっと並んでいた。四百CCというと牛乳ビン二本ぐらい、それが当時の金で四百五十円です。一九七〇年頃になると四百CCが千四百円、九〇年にエイズ問題が起きて買血は中止になる。やめる直前で四百CCが千八百円ぐらい。

朝鮮戦争当時は、採血人数も多かったけど、その後、集まる人は多くなるが、採血人数は少なくなって来た。バンクは採血者カードを作って人数制限をはじめた。

採血にあぶれた人は、交通費もないし、次回の順番待ちのため、付近で野宿するようになる。また、採血後、貧血を起こして歩けんようになるのもいる。路上で倒れていても、採血カードを持っていると、救急処置を放置していたんです。それで、ミドリ十字の隣りのマンションには、野宿するなという看板が置かれていた。

採血の常連は四千人。一日に二回売る人もおる。検査で血が薄いからはねられる。カルゲンという鉄粉の入った薬、あの辺の薬局に売ってた。それと塩をひとつかみ水で飲むと、一時的に血が濃くなったような現象になるわけや。当時は耳をガラスでちょっと切って検査したんや。検査の前になると、お互いに首を締め合いして、グーッと鬱血させる。

それで「黄色い血」といううすい血になって血清肝炎が増えた。輸血した人が本来の病気が治って、今度は血清肝炎にかかる。バンクはそれ知った上で買うていた。

アメリカ大使のライシャワーが刺される事件があって、そのときの輸血によって肝炎を起こすということがあって、この時から「黄色い血」と言われるようになった。

バンクからミドリ十字と名を変えたところで、内容は変わらんどころやない。輸血用の採血だけやなしに、血液を使った薬品を売って、「死の商人」になったんや。

一九八二年（昭和五十七年）九月六日の毎日新聞に、「人の胎盤買い占め　医薬品の原料に使う」「ミドリ十字など四社　研究陣に『七三一部隊』関係者」という見出しで「ミドリ十字は、大手産婦人科病院などに大型冷蔵庫を寄贈。医師や看護婦に頼んで、出産、堕胎時に妊婦の体内から出る胎盤をビニール袋に入れ、冷凍保存してもらう」という記事が出ました。これは、産婦本人には無断で行なわれてたと言う。

トピック　戦犯免除条件としてのブラッド・バンク　朝鮮戦争　血四百CC千八百円　採血にあぶれて野宿　採血常連四千人　カルゲン　「黄色い血」　血清肝炎　胎盤購入

新聞紙第[illegible]　毎日新聞　1982年（昭和57年）9月27日（月曜日）

採血ミス死の労働者

ミドリ十字、病死で葬る

医師抱き込み工作

48年 〝口封じ〟今も金贈る

人工血液開発にからむ生体実験で企業責任が問われている血液製剤のトップメーカー、ミドリ十字（本社・大阪市）が、四十八年三月、買血した労働者に誤って別人の血球を戻し、血液型不適合で死亡させたのに、治療に当たった民間医院の院長を抱き込んで大阪府警に「行き倒れ人の心不全による死亡」と虚偽の届け出をさせ、事件をやみに葬っていたことが、当時の採血責任者とその院長らの二十六日までの証言で明らかとなった。採血責任者は「内藤良一会長（[illegible]）の指示もあって、これまでい[illegible]を聞かせなかった」と釈明、院長も「ミドリ十字側から薬品を回さない、などといわれ[illegible]った。今も同社から[illegible]の金を[illegible]にもらっている」と話している。厚生、法務両省と捜査当局も、この隠ぺい工作を前例のない重大な人権侵害事件とみて調査を始めた。

（23面に関連記事）

重大な人権侵害 法務省など調査

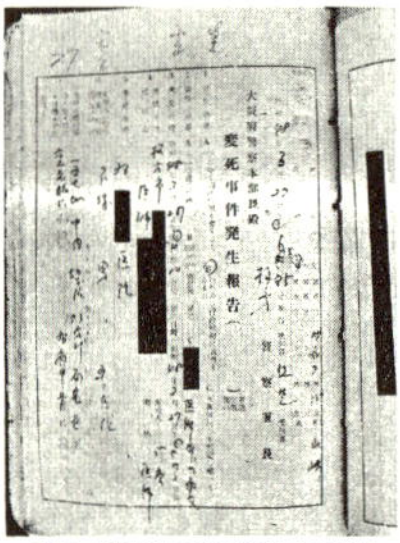

〝病死〟で処理された森高義数さんの変死事件発生報告書　（大阪府警枚方署作成）

証言したのはミドリ十字の採血所「大阪プラント」（大阪市城東区）の責任者だった女医（五〇）＝四十八年十二月退社＝と、大阪府枚方市の民間医院院長（七〇）。

二人の証言を総合すると、採血ミスがあったのは四十八年三月二十六日[illegible]時、大阪プラントでは、[illegible]四百[illegible]を約二千円で収血して[illegible]。供血者は三人一組となり、一人の看護婦が担当。採血血液は血液製剤をつくるために必要な血漿（しょう）だけを分離、残りの血球は供血者に戻していた。ところが、その日は、看護婦が[illegible]人の供血者中、二人目と三人目の血球を[illegible]で[illegible]す際、戻し間違った。二人目の供血者は[illegible]が適合したのか、無事だったが、三人目は不適合を起こし、血圧、脈拍が低下、意識不明となった。

女医らが強心剤を打つなど応急手当てをする一方、当時副社長だった内藤会長に連絡。その指示で近くの病院に運び込んだが、[illegible]を断られ、同日午後八時すぎ、その病院の紹介で、血液をきれいにする人工透析施設がある枚方市の同医院に運び込。同医院では人工透析[illegible]、供血者は一時小康状態になったが二十七日未明、容体が急変し午前四時十分ごろ死亡した。

院長によると、治療中は女医の[illegible]、当時の大田[illegible]一郎・常務＝現顧問＝らミドリ十字幹部が[illegible]いたが、幹部らは「採血ミスが原因で起きた事故であることを警察に報告しないように」と要望。院長が断ると「今後ミドリ十字の製品を[illegible]」などと繰り返した、という。結局、院長は枚方署に行き倒れ人として、ミドリ十字の[illegible]も伏せて死亡届。同署の変死事件発生報告書にもそのように記載されている。

院長は「この時は通常の治療費の十倍は支払われたはず」と話し、その後も二カ月ごとに、同社の[illegible]が三―八万円の理由がはっきりしない金を持参、今月中旬にも[illegible]万円余を受け取ったばかり――とミドリ十字の会社ぐるみという[illegible]隠ぺい工作を証言。

死亡した供血者は、大阪市[illegible]の自由労働者だったとみられ、当時氏名不詳だったが、その後の同署の調べで、香川県綾歌郡出身の森高義数さん（当時五十歳）と判明。

無縁仏で埋葬　怒りの遺族

森高さんは死亡後、ミドリ十字側が大阪市天王寺区の「一心寺」に無縁仏として埋葬。同寺の納骨台帳には、四十八年三月二十九日受け付けで施主（納骨者）欄に院長名を偽り記載されている。

ミドリ十字が採血ミスを隠し続けた背景について、女医は「内藤会長が〝絶対にミドリ十字の社名に傷がつかないよう、極秘に処理しろ。表ざたになれば、多くの社員が困る〟と強く指示したためではないか」と指摘。これについて大田顧問は「今さらいいわけしても仕方がない。亡くなった人に対しては、お気の毒の一語に尽き[illegible]。遺族がくれば、詳しく説明しなければならないが、それ以外はコメントできない。私は一生口をつぐみたい」と話している。

香川県に住む森高さんの遺族の[illegible]らは、「三十年も前に大阪へ出かけたまま、全く連絡もなかったが、こんなことになっているなんて思いもよらなかった。信じられない」と衝撃を受けている。

森高さんに関する大阪府警枚方署の変死事件発生報告書（四十八年三月二十七日午後六時三十五分作成）は枚方市の院長の報告として「二十六日午後三時ごろ、会社の[illegible]において倒れているのを職員が発見して、すぐ病院に搬送したところ、[illegible]不全とのことで、専門医がいないために、急きょ専門医のいる医院に搬送した。そして治療中、心不全により死亡した」とあるだけ。森高さんが働いていたという会社名も記載されていない。同署によると、病死とする場合、医師の死亡診断書が提出され、遺体状況など特に異状がなければ「病死」として処理されるという。

今さら問題にならぬ

石垣八郎・ミドリ十字社長の話　事件についての報告は受けていない。事実としても、以後は採血ミスをしていない。十年近く前のことだし、刑事事件としても時効になっているはずだから、いまさら問題にはならないと思う。

前例のないひどさ

水流（つる）正[illegible]・法務省人権擁護局調査課長の話　これまで人権問題を数多く取り扱ってきたが、こんなひどいケースは前例がない。事実なら大変な人権侵害問題だ。人命尊重を最優先すべき製薬企業や医師らが隠ぺいしようとするのは許せない。早急調査にとりかかる。

毎日新聞　1982年（昭和57年）9月6日（月曜日）

ヒトの胎盤買い占め
医薬品の原料に使う

ミドリ十字

研究陣に「七」

82.9.15

ミドリ十字「人工血液」

重症患者に生体実験

――滋賀の病院で医師らを偽り――

1982年（昭和57年）9月30日（木曜日）

ミドリ十字、責任認める

採血ミス死　幹部が会見し陳謝

タ4版　（8）

82.10.1

採血ミスで死んだ男性

9年半も"生存"のまま

枚方市エラー

82.9.19

人工血液のミドリ十字

「生体実験」を認める

厚生省、製造承認"却下"も

82.9.27

採血ミス、病死装う

ミドリ十字　医師「圧力受けた」

ミドリ十字をめぐる問題を報じる各紙（1982年〔昭和57年〕）

続いて八二年九月十五日の毎日新聞は「ミドリ十字『人工血液』重症患者に生体実験」という見出しで、肝嚢がんの七十二歳の女性に人工血液を使ったという。しかも、その後二十日以上も経ってから、「ミドリ十字の内藤会長が自ら実験第一号をかって出た美談として報道され」たというもので、実際には患者の女性が先に人体実験されていた。

さらに事件は続く。

同じ年の八二年九月二十七日の毎日新聞に「採血ミス死の労働者、ミドリ十字、病院で葬る」という見出しで、「七三年三月二六日、血液四百CCを二千円で買血し、供血者は三人一組となり一人の看護婦が担当。採血血液は血液製剤をつくるために必要な血漿だけを分離、残りの血球は供血者に戻していた。三人の供血者中、二人目と三人目の血球を戻す際、戻し間違った。そのため三人目が不適合を起こした。患者が意識不明となったので、近くの病院に運び込んだが断られ、枚方の病院に搬送したが、翌日死亡した。このとき立ち会ったミドリ十字常務を、幹部は採血ミスであることを警察に通報しないよう脅しと圧力で、結局警察には行き倒れ人として届けられた」とある。

被害者は、香川県出身で当時は氏名不詳とされ、ミドリ十字が天王寺区の一心寺に無縁仏として納骨していた。その人は大阪市内で自由労働者として働いておって、警察では本籍地も名前も分かってたんです。無縁仏の届け出では戸籍抹消手続きは取られん、九年半も生存していたことになってたんです。

証言1　行倒れた売血者の横を大砲が走る
――ミドリ十字の黄色い血――

沖野奈加志（平井正治）

五台山の嶺から　済州島まで
　森の中を行き　丘をこえて
祖国の自由を　血で守る
　我等は遊撃隊　朝鮮の息子

この歌は一九五〇年（昭和二十五）六月二十五日に始まった朝鮮戦争の最中に歌われた人民ゲリラの歌であるが、物量と近代兵器にたよっていたアメリカ侵略軍とその手先たちは、ゲリラ戦で多大の死傷兵を出した。

死者はまとめて（もっこに入れ、海水に浸して）日本に送られ、日本で一体ずつ組合せ（手も足も首も胴もバラバラがある）死化粧をし、防腐剤をつめ、ジュラルミンの棺に入れてアメリカに送った。（大江健三郎『死者の奢り』だったか、小説に出ていた。）

負傷者は船と飛行機で日本に送られた。大阪では鶴橋の日赤桃山病院、京都東福寺の日赤、大津の日赤などアメリカ軍に接収され、アメリカ兵が収容されていた。

戦場の負傷というものは、手足がちぎれたり、泥と錆（さび）と火傷と手おくれで殆んどが手術を必要とした。手術には大量の輸血が必要であるが、アメリカから送っていては間に合わないし高くつく、それに発表どおりの勝ち戦（いくさ）でないことをアメリカ国民にかくさねばならない。（冬の朝鮮戦線でアメリカ兵は、ウォッカをトマトジュースでわって飲んだ。ブラッディ・マリー〝血みどろのマリー〟という赤いトマトジュースが雪にこぼれた血を連想させたという、当時サントリーバーではやったカクテルである。）

そこで日本人の血に目をつけた。それに協力したのが日本の血（死）の商人であった。

造血剤（カルゲン）呑んで黄色（うす）い血を売る

一九五〇年冬ごろから、京橋のバンク（当時、ミドリ十字と云ったかどうか記憶にないが、人々はブラッド・バンク、血液銀行といった）に、朝から大勢の人が並ぶ姿が目立つようになった。

当時はまだ戦後間もなくのことで、その日ぐらしの生活をしている人が多かった。

職を求めて職安へ行っても職はなく、いくらかでも金をもたねば家へ帰れぬ人は止むなくバンクに足が向く。食糧難で満足に食べさせてもらえず、小づかい銭ほしさにやってくる少年、夫婦で、親子で、兄弟でくる人もあった。一回の売血料がいくらであったか、わずかなものであったことは、まちがいない。だから一回血を抜いてまた列の後へ、昨日抜いてまた今日、という人たちが多かった。

その結果、血がうすい（のちに黄色い血といわれた）とことわられる人が出はじめた。

そこで、一回血を抜くと玉子を三つも入れた肉うどんを食べたり、体がだるいので甘いものを欲しがる人が多いので、うどん、ぜんざい等の屋台店が並ぶようになった。バンクのすぐ横が国鉄城東貨物線のガードで、それから西へ京橋の方へ向かうと貨物線の踏切、さらに西へ京阪電車のガードあたりまでいくつかの屋台が出ていた。

いつも疲れた顔をした人たちが、ゆっくりゆっくりとものを食べ、終ってもなかなか立上がろうとしない姿がよくみられた。

また「カルゲン」という鉄分を含んだ造血剤を呑むと血が濃くなるというので、付近の薬局で買って呑む人も多くみられた。

このように度度（たびたび）採（売）血するので、貧血を起こし途中で倒れる人がよくあったが、救急も警察も知らんふりであった。

バンクでは、採血した人に〝貧血を起こして倒れても、しばらくすると回復します〟という意味のことを書いた紙片をもたせ、行倒れ見過ごし証明書としていた。

度度の売血で血がうすくなり、体力がなくなって回復せず、採血を断わられ、つまみ出され、ガード下に倒れて寝ている人もたえずみられた。夜になると、そのガードの上をアメリカ軍の戦車や大砲を積んだ無蓋貨車が長々とつづいた。時には戦場から送り返された泥と血にまみれた兵器が通る時もある。（城東貨物線は、吹田から堺に至るもと日本陸軍の軍用線であった。）

西の貨物線も夜になると、むき出しのナパーム爆弾（大量焼殺兵器）を積んだ貨車が、行倒れた人の横を、人家の裏を、街中を通って行く（それは、京都祝園（ほうぞの）弾薬庫から片町線放出（はなてん）を経て、桜宮から城東線＝今の環状線を経て大阪へ運ばれるのだ。）

運ばれた兵器は、死者になってかえってくる。兵器の量に比例して採血量は多くなり、黄色い血がふえていった。（以下略・一九七五年十一月）

ミドリ十字というのは、こんな会社です。薬害エイズのこと聞いても、僕ら少しも意外やない。起きるべくして起きた。そういうのと、なれ合うてる役人、それが日本の薬事行政。

釜ヶ崎フグ中毒事件

一九七七年（昭和五十二年）やったかオイルショックの頃やった。

警察の裏の公園で、フグのキモで六人死んでたんや。それが九時間、公園に倒れたまま放置されてた。最初は食中毒いう発表やった。

僕が仕事の帰りに夕刊見たら、西成署の裏で六人死んでると。それで行ったら、まだ吐いたものやら、食べ残しのやつがバーッと散らばってる。においでみたんや。そんなら西成署の刑事が、「平井のおっさん、何しとんねん」と言う。「食中毒て言うけど、これ毒やで」。「何でわかるねん」。「食中毒て、そういう腐った臭いせえへんやないか」。

食中毒の吐き出しというのは、ものすごく臭いんです、腐って出るんやからね。毒性のもんは吐いたものに臭みはない。フグとは僕もはじめは思わんかったけどな、見たら魚の腸やらそんなんがあるし、フグ違うかと。

一週間ほどしてから、小さい記事で、フグ中毒やったという警察発表があった。

トピック　食中毒の吐瀉物と毒性の吐瀉物は臭いが違う

ある生き様　死に様

中毒事件　死者と通称

沖野奈加志（平井正治）

十月二十六日、萩之茶屋中公園で四人が死んでいた。附近で別に二人が死んでいた。

どの新聞も夕刊に大きく出ているが、現場が西成警察の裏塀にそったところであるとは書いていない。

死後十数時間死体が警察の裏に放置されていたということが、ここでは問題にならないのだろうか、それとも新聞記者の感覚もここへ来ると変ってしまうのだろうか。

先日、北区で数日死体が植込のかげにあったのが見つかったときは大騒ぎした、同じ新聞なのだが。

事件のことは新聞なり見聞なりで、みんな知っていることだから、ここでは公園で死んでいた四人のうちの一人、李竜南（38）のことを中心に、この十年程の彼との断続する交流の経過をふり返ってみたい。

現場のもよう

夕方四時半頃、仕事帰りに夕刊を見て、萩之茶屋中公園へ行ってみた。

円型ベンチのすぐそばに煮たきした、炊き火の跡がある。ベンチの内側の吐しゃ物は死者たちのものかどうかわからないが、臭いをかいでみても、腐ったものを食べて吐いたときのあのいやな腐臭はない。やはり毒性の強いもので、すぐ吐いたからだろうか。

それよりも重要なことは何を煮炊きしたのか、何時頃食べたのかということである。

公園北側の食堂のKさんが、はっきり時間を記憶していた。それによると、六時頃通ったとき、「ウマソウだねー」と声をかけると「食べて行かんか」と声をかけられた。粉ミルクの空カン位の中で魚のゾウモツらしいものが煮えていたという。急ぎの用があったので、「あとでよばれるよ」と「食べなくて助った」ということである。

　集まっていた労働者の多くは、それぞれ目撃しているものの時間がはっきりしない。時計を持たない人が多いから仕方のない話だ。

　そのうち警察で取材してきた新聞記者が四人の名前を書いた紙をもっていた。何となくのぞいていて、四人目の李竜南という名前を見て、声には出さず驚いて、ああやっぱり彼だったのか、と彼を知るもののみが知る、彼の生き様、死に様を思いうかべたのである。

李竜南

　李竜南、二十七日の読売新聞に（通称木村竜男）と出ていたので、「ああアイツか」と思い出した人も何十（百）人かは釜にいるハズだ。

　それで分らん人なら越冬テント村で、面倒見のよかった、いつもタキ火のススでマッ黒になって、交替のフトンに入れる番がきても体の弱い人や老人、ケガ人に自分のフトンをゆずり、自分は朝までタキ火の近くで仮寝をして、朝になったら港湾へ働きに行っていた、あの木村だと言えば思い出す人もあるだろう。

　昭和四十一年に港湾日雇労働者の青手帳ができて、木村竜男の名前で登録していた。

　ドヤの居住証明が必要だが、彼の住所になっていたドヤに彼が宿泊していたためしはない。

　彼はときどき、ふっと姿を消すことがある。青手帳の登録は職安がうるさくて、十日以上も無届で休むと呼出しハガキがきて、それに応じないと手帳が取消になる。住居の定まらぬ彼へのハガキは職安に返送される。

　そんなときに彼をさがしてあるいた事が数回あって、大体彼の寝ぐらとするところの見当がつくようになった。

　あるときは木津市場の近くの廃物捨場、また生玉公園の一隅のダンボール小屋、日東町あたりの公園、などであったが附近に必ず市場があって、魚菜類の残物が多く出るところである。

そして、いつの場合も彼の寝ぐらには、病人か、ケガ人がいて彼が食べさせていたのである。ときには三人も扶養家族（?）をかかえていたことがある。

木津市場の近くの大型冷凍庫の中に毛布を敷きつめて入っているのを見つけたことがある。そのときには生まれて間もない赤ん坊を抱えた女がいた。彼にも色気があったのかとたずねてみると、そうではない。腹が大きくなって捨てられた女を連れてきて、子供が生まれたのだという。

いつまでもお前が面倒見られるわけでなし、この中では子供がカワイソーだと近くの日赤に引渡させたこともある。

そのうち全く姿を見せなくなり、二年程たって、青手帳をつくってくれと現れたので、どうしていたのかとたずねると、面倒見切れん程世帯が大きくなって、青手帳の退職金をもらってみんなにわけ、責任をとって（?）九州へ帰っていたが、向うも苦しくて、また大阪へもどってきたという。

それで職安に頼んだところ、彼はときどき消えて居なくなるが、人のイヤがる汚れ仕事にも行くので、組合役員に行先を告げて行くという条件で再登録して港湾で働くようになり、いつも、タキ火ですすけ、髪をコガした姿で、二、三人連れで、どこかの公園で見かけるようになり、数年がつづいた。

そしてあのオイルショックという不況がやってきた。港湾も仕事がなくなり、苦しくなった。

釜ヶ崎越冬テント村に彼が姿を見せるようになったのはその頃からである。

テント村での彼の活躍は、はじめに少し書いたが、テント村の指導者たちもそのことはみとめている。

その頃港湾でも、就労補償をめぐって激しい闘争が展開されていた。

彼は昼は港湾でハチマキをしめ赤旗を振って、いつもデモの先頭に立っていた。そして夜はテント村で活躍していた。彼の汚れがひときわすさまじくなっていったのもその頃だった。

そしてそれが禍して、彼の外国人登録証不携帯が警察に知れ、組合役員が身柄引受人となって帰ってはきたが彼が朝鮮籍であることを知ったのは三人の役員以外誰も知らないのに彼は何故か朝鮮籍であることを知られたのを深く気にしだした。

朝鮮総連にも韓国居留民団にも属せず、ひたすらに木村竜男で通してきたのに、最も信頼していた組合役員に朝鮮籍であることを知られたことが、心理的に反作用したのか、当の組合役員に、ささいなことで抗論するようになった。その理由が何であったか聞こうと思いながら機会がないままに、港湾の不況による転職措置という、わずか七〇万円程の金をもらって港をさっていった。

そしてまた彼の公園生活を見かけるようになったが、そのうち公園からも姿を見かけぬようになった。そして約二年後のこの夏、新世界市場のダンボール拾いをしているのを見かけた。

ひどくヤセこけている。酒好きの彼に一ぱい呑むかというとメシを食わせてくれという。あのときもたせた千円が香典がわりになってしまった。

港湾をやめて、転職資金も青空仲間と食いつくし、土木の仕事もなく、収入がなくなっては、いくら公園生活でも人の面倒も見切れない。そこで彼は日東町のヨセ屋の飯場に入った。詳しくは話してくれなかったが、ヨセ屋の収入では、一日六〇〇円にならんという。

そして今度彼の消息が知れたのが、萩中公園の中毒事件という悲惨な結果であった。

永年の青空生活をしていた彼にとって、ヨセ屋の飯場はキュウクツだったのだろうか。他人のつくったドンブリメシは口に合わなかったのだろうか……

彼は青空の下に帰ってきた。そしてそこで死んでいった。一人で死ねばほんの数行〝あいりんで行倒れ〟と新聞に出るか出ないか、氏名不詳の扱いであっただろう。

青空の下で仲間と一緒に死んだ彼は、新聞にテレビに仰々しく扱われ、おまけに彼がひたかくしにしていた国籍まであばかれてしまったのだ。だがそれ以上にそれは新聞へも、警察へも大きなシッペ返しの記事になっている。

それならば、いっそのこと彼をよく知っている私が、彼の生き様、死に様を明らかにしてやることが彼への惜別のはなむけになるのではないか。

港湾でも、テント村でも、公園でも木村竜男で生きてきた彼。木村竜男で他人にメイワクをかけたか。生きるための必要から彼が考えた彼の名を、通称などと呼ぶべきか。通称などというのは、他人に禍をもたらす奴らの使うものだ。

やはり野におけ　　レンゲ草

（一九七七年十一月）

第二次大戦中に中国や朝鮮から強制的に連れて来られて、働かされた人たちの「大阪港中国人強制連行をほり起こす会」。ほり起こされたくない連中がまだそこらで生きてるんやけど。

戦後生まれの人はほとんど知らんやろけど、戦時中兵隊に取られるんで日本人労働者が不足した。それで朝鮮、中国から大勢の人間を強制的に連行して来て、炭鉱とか土木とか港湾荷役とか、きつい汚い危険な現場で国策産業に従事させたんです。それが、戦後になると、「お前ら日本国民やない」。働いた賃金も払ってもらえん、強制連行の補償もない、その問題は講和条約で国どうし話がついている、と日本政府は言う。問題はまだ解決してないやないか。

戦時中、大阪では藤永田造船所、大阪港にもそれぞれ四百名以上が働かされていました。港湾労働つまり船内荷役・沿岸荷役とくに石炭、鉱石、銑鉄の荷役のような重労働に使役されていたんです。大阪港では、華工管理組合というものが設けられて、そこから各荷役会社に中国人労働者を配置するという労務管理がされていたようです。

大日本産業報国会という国策機関がありました。産業報国会は、労働者に戦争協力をさせることを目的につくられた組織です。

その産業報国会が、国策産業で働いている者には労務加配米、酒、タバコ、甘味食品、靴下、手袋、衣類、日用品など特別配給をしていました。労働者一人にいくらと人頭割で配給されていたんです。現場によっては中国人労働者にも、休日はキャラメルなんか甘味食品を配ったり、そういうところもあったが、おおかたは支給品のピンハネ、というか日本人の管理者がみなネコババしてしまう。中国人労働者には特配は支給されず、高粱、芋粉、豆粕などが三度三度の食事で、栄養失調で死ぬ者が多かった。

労働条件も悪いし、怪我したり長時間労働で病気になっても治療もされず、労働現場や宿舎で、なぐられて負傷し死亡する者も大勢いた。大阪港にいた四百数十名のうち、帰国できた者は三百名ほどであったということです。

戦後になって、戦争犯罪人の軍事裁判がありました。大阪港では四名のＢ級戦争犯罪人が有罪の判決を受けています。そのうち重労働十二年と最高の判決を受けたのが当時大阪港の荷役会社の厚生科長をしていたＴ・Ｍという男です。他の三名は警察官などであったというＢ級戦犯（横浜裁判）の裁判記録がある。厚生科長という警察でも軍属でもない立場のＴ・Ｍが、最も重い刑を受けた。これは、中国人労働者をいかに虐待したか、はっきり言うたら殺したかということや。年月を経て、こうした事件は忘れ去られたように見えるけど。

一九六六年（昭和四十一年）、日本は高度成長期を迎えて貿易が盛んになってきたので、港湾近代化政策を立て、港湾労働法を施行した。港湾労働法のことは前にも触れたが、法律ができて、港湾労働者は常用、日雇いともに登録制になり、それに伴って港湾日雇い労働者の労働組合が結成された。

それ以前は日雇い賃金は、一日いくらというもので、きつい仕事、きたない仕事、きけんな仕事、僕ら３き労働と言うたけど今は３Ｋ労働と言うているが、いくらかの手当が加算されたり、されなか

トピック　華工管理組合　大日本産業報国会　特別配給は中国人に支給されず　大阪港で四人のＢ級戦犯

ったり。一部の労働者だけ「顔付け」の握り銭が出る、という不明朗なもので、現場のトラブルが多かった。

そこで労働組合では、求人の際手当を明示させるよう要求した。企業側の港運協会各社は手当を支給するようになったんですが、三菱の下請であるN運輸は、規定通りの手当を支払わなかった。Nは最大手の港運会社です。

組合員からの不満が多かったんで、当時組合執行委員をしていた僕が、労働者数十人分の就労名簿を持ってN運輸に掛け合いに行ったんです。玄関に出て来たのが、元戦犯やったT・Mでした。当時N運輸の船内部次長をしていたんです。組合との団体交渉のときも、業界のタカ派と言われ、不当労働行為で地労委に提訴されていることも僕ら知っていた。

そのとき、T・Mが、「日雇いごときにそんな金払えるか」とほざきよった。

僕は以前にN運輸の社員から、T・Mは戦犯であったことは聞いて知っていた。社員は「手鉤一つ持ったこともないくせに重役面しやがって」といっていた。その社員によれば、戦犯裁判は社長が責任を負わんならんものを、T・Mが責任をかぶった、それで出獄後重役待遇を受けているのやという。

「人の過去は問わず」、これが労働現場での不文律です。

T・Mの戦犯のことは聞いて知っていたけど、今までは口に出さなかった。しかし今度は違う、「日雇いごとき」、これは許せない、とっさに、「オノレ戦争犯罪人やないか、マダそのくせがぬけとらんのかァ」、と大声を上げた。

T・Mは顔面蒼白、口を震わせているが声が出ない。「答えのできるもん出てこい」と僕は会社の玄関で大声を上げた。

手荒いことで知られた築港の荷役会社で、ここまで来たらどないなるか、もうあとには引けない。社員が何人か出てきた。「日雇いのワズカな汚れ賃ゴマ化しやがって、答えもようせんのかッ」。そのとき常務の築山さんが出てきた。これはもうタダ事では済まん。僕も身構えたね。ところが築山常務が、「平井君おだやかに話しようやないか」と二階の会議室に案内する。そして、経理の社員を呼んで名簿通りに支払うよう命じた。労働者一人一人の未払い賃金を計算して、それぞれに渡す封筒に金を入れる作業です、これは時間がかかる。それをやらせた。その間に、「会社のメンツをつぶさんようにしてくれ、金で済むことなら払うから、今後トラブルがあったらわしに連絡してくれ」ということで、次長のT・Mはその後団交に出てこなくなった。

それから二十数年後の一九九四年(平成六年)、「大阪港中国人強制連行をほり起こす会」のHさんが僕を訪ねてきました。Hさんとは二十年来の知人です。Hさんが、「強制連行の中国人が、大阪港でひどい虐待を受けたことを知っているか」というので、「T・Mのことか」と言うと、Hさんは「T・Mを知っているのか」と意外なようなので、さきのいきさつを話したところ、「T・Mが戦後も港に居ったのか。そういうことがあったんならきみもほり起こす会に入っていっしょにやってくれんか」。それで即座に会に入ることにしました。

それ以後会の集まりに参加して、複雑な港湾労働の仕組みなどを話したり、また中国から五十年振りに来日した生存者（会では「幸存者」）、その人たちを、大阪港のかつての労働現場や収容所のあったところなどに案内したり。港もうすっかり様変わりしているから、初めはここやないと言うても、そのうちだんだん記憶に重なってくる、「あっ、ここだ」って、そんな中国の人たちを見ていると、それは何とも言えん気持ちになる。

これまでにも会の人たちや、関心を持って来る人たちと共に港湾のフィールドワークを何回もやったり、「中国人強制連行シンポジウム」で発言したり、僕は港湾労働を退職して十余年になるけれど、この会に加わっているために今も港湾地帯をときどき歩く機会があります。労働運動をやっていたからこそ、戦犯のT・Mのような存在を知ることができたし、それがさらに「中国人強制連行をほり起こす会」に参加することにつながって来る。

職場は去っても、まだ僕と港の縁は無縁ではないと思っています。

終章　平井正治さんを囲んで

〈座談会出席者〉

山田國廣

本間　都

藤原良雄

山田國廣　ひとつおききしたいことがあるんですが、僕にとっては非常に重要な質問なんです。平井さんのものの考え方には、いくつかの面があると思うんです、多面性というか。その中には、やはり釜ヶ崎に長く住んできたという、釜ヶ崎の住人というものの見方がある。それから港湾労働者であり、また土木作業をふくめた日雇い労働者としての立場もある。また、生い立ちから、共産党に関わったということもふくめた思想家でもある。しかし、思想家で、釜ヶ崎の住民で、港湾の日雇い労働者というのを超えて、まだ何かあるわけですね。それだけじゃ尽くせない何か、それを超えて何があるのかというのを、どういう表現したらいいのか、僕はそれを客観的に見ていて、これは革命家ということだろうかと思うのですが。

平井　いや、変人奇人の部類ですわ。

山田　その革命家というのは、実際に世の中、政府を転覆させるという意味じゃなくて、むしろ世の中でだれも見ていないところを見るというか、そういうものの考え方とか意識とか、そういう意味では非常に革命家だなというふうに僕なんかは思ってます。

本間都　そう。平井さんの話を聞くと、ふだんこうやと思って見ていることや、知ってるつもりのことが、まったく新しい別の意味をもって見えてくるんですね。

平井　僕はやっぱり共産党にあこがれて、思いをこめて入ったのに、すぐに反発しだしたのは、一つは幹部の官僚主義というか、出世主義というか、そういうのがね、党内の派閥があって。で、この人らがなんで革命を口にできるんやろ、革新どころか保守的で、東条英機の演説と変わらへん、空虚な中身のない、「いまや日本帝国は」とか「御稜威のもとわが皇軍は」というような調子で、「嚇々たる戦果をあげて」と言うてたんと、だんだん同じように見えてくる。そこらでやっぱり、それが党やない、と。これは党の中におる連中がまちごうてきてるのと違うか、と。そこらから反発をはじめた。

それから、今でも、今のいろんな運動体見てても同んなじです。日本の左翼というのは、みな調子がええけど。いざ戦争になると、下っぱだけがみな取り残される。これは運動にしろ、土木にしろ、港湾にしろ、労働者がみなそうですわ。調子のええ時は、残業残業言うて、奨励金出してやらしといて、景気が悪うなったら下請け下っぱから順番に切っていく。結局、憎まれてるやつが窓際へ追いやられていく。これのくり返しで、もう無計画な経済のね。

そしたらソ連や中国の経済が計画経済かいうたら、そうでもなかった。今の北朝鮮とキューバが一番最後に取り残された例です。あれがどないなっていくんか。反発も食らうけど、反発を恐れたらほんまのこと言われへん。ほんまのこと言われへんというのは、やっぱり本物の民主主義やないと思う。どうもいまの世の中、ちょっとした言葉尻に差別や何や言うて、叩きぐせがいまだに抜けてない。これはもう右も左も、保守も革新もないところで、いつまでたっても同じことや。それで、どうも日本人は水に流して忘れてしまうという癖が。もう震災もだんだん風化して来てる、予算面でもどんどん切られてしもてる。要するに、弱いもんは切り捨てる。

山田　これは平井さんにきいても、説明してもらえないかも分からないんだけれど、ずっと生い立ちからうかがってて、変わらずに世の中を見てきている視点というのがありますね。平井さんもやはり、変わってくるものはありますよね。しかし、変わらずに社会を見る視点がずっと通してあるわけです。なぜそれができるのか、どういう動機、どういうものの考え方でそれができているのか、そういうことができるのは、何故なんだろう、という思いがずっとあって、一度きいてみたかったんです。何が平井さんをこうさせているのか、よく分からないところがあるんです。

平井　べつに自分で意識して、抵抗精神があるとか、そんなもんやないけど。まあ依怙地というか、片意地というか、というても、べつにそれほど依怙地になる、片意地になるほどの育ち方でもなかった。むしろ、僕の生い立ちいうたら、親に育てられたいうような育て方もしてもろてへんし、親もそれどころやなかったし、ほんまに何か物心ついた時分から勝手に生きてきたいうような、それもずっといまだに続いている。

ただ、僕はいろんなところでよう言われるねんけど、全港湾におった時でも、「ここで一言黙ってたら、あんた出世できるのに、損な人やなあ」と書記局の人はみな言うた。ほかの人はみな上の機関へ上がっていく、順番に。分会から支部、それで地方委員というような。そやから「平井さん、あんたそんだけ闘争の時の実力があって」と。

僕が副委員長になったんは、口封じのために副委員長にされたんや。執行委員でおいといたら、いつもかき回しよる、副委員長にして大会で議長でもやらしといたら黙るやろう、というので。

ところが黙らんね。春闘が終わった翌日に、現場で協定賃金を破るというような。港運協会から、全港湾労組に逆に団体交渉の申し入れがあった、というようなことをやってる。これは当時の全港湾の中で、「企業から団体交渉の申し入れて、こんなん初めてや」と。交渉の場に行って、行ったら開

港湾のスト．背後の岸壁に「いろものの持出しは窃盗ですやめましょう」とある

口一番、「全港湾に強姦された」と社長の言い方やねん。協定を破ったということを強姦したと言う。それで、なんで僕が破ったかということを、ずーっと四年間遡って、スクラップ賃金からマンガン問題まで言うたんです。

当時、「汚れない」「少し汚れる」「やや汚れる」「かなり汚れる」「ひどく汚れる」という汚れ賃が、程度で百円ずつついた。「汚れない」はゼロ、それから百円、二百円、三百円、四百円という汚れ手当てがあった。それでスクラップは「汚れない」になっていた、汚れるんやけど。それを四年間ずっと団交やってきた、「汚れる」にせえ、と。なんでスクラップは「汚れない」になってるか、というと余禄がある。銅、真鍮がある。それを持って出る。泥棒賃金て言う。春闘で労働者が千八百人ずーっと座り込んでるバックに、大きな二メートルぐらいの高さの防波堤に、「いろもの（銅、真鍮）の持出しは窃盗です、やめましょう」とある。これが港を象徴する。それがいま安全スローガンに変わるけど。低賃金でも色物の余禄で稼いだ労働者がストライキをやってる、そういう風景になります。

　スクラップは汚れん、泥棒せいというやり方が、僕は黙ってられん。やっぱり賃金を通り越した、人間扱いに対する僕の戦いです。それで五年目に、スクラップは汚れるいうところへ上がったんです。その時にいみじくも、港運協会の三羽ガラスと言われる重役が、「平井くん、とうとう四年かかって上げたな」と。「汚れない」から「汚れる」まで一挙に五段階あがった。ただ、その時にはスクラップは、賃金表では「汚れる」になったけど、もう人間がやらずにバケットでつかむようになった。幻の賃金になった。幻でもええ、僕はスクラップは汚れるということを四年かかって認めさせた。

　その時にもう一つ、マンガン鉱という重たいやつがある。八十キログラムぐらいの固まりで重たい。それがゴロンゴロンと船底の荷物の一番下にある。それをとにかくモッコに入れる仕事で、これはほんまに一年に一回あるかなしかの仕事なんやけど。それも前日の団体交渉の最後の詰めで、「社長、マンガン入ってへんけど、どないなったんや」と。マンガンが問題になってた時期ですわ。そしたら、「いや、一年に一回あるかないかやから、どうでもええがな、それはうちの社員でやるわ」というようなことを言いよった。

　その翌日に、ほんまにマンガンの仕事が出てきたんや。みな行かん。どうしても輪番紹介で、その日にこれでも行かな飯食えんという連中しか行かんような仕事で、ちょっとでも余裕があったら、その日は帰る。それを僕は当たり番でええとこへ行ける番号やったけど、マンガン鉱石に行こうと言うた。僕が行く言うたら、乗ってくれる労働者がいる。これは業界も見とる。みんなが行かん船でも、平井が行こう言うたら、高うつくけど乗ってくれるんや、と。これはこの四年間にずいぶんそんな現場闘争やってきたんや。汚れる仕事には汚れ賃を出せ、というこれを僕はずっと四年かかって筋を通した。人のやらん重たい仕事は、重たい賃金出せ、と。それを前日に断ったところが、またその会社やったんや、住友系の船で。

それで、そこへ行って、マンガンが出てきた段階で、モッコへ半分ほど入れたところで、「おい、みな座れ」と。上のデッキマンいうて班長やな、「おまえら、どないしたんや」、「いや、これ今日の仕事になってないねん。職安求人にマンガン入ってへんかった。いまみんな気がついたさかい」と。「そんなん困るが。それが一番下の荷物や。それさえ上げたら船は出航できる」と。船というのは港に停船しているだけで何百万かかるんやからね。当時、一万トンの船で一日に四百万ぐらいかかる、今もっと高うなってるけどね。飛行機の着陸料と一緒ですわ。あと三十トンほどの荷物残すだけで出航できんようになる。というて、常傭労働者はそんなイヤな仕事はやらん。デッキマンが会社へ電話して、「なんぼか割増せいや」いうので千円出したんや。その年の賃上げが、一日六百円賃上げで、ゴテて座り込んだだけで、三十分ほどの仕事やのに千円出しよった。その日はそれでよかった。

翌朝行ったら、「平井、ちょっと上がって来い」というので事務所へ行ったら、「団交申し込んで来たで」と言う。それで行ったら、「全港湾に強姦された」とこうきた。そやから僕は、スクラップの話とマンガンの話をした。「きのう、それはもう、うちでするからええと言うて、あんたとこが断った仕事やないかい」て、約三十分かかって、四年間のいきさつをずーっとしゃべった。社長十数人が全部、「うーん、わかった。そやけど、おまえ一声千両というのはちょっときついぞ」と。後々は五百円の手当てをつけるということになった。実際、マンガンやらそんなもんは一年に一回あるかないかやからね。

それは一九七〇年（昭和四十五年）頃です。五百円あったらビール一本とめし食えたからね。アスベストの時でも、それをそういう形でやってきた。元請けのフォアマンておりますが、三菱なら三菱から来てるフォアマンに、「アスベストというのはどういうもんや、説明してくれ」と言うたら、言いようへん。「言えんような荷物をわしら日雇いだけにやらすんか」と、聞いてる労働者もこれはおかしいなと思う。そこらでマスクを支給して賃金の割増をつけるとかいうふうなことを、話をつけた。

ほかの船はようトラブルあって、チャンバラやるけどね。M運輸の船なんて、八十人の労働者が乱闘騒ぎやったような、そんなんが港のつねやったんや。それが僕が行ったら、ちゃんと金の雨が降る。僕は絶対仕事を放棄して帰らさん。とにかく話をつけてやろう、おれらは働きに来たんや、と。この原則だけは、これはヤクザ社長のほうがよう知っとる。平井は筋を通してる、と言う。「あいつはこの四年間に三百回ゴテたけど」、僕はそんな記録取ってへんのに向こうは取っとったんや、「三百回ゴテたけど、一回も退船したことない」と。それはべつに社長ほめてくれんでも、僕ら仕事に来たんやから、金さえ引き合うたらな。会社はやっぱり金出してでも仕事してほしいんです。

トピック　停船料

山田　平井さんは、すごく能力がある。だから世の中の普通の平均的な意味で楽な生き方とか、出世しようと思ったらできるチャンスはいっぱいあった。にもかかわらず、ずっとそうしてこなかったわけですね。それがなぜなのか、というのを一度ききたいというのがあるわけです。それがいまある程度説明されたと思うんですけどね。ただ、それにしても、ほんとにここぞという時に一言多いという話だったんですが、その一言というのが。

平井　いや、一言多いやなしに黙ってられれんという（笑）。

藤原良雄　なるほど。黙ってられん、ですな。

山田　で、黙ってられんのは、もう少し言うと、それが何なんだろう、ということです。なぜ言わしめるのか、なぜそこで発言するか、そこが一番ききたいんです。これも平井さんは認めへんかもわからんけど、僕の感想で言うと、平井さんはインテリだと思うんです。このインテリの定義というは、事態に対して自分の利害と離れて、どんな状況でもきちんとものを申す人というのがインテリの役割だと思うんです。二、三十年前にはインテリらしき人は世の中に何人かおったわけです。今では、本物のインテリというのは、もう探して回っても、だんだんいなくなった。事態に対してきちんと自分の状況抜きでものを申す人というのはいない。

本間　この頃、インテリというのは、非常に皮肉っぽく言われてるぐらいですね。

山田　いや、だからほんまもののインテリですよ。

平井　それはインテリというより、僕は若い頃に共産党に入って、わりあい初期の頃はほんまのことをいろいろ、政治運動というものを教えられて、それが僕の頭にずっと入ってるから、先を見るんです。これをやったら先どないなるか、と。ところが、軍隊というものは目の前だけで戦争するわけです。勝った結果負けてるのがようけありますね、戦争というのは。勝って負けるか、負けた結果のほうがよかったということがあるんやから、そこらで僕はずっとそういうどんな現場闘争なんかやったときでも、今日取ったもんが先でどないなるやろ、と。これがさっき言うた四年先にやっと認めさせたというぐらい手間ひまかけて、幻の賃金になってもええ、その筋だけは通していく。いみじくも相手の業者が「筋論の平井」と言うた。ヤクザというのは筋を通す、通らんくせに。そやから筋に弱いんです。僕は諄々とその筋を通して言う。ほかの役員さんは、やっぱり組織を背景にして、ヤクザに対してヤクザ論理で机叩きやる。そんなでは、向こうが表面負けて巻き返しが来るんやから。やっぱり時間かけても手間ひまかけても納得するやり方をするということです。僕はずっとそれは通してきてます。

僕の首切りのときでも、組合は首切りを認めたんや。それを、一人で反発してつないで来たんや。港湾の首切りの時、僕を診察せんと診断打切りの診断書を書いた院長にも、「先生、あんた自分がやったことはどういうことか、わかってるんか」と言うた。結局、その院長は一週間で辞表出してしもうた。監督署から問い合わせがきたときには、もうその先生はおりませんという。それから四年かかる、また監督署も、労働基準局も、その調査、事実関係をずっと調べて、中央審査会まで。診察はしていないが、ずっと主治医であったからという理由で。これは全部却下されてるのに。中央審査会で却下されて、本裁判しよかということになって、訟務検事という官庁側の検事が弁護士のとこへ、「和解しようやないか」と言うてきた。中央審査会で却下したものを認めるというのや。四年何ヶ月

労災休業者の首切り――これが行革の正体

大阪港職安所長の人権侵害を告発する

我がやられざまを浜風にさらし野たれ死ぬとも逆らい続けん

大阪港職安登録
港湾日雇労働者
平井正治

82・11・22
オ1号

大阪港に働く全ての皆さん、港地区に住む皆さんえ

私は、約二十年前から大阪港で日雇労仂者として仂いて来ました。十六年前に港湾労仂法という法律が出来て、大阪港職安に登録しなければ、港では日雇労仂が出来ないということになり、色々うまい条件の呼びかけビラが大阪府労仂部と職安より配布されました。

当時の港の現場作業は、ほとんど下請飯場と日雇労仂者がやっていました。オリンピックや万博など国際交流が広まり、港の封建的労務管理に対して港湾の近代化が論議され出し、また港湾労仂のピンハネが暴力資金元であるとして、暴力団壊滅キ一次頂上作戦などという映画の題名もどきのことがあり、港湾の日雇労仂者を政府が管理しようということで、職安に登録されたのです。

ところが、66年に職安に登録して"青手帳"を持ったその日から賃金はダウンする、労仂条件は悪くなるで、血の通わぬ役所仕事では、労仂者は不利になるばかりでした。

港の雑業者共は、数日後には港労法破りを始め、十六年後の現在も法律違反のヤミ雇用は、跡を断つどころか激しくなっているようです。だが職安は、業者の法律違反には何らの処分も加えようとせず、野ばなしにしておいて、労仂者への不当な圧迫を始めました。

傷病労仂者を十数人ガカリで首切通告

私は、約四年前、本船で作業中、落下物により頭部打撲頭部挫傷という診断で休業

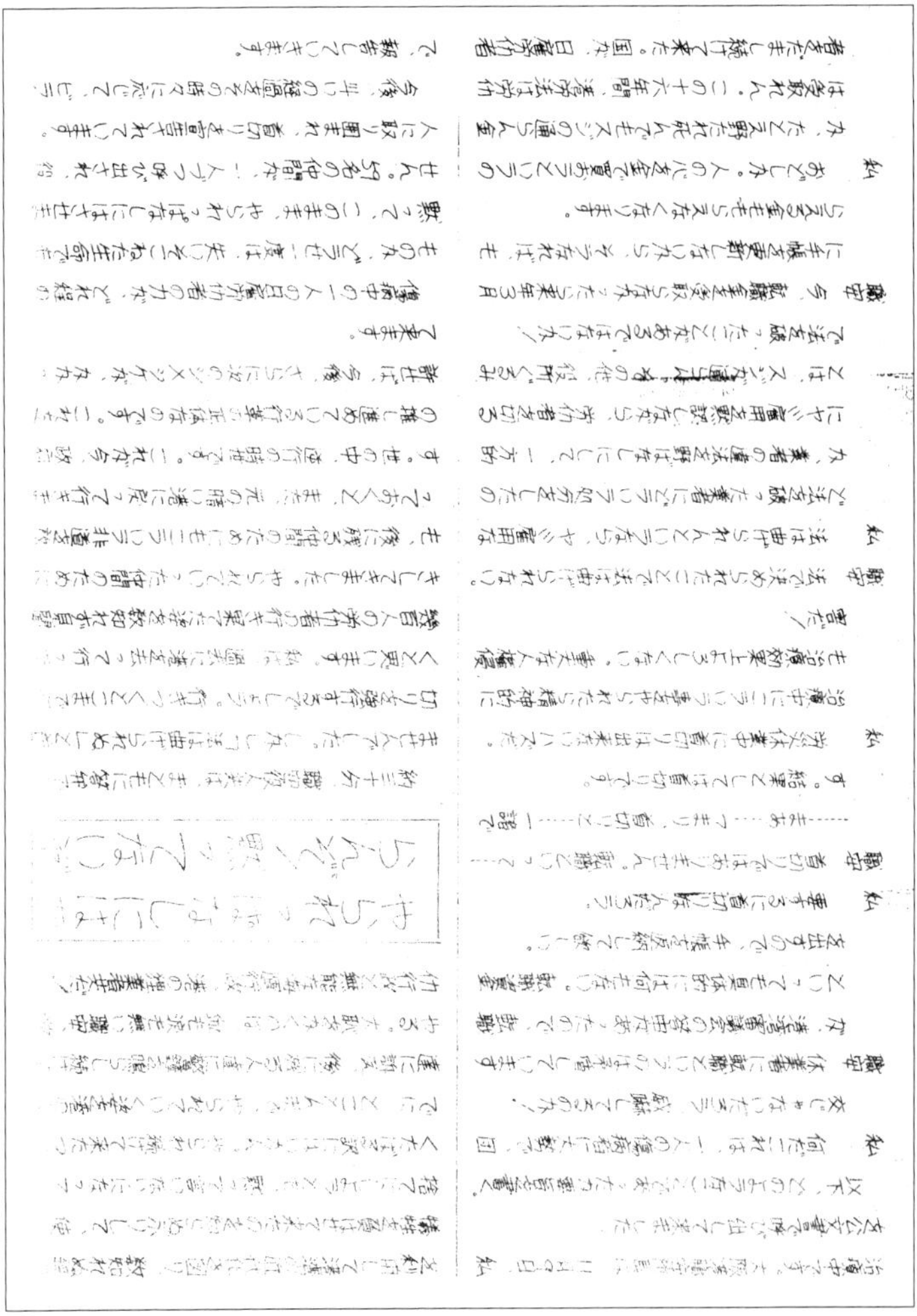

かかかったけど。そのあいだ、宙ぶらりんになる。港湾労働者でもなし、労災休業でもないし、収入はなく、生活は苦しかったんや。

これです。全港湾のビラやなしに、僕の個人の登録番号でビラを書いてます。

山田　僕はこれは絶対に本に載せよう思うて、平井さんの書かれた文章、これをいま見てたんです。

平井正治で死ぬ意味

平井　僕はこのまま来たら、死んで焼かれる時に、警察が死体から指紋を取って、持物調べて、あこれは何々という名前や、本籍はここやということが確認されてはじめて、つまり死んで、平井からもとの戸籍上の名前に戻らんことには、僕の埋葬許可は出ないんです。だから平井正治で死ぬ、そうすると、僕の戸籍探してもないから、僕は死んでからでも、焼くまでにまだお上に世話かける、そういう仕組みに僕の体はなっているんです。

書いたものの中でかなり無縁仏のことを書くというのは、僕のその思いでね。無縁仏が何で悪いんやと。別にもともと生まれた時に、自分の名前が何やいうてつけた名前でもないし。日本の戸籍制度そのものは、明治政府が兵隊をつくるためにこしらえた制度やから。明治の初期には、幕末の勤皇方の浪士やってた連中というのは、みな明治政府になってから名前変えてますやろ。伊藤博文でも。それは幕末の時はようけ人殺してんのやから。

それで町人の場合はどうやったかいうたら、それまで名字というのはなかった。名字帯刀というたら、侍から上で。町人ではかなりの多額の税金を納めた大商人だけは名字帯刀を許すで、他はみな何村の何べエやったんや。僕は若い時分からオルグに歩いて、田舎へ行くと、宿屋ないからたいがい寺で泊めてもらう。それで住職さんにそんな話をききます。そしたら、おまえ、めったに若い者が聞きたがらんこんな話聞くのか、言うて、いろいろ教えてくれます。過去帳の、ひねったようなミミズのたくったような字、見せてもろて、読み方教えてもろたり。

漁師町に行ったら、鯛とか平目とか鰯とか蛤とか、そんな名字ようけあります。明治政府になって、村役人が、村役人いうたら下級武士です。「その方は何の商売しとるか」と。「わし漁師です」。「今朝何取った」。「鯛取りました」。「そうか鯛」。「おまえは」。「今日は蛤を取ってます」。「そんなら蛤」。

奈良へ行ったら奥田ばっかりです。山の奥の田やから奥田。知事から共産党までみな奥田や。田舎へ行くと、方角で乾(いぬい)の井上とか、巽(たつみ)の井上とか、それから昔の商売で、刀屋の原田とか、魚屋の原田とかいうて。明治政府が今日まで続くと思ってなかった。戸籍とは徴兵制度と人民管理のためのものやった。

本間　だけどずっと話をうかがったところで、平井さんが亡くなった人を葬ってあげる時に身元がわかるかぎり調べてあげるんや、というお話をされてましたね。

その時の平井さんの言葉にこもる思いというか、とくに私の印象に深くて、それまでと違うように感じてたんです。何であんなに受けとめた感じが違ったのか、このことがあるからやないかな、と気づいたんですけど。若い頃の平井さんと今の平井さんと、思いはどうでしょうか。きっかけがあれば、

トピック　埋葬許可　戸籍制度　名字

明らかにしておかれようと思われませんか。

平井　僕はむしろ四十年間抵抗してきたんやから、できることなら、無縁仏にしてほしい。無縁仏になりとうても、警察は死体から指紋取ります。これは僕が今まで、労働災害やら路上で死んだ仲間のことで、警察が死体から指紋取ってんのを何回か見てます。何でいうたら警察はその人の身元を探すのが目的やない。未解決事件を処理するためにね。

戸籍いうものについてのいろんな思いがあるんやけど、僕にしたら、今さら分かったところでね。四十数年、親子も離れたままやし、おふくろももし生きててもも百歳近く、生きててももうわからん状態やろうし、弟二人はおったんやけども、当時国鉄におったんでね、結局、僕のレッドパージの関係で、その時の別れはきちっとして来ました。当時のレッドパージの条件が「共産主義者とその同調者」という、僕に弟がたとえ千円でもカンパをよこしたことがバレたら、同調者いうことで。国鉄の弾圧が一番きびしかったから。そんなんで、おふくろに言うた。「おかあちゃん、俺もう二度と帰って来んで、生きてても死んでも、もうないもんと思うてくれよ」。「おまえどうせ海軍で死ぬかと思うてたのに、生きて帰って来よったし、ヤクザにならんと政治運動を始めただけがとりえや」。敗戦後の貧乏人の子というのはヤクザになるものが多かった。それでかなりケンカばっかりしてたからね。それがおまえは、赤旗が気にいらんけど、とにかく政治運動をしとるのは、やっぱりうちの子やと。おふくろは、僕が政治活動やってることについては、認めてくれてたわけや。「政治運動で捕まって新聞に出るのはかまへん。犯罪事件だけは起こさんと生きてくれたら、もうどこで何しようとかまへん」と言うてくれた。

戦時中の貧乏から、戦後の空襲で焼けて疎開しとるのを見つけるまでの間、ほんまに家庭生活というのは、ほとんど知らん。どこで育ったていうて、ほんまに一人で育ったような生き方してきて、僕はそうやって育ったから、一人で生きてこれたんやと思うけど。

仲間が災害やら交通事故やらで死んだ時には、僕の家族関係とみな違うから。せめて死んだ後だけでも、何とか親が迎えてくれるだけのことはしたいというので、身元探しをするんや。

でも僕は全然事情が違うねん、そういうことやから別に、あんまり明かしたいなということはない。僕のことを気づかってくれる人たちが、「いまからでも住民登録したら生活保護も医療保護もとれる」と言ってくれる。

生活保護もろたら、医療保護受けて、歯の治療も、入れ歯までしてもらえるけど、それをあえてこの不自由を僕耐え忍んでいる。僕のこの歯のことやけど、組の襲撃事件の時から以来、怪我させられた頭の治療したんやから、ガタガタにやられた歯の治療もせいということで、ところが外傷と歯とは別やいうて、監督署がずっと拒否しとる。抜けた歯を持って行ったこともある。とにかく認めるまで、僕は歯医者にかからへんぞと。そういうて、抜けた歯を目の前に置いたったら、それは役人が、僕の歯見て涙ボロボロ流しよる。そやけど、法律上はいかんせん、できんと。個人なら、やりたいやろうと。それはそうです。人間としてやれることが役人やったらできへんのかって。

山田　平井さん自身の言葉と、それから書いたものとかから、平井さんにとっては断片に過ぎないのでしょうけれども、かなり全容が出るわけですね。資本主義の表裏で言うと裏側の面というか、そして資本主義といっても主に建築とか、それから港湾とか、博覧会とか、そういう側面ですよね、その中での平井さんの生き方というのは、やはり僕ら聞いてても、ある種一つの理念というか、基層信条を貫き通すということでやってこられたわけですから、それはそれで貫かれた方がいいのではないかと。

僕らから見ても、そういう生き方は並じゃできない。これはだれだって、百人百様の生き方があるんだから、その違いは違いにしても、平井さんのような生き方というのは、自分のものの考え方に忠実に生きてこられて、その分ものすごくしんどい目をされてると思います。たいていはヤボな生き方を選んで、その分だけ自分の信条を曲げてる部分は、ずいぶんあるわけですからね。だからそういう生き方でここまで六十年以上を生きてこられたということからしたら、やはり今からそれを変える必要は全然ないと思います。

平井　名前のことだけやなしに、今このこと、僕のこれまでの人生というか、これ何十年ぶりにはじめて言うたことで、言う時にはやっぱり何か知らん、一種の告白みたいなもんです。それで平井のままで押し通してええんやったら、そうさせてもらいます。

藤原　平井正治でいいです。僕は平井さんの気持ちやと思う。

平井　本出すとき、もし本名を出しておかないかんのやったら、迷惑をかけたらと思うて、ただそのことを僕ずっと気にして。

藤原　今ここで本名を出さなければいけない必然性は、本については全然ないですね。平井さんの気持ち次第なだけで。

山田　僕らも知り合うたのは平井正治ですから。今回このテープに入った分をどこまで出すかは、本名が違うことも出すか出さないかというのは、平井さん次第だと思います。

本間　ほんまにそれでええのですか。

平井　できたら、僕は灰になるまでこれでね、無縁仏に。

釜ヶ崎はなくなるか

藤原　この間、主に昭和、平井さんが生きてこられた時代を、平井正治という一人の人間を通して、また生活し活動して来られた経験を通して、日本資本主義がどういうふうに発達してきたのかということについて、これまで私たちが見たり聞いたりして来たものとまた違う、というのは私たちに見えてない世界を教えられたわけです。端的に言えば平井さんの経験プラス学習というか、それが本当の生きた学問ではないかと、そういうことで教えられたわけなんですけれども。その中で三十年以上ドヤに生活してこられた。そのドヤから、つまり釜ヶ崎というところから、日本資本主義を見て来られて、それでもドヤというのはやっぱりなくさなきゃいかんと。ドヤとか釜ヶ崎とかこういうものがある日本社会というか、日本というのはよくないんだと言われる。そのへんのところをもう少し話し合ってみたいのですが。

山田　僕の理解で言うと、今は戸籍にもこだわらないと、ある種、人間としてのギリギリの生き方みたいなところがありますよね。だとしたら必然的に、日本というような国籍というか、形式にはこだわらないというふうに。そうすると、それは世界に開かれた人間の生き方に共通なものとして、ものごとを考えて行こう、そういうところに行き着くんかなというふうに。だから労働という意味にしろ、今の日本の資本主義の形態というのは、日本固有の発達の仕方があって、それ自身の中に釜ヶ崎みたいな存在を作り出したと思うんです。それはある面では日本という小さな視点しかない場合、やっぱり現実問題になると釜ヶ崎は必要悪とか、経済もまあいいこともやってきたとか、いってます。それにしても、もう少し日本という国を取っ払って、人間一人、地球上の人間一人一人として労働の意味を問うた場合に、釜ヶ崎はやはりなくなっていくべき存在という位置づけができるんかな、と思うんですけどね。

平井 それほど壮大なこと、どないあるべきかということは、僕もまだまとまった考えにはなってません。「釜ヶ崎解放」いうて運動のスローガンにある、それでたまに労働者が、釜ヶ崎解放て何やときいた時には、だれも答えが出ません。僕は、「そやな、釜ヶ崎というような、こんな矛盾したところをなくすことが解放や」と。これはある労働者が、「とにかく解放ということについて、よかれ悪しかれ、答えてくれたんはあんたがはじめてや」と。組合はみな「釜ヶ崎解放」が第一スローガンや。そのくせ、釜ヶ崎解放てなんやいうたら、黙ってしまう。本来、解放ということは、「こんなとこなくしてしまえ」ということや。だからそう簡単になくせるわけにはいかんけれども、徐々にそこに向けていかんと、いつまでたったかて、明治以来百三十年間の繰り返しがまだまだ続く。

藤原 なくすというのは非常にむずかしいことだと思うんだけども、ずーっとお話を聞いて考えていると、本当に釜ヶ崎が日本資本主義の縮図だなということがビシビシと伝わってくるんです。だから日本資本主義を理解しようと思えば、やっぱり釜ヶ崎を知らんといかんぞ、ということを平井さんが言われたんじゃないかなという感じがするんです。

平井　その通りです。別に特異な存在やないんです。見ているとどこも、みんな釜ヶ崎に大なり小なり似ている。自動車産業でもそうです。一つの工場というまとまったとこやから、リストラという形が見えて来るだけのことで。日本の建設業全体がそないになって来てる。関西新空港建設の時、はじめは釜ヶ崎からずいぶん行ってた。それが、元請けそのものが仕事が減って来ると、釜ヶ崎の労働者は使わずに、元請けの社員をどんどん出して来た。彼らもそうせな生き延びていけんから。釜ヶ崎はその時には一番先に切り捨てられていく。ヘドロの中で使われて、それで下敷きになって死んでいく。

山田　今言われたように、日本の資本主義社会がもっているある種の何重にも差別されてる構造がありますね。そのことによって、釜ヶ崎は、結果として、ある人にとっては一時的な逃げ場でもあるけれども、ある面では非常に都合のいい労働力提供場所であって、それが一種の資本主義の階層を支えているみたいなところがありますよね。そういうのは、釜ヶ崎以外にもいっぱいあると。そうすると、それはある種、日本とか、あるいは資本主義が持ってる本質的な構造みたいなものとも言えますね。

構造的に見れば、ミニ釜ヶ崎というのはいくらでも、別に労働現場以外でもあるわけです。実際に釜ヶ崎が果たしている役割というのは、いろいろな側面があるわけです。日本の資本主義をいわば支えてきた、ということもありますね。それで一方で、行き場がなくなって、一時的にしろそこでしのげるというか、すごせるというか、そういう場所にも結果的になってますね。ですから、人によっていろいろな見方ができる場所でもあるわけですね。それ自体はやっぱりなくしていくべき対象であるという面があれば、それをなくすことが解放であるというふうに言えなくもない。

しかし、釜ヶ崎がなくなっていくべき存在だというのは、なかなか実際に釜ヶ崎の越冬闘争にしろ、いろいろな運動に関わっている人でも言い切れませんよね。当面の環境をよくしようとか、とりあえず冬は乗り切ろうとか、そういうことは言えますが。でも先を見通したというか、そう言えるというのは、やっぱりそれなりに平井さんの思想的なところからなのか、長年、釜ヶ崎のドヤに住んだある種の経験から来てるものなのか、両方入ってるものなのか、そのへんもう少し聞かせて下さい。

平井　両方ともです。それから、外国の事情もある程度、これは日本と外国と同一には考えられへんけどね。アメリカでは港湾労働者というのは、全部アメリカの労働組合が管理する職業紹介所でやってるんです。

山田　職業別になっていましたね。

平井　港湾労働者は港湾のユニオン何とかいう職業紹介所があって、そこへまず組合費を払うて組合員になります。そして、組合員証を持って行って、職業紹介所で自分に合うた職業を求めて、それで組合から、一週間なら一週間、アメリカは一週が五日間やけど、その間の確保がされるわけです。それで、その働いた金でまた次の組合費を納めて、結局不況の時は組合が、いわゆる失業保険を全部手続きして政府から取るという制度になっているんです。

本間　日本の職安とどう違うんでしょうか。

平井　僕ら、あいりんセンターと比べます。

山田　あれは大阪府労働部の外郭団体ですね。そういう専門職は、それはそれでやっぱり、そういう問題をよく知ってる人が要りますよね。

平井　ところがあんまり知ってる人がおらん。長年おるからある程度知ってきたけれども、はっきり言って不勉強なんです。もう一つ突っ込んで世界や現場を知ろうともせんし。そやけど、役所の外郭団体としてはようやっている方です、職業安定所は。あそこでは失業保険を払うだけで、労働紹介したことないんです。一九七〇年にできたんやからね。二十七年間、労働紹介をしたことないという、しかも大阪最大の職業安定所なんです。

本間　スタインベックの小説に、季節労働者が家族ぐるみ現場へ行って、ある程度の安定した生活をして、生き生きと暮らしている場面なんかありますね。

平井　移住労働者。あれはアメリカの歴史の上でね、あれは農業労働者でしょう。ああいうシステム、季節で移動する、みなトレーラーハウスで家族ぐるみ。あれはもう長い間にそういうシステムができてしもうてるから、綿の時期になったら綿へ、ブドウの時期になったらブドウのところへという、一つのパターンができてます。使う側と使われる側のもう一種の暗黙の雇用契約がある。そやけどこわいもんです、あれも。天候不順がきた時に、親方に雇う力がなくなって。アメリカには時々大災害がある。大洪水、大旱魃、寒波、日本と規模が違います、ハリケーンなんて。水害でももう一つの州が全部流れてしまうほど、被害者何百万人というね。ああいう時にホームレスがみなやっぱり都会に行く。ここ数年ずーっと冷害、干ばつが続いて、アメリカに今ホームレスが増えています。だから片方で大豊作やと、今度はそこへ労働者が集中する。労働者が集中すると、賃金が下がります。それで年寄りが干されてしまう。日本の場合はそれの規模が小さいだけの話でね。

山田　アメリカでは、多様な民族がそこで生きてて、働き方も、今言った季節労働とか、そういうのが普段の生活にシステム的に入っているわけだから。釜ヶ崎の場合は、人間関係が分断されて、孤立して一人にされて、そういう一人一人が集まって来る。

本間 それに日本は、平井さんも言われましたが、部落差別とか外国人差別と、もう否応なく一方的に追い込んでいくような社会の構造がありますね。

山田 地域のそういういろいろな差別構造が人間関係を分断して、一人にして、そこへ追い込んで行って、それを労働力として使う場合は、一人として、みな一本釣りで手配師がもって行って、労働力だけは使うというか、そういう構造になっているから、本当にある面では、人間関係が一番ぎりぎりのところで分断された生き方を強制されている、というところがありますよね。だからそういう面では、労働の安定ということもありますけれども、その中で何かというとやっぱり人間関係ができる、成立するところが一つはいると思います。釜ヶ崎の中でもそういう可能性があるのかもわからないし、元いたところの地域の問題であるのかもわからない。日本の場合、ある面では経済的に豊かそうに見えるけれども、逆の面ではいったん裸にされた場合に、案外生き方としてはきびしいかもわかりませんね、日本社会のものの考え方とか。だから労働力も使い捨てされやすい。

平井 結局、労働力の需要が多い時は、やっぱり労働者の要求が通ります。ストライキという武器が使えるから。ただ運動の中で、運動がちょっと高揚した時にある程度、賃金とか労働条件で多少の改善はあるけれども、不況になると、またそれが下がってくるという。この頃また賃下げとか、労働条件は悪うなってきてますね。

本間 この頃、釜ヶ崎の外でももう終身雇用性が崩れてますでしょう。若い人の組合離れもすすんでいる。組合自身がもう産業別、職業別にだんだん変わってこざるをえないですね。今の形では組合はもたないでしょうね。

山田　もたないですね。会社別じゃ、会社がもう危ないですからね。

本間　企業別組合ではもたないし、産業別組合もまだできてない、同好会的なのはあっても。労働者としては、労働力の需要がない時も、やっぱり一定の収入と安定した生活というのが保証されていくような仕組みをつくらんとあかんわけですね。

山田　問題はだから、今の釜ヶ崎の解放という話につなげると、やっぱりそれぞれ元いたところがあるわけです、地域とかね、あるいは元いた職場とか。そういうところが、いわば崩壊してるわけですね。だからそこの問題とも連動していますよね。釜ヶ崎という一つの前提に、ここをどうしようかという問題と、そもそもなぜこの釜ヶ崎に来てるのか、その元いたところがどうなっているのか、という問題。その関係の中で釜ヶ崎を見ていく視点と両方が大切でしょう。当面ここでは釜ヶ崎だけれども。

釜ヶ崎労働者の自立のために▨

藤原　これから釜ヶ崎がどうなっていくのか、あるいはもう少しどういうふうにすればいいのかという、将来の見通しを考えるために、今がどうなのかを話して下さい。

平井　釜ヶ崎も、変わらない部分もあるけども、だいぶ変わってきてる部分もあるわけで。とくに今はバブル崩壊で日雇いできない人もずいぶんいるし、これからどういうふうになっていくのか。ちょっと今度は僕も、今までの経験だけでは、割り切って言えん変わり方してます。バブル崩壊後、労働者の質も変わってます。

やっぱり将来を見通して生活するには、もう少し余裕がもてるとええんやけど。当面、余裕がないために、せっかく稼いでも、ものすごく出費が、日銭でかさんでしまう。もう少し余裕があると、安い方向で、いろいろ暮らし方があってもっと余裕ができるのに、それができないという面があります。これはやっぱりちょっとした、たとえば今十パーセントぐらい稼ぎに余裕ができたら、かなり違った暮らしぶりというのがあるかも知れんね。現実の問題として、そう思いますね。ぎりぎりだと、稼いでも酒飲んだり、ギャンブルとかいう、そういう仕組みも仕組みとしてあるんだけども、本当にぎりぎりでその余裕のなさが、逆に高い生活費についてる、それでその日暮らしになってる。

山田　将来に向けてどうしていくか、実際にそれを、釜ヶ崎の将来を考える主体というか、だれがそれを言いだすのか。現在の釜ヶ崎でいうと、やっぱり方向としては、何らかの形で自立しようとしてる労働者もいるわけね、平井さんと同じようにね。そういう人たちの考え方というのは、解放に向かう一つの力になってますね。それが若い人というより、むしろ年寄りにあるというところが、ある面では少ししんどい状況なのか、それはそれで残ってるところは希望なのかというようなところがあるんですけれども。

周りの運動にしても、当面いま困ってる人をどう助けるかみたいな話ですよね、たいていの運動というのは。そのレベルでずっと推移をしてると思うんですけどね。何しろ周りから見たら、それからいわゆる資本からしたら非常に都合のいい存在だから、解放が必要やなんてだれも思ってないですね。

むしろおそらく、釜ヶ崎がないと困ると思ってるわけですね。行政なんかも仕事は仕事として、それを将来どうしようかなんて、そんなに思ってないですね。

平井　それは思ってないです。やっぱり選挙権が行使できないから、釜ヶ崎に対する政策がない。

山田　だれがそう思うのかという、釜ヶ崎を将来こうしなければいけないというふうに、だれが主体的に考え、そう思うのかというのは、やっぱりいま釜ヶ崎にいる人、労働者がそう思うしかないんでしょうね。行政側が何か十年先の釜ヶ崎をこうしようなんて話はね。

平井　そんなビジョンは全然ないです。総評とか学者が、あいりん地区労働福祉対策答申案というものも出そうとしたが、地区の労働者をとびこえたところで、上から「こうしてやる」という実情をかけはなれたもので、立ち消えてしまった。

本間　でも考えるとしたら、政策的に考えないと。そういう環境の中に人が入ると非常に無気力になりますよね。

平井　ボランティアやってる人の学習会に呼ばれますけど、まずあんた方が炊き出しに行ったら、炊き出したものを自分らも一緒に食べなさいと。かわいそうやという思い上がった心では、それでは労働者に心伝わらん。とにかく炊き出しに来てる人で、一緒に食べてる人は少ない。僕がかつてやってた時は、一通り並んでる人にわたると、まだかなり残ってる。来てる学生やら、ボランティア、キリスト教の人やら、そんな人にもみなに雑炊を入れて、さあ、みな食べようでて言って、そうしたら

1978年(昭和53年)12月，萩之茶屋中公園(四角公園)の炊き出し．左側マスクが著者

いらんという学生がおる。スーッと離れて行くんや。かわいそうやから助けて上げるて、それやったら釜ヶ崎なくなるまで助けなさいよ。ボランティアを続けてる人と、一時の思いで来ている人と、まず何を思い、何をするかということを考えてほしい。

山田　だから大局的にどうしようこうしようというよりも、やっぱりパラパラと事実的な、ある程度考えた人が実際に出てくると、釜ヶ崎の中に。というような中からしか話は進まないんかなというふうには思いますけどね。

平井　僕の解放は原則的にはそうやけれども、僕がそう言うたからいうてなるもんやないし、話としてはわかっても、実際にそれはちょっとやそっとで実現するもんやないけれども、少なくとも今やってる動きの中で、一つは労働者の層が変わってきてます。

年配の人ほどなんで自立してるか言うたら、これはヤミ市時代を知ってます、戦後の苦しい時代。いよいよ仕事ない時は、市場で拾うてきたもんでも炊き出して、ダンボール拾うてやっている。ところが今の四十代から以下の新しく入ってきた、いわゆるサラリーマン、工場労働者から失業してきたこの層は、「釜」の生きざまに慣れていない。

確かにはじめてやる時というのは、やりにくいと思う、ダンボール拾ういうても、どこでどないして拾うて、どういうふうにまとめて、どこへ持って行くか、寄せ屋があるのはわかってるけど、はたして買うてくれるかくれへんか。行ったら買うてくれますけど、はじめてというのは行きにくいもんです。

そこらのところを僕は知ってるんで、どや、いっぺん行こうかいうて、自転車で一緒に走って、自転車にいっぱいやったら、百円かそこそこにしかならへんけど、それでも、とにかく、これ金になるんやなということを一緒に覚えていくんです。それでどこの寄せ屋が高う買うてくれる、どこの寄せ屋が叩きよるとか、目方ごまかすとか、いろいろあります。

これは寄せ屋の買取係も親方から金預かって親方は総計で何十トンになります。それで計算した金でその間でなんぼピンハネしようとね。だから買取りしてんのも、この間まで自分も拾うて集めてて、ちょっと体力があって見込みのあるのを班長にするわけや。そうしたら、自分のピンハネをやりよるわけや。

廃品回収の今のやり方、寄せ屋を通じてのやり方を、僕はやっぱり、少なくとも行政がテコ入れして一つの買受け機関を設置するとかすべきやと思う。

僕、寄せ屋のこと書いたパンフレットにも書いたんやけど、かつて東京でも京都でも寄せ屋の協同組合みたいなのを作りかけて、結局つぶされるんやけど、同業者から。自主的な組合作られたら、俺とこ素通りするというので、つぶしよる。

狭い道でブツを探すため横を向いて行くので危険

リヤカーを借りられず，全身で担いでいる．これで38円．(浪速区)

交通量が多いので危険．(天下茶屋〔紀州街道〕)

82.12.16

男性はねられ死ぬ

千日前通

十五日午前四時半ごろ、南区高津町八番丁の府道・千日前通で手押し車に廃品の段ボールを積んで車道中央付近を歩いていた中年の男性が、大東市御供田三丁目、食堂店員向井文弘(二〇)運転の乗用車にはねられ、首の骨を折って間もなく死んだ。

南署は向井を業務上過失致死と道交法違反の現行犯で逮捕した。向井は車線変更しようとして後ろの車に気をとられていたらしい。

男の人は高知県生まれ、日雇い労働者川村福男さん(五三)とわかった。

手押し車…はねられる

二十九日午後十時三十五分ごろ、大阪市西成区天下茶屋二の市道で、近くの会社員森谷大輔(三三)運転の乗用車が、手押し車で通行中の男をはね飛ばした。救急車で病院に収容したが、全身を強く打っており、三十日午前一時二十五分ごろ死んだ。

森谷はかなり酒を飲んで運転しており、西成署は道交法違反、業務上過失致死容疑で逮捕。死んだ男は四十歳前後、廃品回収で生計をたてていたらしいが、身元は不明。

83 8 30 よ

事故を報じる新聞記事

山田　今の寄せ屋の問題で言うと、環境問題で廃棄物問題というのをやってますけどね。結局、廃棄物で今リサイクルするところで言うと、リサイクルさせることの社会的な公共性というのか、それがほとんど評価されてないわけです。要するにすべてはリサイクルしたものが新しい製品になった場合、その値段でしか評価されてない。環境破壊を防止してる部分というのはほとんど評価されてない部分がありますね。

　ですから、釜ヶ崎は、労働面でも一番しんどい部分をやらされるということもあるけれども、そういう日雇い労働ができない人が廃品回収をやってるというのは、寄せ屋を含めてリサイクルの、一番人がやらない部分を確実に維持してるという評価があっていいわけです。非常に公共性のあることを結果としてやってると思うんです。

そのことについて、行政はリサイクルセンターなどを建てて関与してるわけですね。行政は関与してるけれども、その関与の仕方について、まだ実際にどうしていいのかわからないというところもあるから、ある程度自立しようとする釜ヶ崎の労働者なんかが、たとえばこうしたらどうだという話合いは、これはありうると思うんです。具体的に言うと、そういうところが接点にはなると思うんですね。今までかなり一方的に行政側が考えてこうしたらいいと思ってやって来て、それがうまくいく部分もあったけれども、一人よがりの部分も当然あった。そのリサイクル行政とつながっていくというか。

平井 それは、行政もありますし、寄せ屋の問題もありますね。廃品回収業者とリサイクル業者とかそういう問題も含めて、行政の手続きがかえってじゃまになってる面もあるんです。しかし、廃品業は今の釜ヶ崎の高齢化した労働者には、一番やれる仕事になってます。

本間 釜ヶ崎に住んでる日本人はみな高齢化していく、一方若い人はそういう3K仕事しないでしょう。それで東南アジアからの人を雇うような形になると、釜ヶ崎の性格がものすごく変わっていきますね。

平井 変わってきてます。

山田 まさに国際化というのが起こる可能性がありますね。

平井 これは避けて通れない、かつて日本人が、フィリピンへ、ブラジルへ、ハワイへ、みな移民して行った時代、それで戦争になると政策的に満洲へ、満蒙開拓で行かせた。今はその流れが変わって来ている。これは日本が表面的に、高度成長で、僕はひとつも高度成長やと思うてないけど。「バブル」いう言葉ができる以前のあの景気がものすごいよかった時に、近所の散髪屋の親父に、「こんなん幻の景気や」と、「もういつパンクするやらわからん」と言うてたんや。今、散髪屋の親父が、「五、六年前のあの景気のええ時にあんたが言うたんは、このバブルの崩壊ということやってんな」言うた。

藤原　今、とくに釜ヶ崎では非常にきびしい。仕事は激減して野宿が増えて、寒い夜は路上での死亡が何人も出ているとか、そのきびしさの中でどんな生活をしたら生きのびられるのか、このところを少し話して下さい。平井さん自身すでに老齢化して、暴行受けた後遺症もあって、それでボランティアを続けながらやって来られている。それはどうやって生活を維持できるのか、もちろん強い意志というのがあるのでしょうけれども。

平井　僕は、「釜」の労働者やら組合の役員連中、活動家にこう言うてます。俺べつに人よりよけいの収入ないんやでと。むしろこの頃減る一方や。そんなら俺なんで今でもドヤの中に住んで、野宿せんと、炊き出しも食わんと自分でやってるけど、これはやっぱり俺が苦しい波を何回かくぐってきたから、景気のいい時に少し貯えをしたから。日雇いは貯金せえへんというようなアホな言葉を、おまえらしょっちゅう使うけど、日雇いこそ貯金せないかんのやと。

金持ちが貯金したって、それは利息増やすだけの話や。それで増やしすぎて欲出してパンクしとるだけの話で。保全経済会事件以来ずーっと、ダイヤモンドやらベルギー商法やらいうて、みなひっかかったね、あれ年寄りばかり、豊田商事なんかでも。もっとええ葬式してもらいたいていうて、みな投資してパンクしてしもうた。あれ年寄りばっかりひっかかってる。そやけどあの年寄りはみな金持っとったんや、自分の老後の金を。

景気のええ時には、僕はやっぱりわずかでも貯めました。いつかはこの景気パンクすると。何回か経験してるからね。その時にいかに生き延びていくかというその知恵が、どれだけあるかということです。

どうしても「釜」一般には、ここは天国の歌式に、その日かぎりの生活ということが、言葉の上では踊ってるから、宵越しの金を持たんという。活動家までがそういう言葉を使うから。それはあかんでと。しごとがない時はない時なりの生きざまがあるやろが。生きざまが悪いやんと。そのことを労働者に、不況の時は不況に耐えていけるような生きざまをせなあかんぞということを知らしめていくことや。

ところが今の若い人は、まずその生きざまを知らん。会社の食堂でめし食うて、時間になったらタイムレコーダー押して帰って、それがあるとき、会社の人員減らし喰ろて放り出された。安易に考えてるから、退職金をパッパッと使うて、あげくの果てに、なけなしの金で競馬競輪競艇、ギャンブルをやってスッテンテンになって、今晩から寝るとこないわと。駅でショボーンとしてると暴力飯場の手配師が目エつける。

その点、ダンボール拾いしてる連中のとこへ行ったら彼らはみな、釜ヶ崎で炊き出しに並ぶより、ダンボール拾うて自分でやってるから。自分らで鍋置いて、三、四人で共同で自炊している。何かカンパ物資の食べ物なんかもろたら、いつも公園でグループでやってるとこへ、たまに天ぷらでもあげやいうて、油の缶を持って行ったり、たまにゼンザイぐらい炊けやいうて、砂糖を一袋持って行ったりね。そないしてる。

卸市場なんかで、たとえばハマチ、手鉤で引っかけて。ついまちごうてちぎってしまうことがある。そんなんもう売りものにならん、みなゴミです。あるいはトロ箱の底がちょっと木がはねとって、引っぱった時に胴体がギーッと傷つく、こんなん市場に並べられん。自前で炊き出しやってる連中はみな市場へそういうもんをもらいに行きよる。

山田　近況を少し話して下さい。

平井　寄せ屋やってる連中が寝ている公園回りして、病気の人を病院へ入れなならん。この人らは救急車呼んで、気温が下がると毎晩何人か凍死者が出ます。そんなんで毛布持ったりして、野宿してる公園を回る。一枚の毛布が生死を分けるきびしさです。病人が出て救急車が連れて行ったら、すぐに着替えやらなんか衣類一式かかえて走ります。入院させても着替えがないと、大部屋で、同室の患者さんに気兼ねでおられん。それで逃げ出して、一晩に七回も救急車で運ばれては逃げ出すのがおった。自立を促すだけではやり切れんところがある。そこには、実情を見きわめた援助も必要です。

（一九九六年一月三日）

関連年表

年	社会のできごと	平井正治の遍歴
一八七七年（明治10）	西南戦争 第一回内国勧業博覧会上野公園で開催	
一八七九年（明治12）	松山にコレラ発生、全国に蔓延	
一八八二年（明治15）	東京でコレラ流行	
一八八五年（明治18）	コレラ大流行、都市部で上水道整備急ぐ	
一八九〇年（明治23）	京都琵琶湖疎水完成	
一八九四年（明治27）	平安建都千百年記念第四回内国勧業博覧会	
一九〇〇年（明治33）	第五回内国勧業博覧会工事着工 長町とりつぶし	
一九〇三年（明治36）	天王寺で第五回内国勧業博覧会開催	
一九一八年（大正7）	シベリア出兵	
一九一八年（大正7）	軍事需要を見越した買占め売惜しみで米	

	価急騰 大正米騒動 寺内内閣総辞職	
一九二七年（昭和2）		十一月三日、大阪市南区日東町（現在の浪速区日本橋）の教材屋に長男として誕生
一九三一年（昭和6）	満洲事変勃発	
一九三三年（昭和8）		天王寺第九小学校（日東小）入学
一九三四年（昭和9）		生業倒産、差し押さえ
一九三七年（昭和12）		親戚に預けられ丁稚奉公にやられる 奉公先をとび出してガキ大将になる
一九三八年（昭和13）	国家総動員法公布・施行	
一九四〇年（昭和15）	紀元二千六百年記念 東京万国博覧会と東京オリンピック計画中止になる	金属工場の見習い工になる
一九四一年（昭和16）	太平洋戦争勃発	京都の教材屋組合倉庫で働く 青年学校に通学 グライダー養成所に入る 海軍に志願
一九四二年（昭和17）		京都大林組飯場で働く
一九四三年（昭和18）		三月、舞鶴海兵団に志願合格

一九四五年（昭和20）	広島、長崎に原爆投下 太平洋戦争終結	海軍工廠の火工場で水雷の火薬づめ 九月、海軍より復員、帰阪、闇屋になる 十月、出獄戦士歓迎人民大会に参加 十二月、松下電器に入社 共産党に入党
一九四六年（昭和21）		『七精神』拒否 松下電器労働組合木工支部青年部長書記長、本部理事（中央委員）
一九四八年（昭和23）	淀川大水害	
一九五〇年（昭和25）	レッドパージ 神戸貿易博覧会 朝鮮戦争	共産党専従地区委員
一九五一年（昭和26）		二月、反米ビラを運んでいて逮捕 松下電器を解雇
一九五二年（昭和27）		党内で孤立を深める
一九五四年（昭和29）		党の査問とリンチを受け除名 京都で撮影所の仕事につく
一九五六年（昭和31）	この前後映画全盛期	
一九六〇年（昭和35）	三井・三池闘争 六〇年安保闘争	一匹狼として諸闘争に参加

一九六一年(昭和36)	八月一日、第一次釜ヶ崎暴動	釜ヶ崎に移り港湾労働者になる
一九六四年(昭和39)	東京オリンピック	
一九六六年(昭和41)	港湾労働法施行	港湾労働者の組合結成
一九六九年(昭和44)		釜ヶ崎の日雇い労働者組合結成協力
一九七〇年(昭和45)	天六ガス爆発 万国博覧会 十月、あいりんセンター開所	四月、港湾ゼネスト、賃金格差改善
一九七七年(昭和52)	大阪飯場火事で十二人焼死	
一九八三年(昭和58)	大阪二十一世紀協会発足 大阪築城四百年祭、大阪城博覧会	
一九八七年(昭和62)	御堂筋パレード始まる 関西国際空港計画 天王寺博覧会	
一九九〇年(平成2)	花と緑の博覧会	
一九九五年(平成7)	一月、阪神大震災 十一月、大阪APEC	震災救援活動に参加

あとがき

山田國廣先生から、本を出さんかと言われたのは、三年も前のことだと思う。「関西新空港いらんど百人委員会」以来の断続するお付き合いだが、大阪南港埋立地の地盤沈下の現場を案内して歩いたのがつい昨日のことのようだ。

そうしたなかで港の職場のこと、釜ヶ崎でのことをビラやパンフに書きまくっていたのを山田先生は読んで下さっていたようだ。それらをまとめてみたらということから、はじめ「釜ヶ崎から世界が見える」ということで本づくりの作業をはじめた。その過程で、私の生い立ちなどもテープに入れたり、その途中で阪神大震災があり、『震災の思想』の発刊に参加したり、月日はたってしまった。

生い立ちからはじまる六十年ほどの思い出、戦後労働運動に入ってから五十年以上、釜ヶ崎に住みついて三十五年以上、釜ヶ崎だけでも人生の半ばを過ぎてしまった。

数年つづく不況の中で、生活に追われながら少しでも記憶をとりもどそうと、この一年余り、駆けずり回ってもみた。闘いの思い出の場所もあったが、朝鮮戦争前後の暗い時代の非業の死を遂げた同志の事も思い出し、心が乱れたときもあった。

おふくろのことは、少年時代と戦後のところに少し出てくるが、好きなようにさせてくれたことは言葉に尽くせぬ思いである。

〝不良少年が本を出したんやで、本の中にお母ちゃんも、俺も生きているんやで〟

おやじのことは、一家離散後のことは分からない。おふくろからも、その後のことは聞けずじまいである。米騒動のことを聞かせてくれたことだけが残っている。米騒動の記録は今も集めている。そこにはおやじの話が生き返ってくる。

生き別れの姉、戦後ときどき出会った弟、その下の弟は、殆ど思い出せないまま。

こういうことは何も私に限ったことではない。戦災、被爆、海外帰国、不況、さまざまな出来事で、一家離散した人たちで、そういうことを語ることもなく、世の中に忘れ去られていく人が数多くあり、これからも世の中がよくならない限り続くだろう。

この本の副題は、「日本資本主義残酷史」となっているが、私自身はそれほど残酷だとは思っていない。これからも今までと変わりなく、ときには走り、ときにはとどまり、言いたいことを言いつづけたい。それが私の望んでいた民主主義なのだろう。

この本を出すために、不況の中、生活の一部を支えてくれたM君、ときどき仕事を探してくれたS君、心で励ましてくれた友人、知人、本当に有難う。

はじめての本づくりで、なれないとはいえ、山田先生と親しい本間都さんには、テープ起こし原稿の編集という実に重い仕事をしていただいた。又、最後にまとめて下さった藤原書店の清藤さんには、大変な御苦労をかけてしまいました。

一九九七年三月三十日　三井三池炭鉱閉山のニュースを聞く

著者

著者紹介

平井正治（ひらい・しょうじ）

1927年，大阪市生まれ。1961年より釜ヶ崎に居住し，日雇労働。住民運動などにも参加。1966年，大阪港登録港湾日雇労働者となり，全港湾労組大阪港支部執行委員，副委員長など歴任。著作に「博覧会から見た釜ヶ崎の歴史」（『新日本文学』1988年新年号）『震災の思想』（共著，藤原書店，1995年）がある。

無縁声声（むえんせいせい）――日本資本主義残酷史（にほんしほんしゅぎざんこくし）〈新版〉

1997年4月30日　初版第1刷発行
2010年9月30日　新版第1刷発行©

著者　平井正治
発行者　藤原良雄
発行所　株式会社　藤原書店
〒162-0041　東京都新宿区早稲田鶴巻町523番地
電話　03（5272）0301
FAX　03（5272）0450
振替　00160-4-17013

印刷・製本　中央精版

落丁本・乱丁本はお取替えいたします　Printed in Japan
定価はカバーに表示してあります　ISBN978-4-89434-755-7